KB254174

이 책은 이혜정 박사가 서울대와 미시간대라는 두 명문대에서 수행한 연구프로젝트에 기반하고 있다. 미시간대에서 저자의 연구에 동참했던 사람으로서 나는 이 책의 출간이 무척 기쁘고 반갑다. 저자와 함께 연구를 수행하는 과정은 내게 매우 즐거운 경험이었으며, 나 역시 이 연구를 통해 많은 생각을 할 수 있었다. 이 책이 다루는 주제는 대학들이 미래를 위해 어떤 능력을 양성해야 하는지 깨달음을 안겨준다. 교수나 학생들을 포함해 대학 교육에 관심 있는 모든 사람들에게 이 책이 널리 읽히기를 희망한다.

_ 카라 마카라 (영국 글래스고대 교수)

나는 서울대생의 학부모이다. 이 책을 읽으며 아들에게 했던 충고를 떠올렸다. 수업 시간에 비판적 질문을 하고 리포트에 창의적 생각을 써 보라고 하면서도 동시에 "좋은 학점을 받으려면 시험지에는 절대로 자기주장을 쓰지 마라" 하고 강조했다. 참담하고 부끄러운 충고였다.

그동안 대한민국에서는 초·중·고 교육의 문제점에 대한 수많은 지적과 개선 방향에 대한 수많은 논의가 있었다. 하지만 대학 교육에 대한 비판에는 인색했다. 그래서 이 책은 더욱 신선하게 다가온다.

저자는 수용적 학습과 사고력을 벗어나서 비판적 창의적 사고력을 함양할 수 있는 방안으로 대학 강의의 질적 개선과 평가 기준의 근본적 변화를 요구하고 있다. 대학 강단은 아무나 설 수 있는 자리가 아니다. 대학 강의실은 지식을 전달하는 곳이 아니라 학생들이 어떤 역량을 키워야 하는지 처절하게 고민하는 자만이 설 수 있는 살벌한 공간이어야 한다. 바로 이것이 이 책이 내게 안겨 준 깨달음이다.

_ 정도상 (핀란드연구소 대표, 『엄마로 돌아가라』 『북유럽의 외로운 늑대! 핀란드』 저자)

초등학교 국어 시간에는 좋은 논증을 위한 뒷받침 자료의 세 가지 유형에 대해 배운다. 통계와 실제 사례, 그리고 전문가의 의견이다. 이 책은 이 셋을 모두 갖추고 있다. 비교연구를 바탕으로 한 다양한 통계 자료, 저자가 학부모로서 다양한 교육 문화 속에서 직접 겪은 사례, 그리고 외국 여러 대학들의 교육 전문가들과 교류하며 얻은 정보들이 그것이다. 덕분에 이 책은 한 가정의 학부모로서 공감하고 생각해 볼 지점들을 던져 줄 뿐만 아니라, 교육 기관이나 국가의 정책 입안자로서 참고할 만한 대안적 사례도 제시한다.

깊이와 전문성을 갖춘 내용임에도 활기차고 수더분한 문체로 그려져 있다는 점도 인상적이다. 그 속에서 학부모의 간절한 마음과 교육 전문가의 비판적 성찰을 함께 발견할 수 있었다. 이 책을 통해 많은 사람들이 함께 통찰할 수 있기를, 또한 다양한 생각들이 공론화되기를 기대한다.

_ 정재민 (서울대 국어교육학과 졸업, 제주국제학교 교사)

나는 저자의 서울대 최우등생들 연구 프로젝트에 참여하면서 저자와 함께 최우등생들 인터뷰를 수행했다. 연구진들의 처음 예상과는 전혀 다른 것으로 드러난 서울대 최우등학생들의 공부법에 나는 놀라움을 넘어 당혹감을 느꼈다. 프로젝트 결과를 학회에서 발표했을 때 그 자리에 있던 교수들도 마찬가지로 당혹스러워했다. 그 감정들이 이 책에 총체적으로 녹아 있다.

모든 교육자들이 비판적 창의적 사고력을 키우겠다고 한다. 그러면서 정작 실제 수업은 반대 방향으로 가고 있다. 소중한 인재들을 뽑아 놓고 정작 학교는 이들은 어떻게 기르고 있는지, 이 책은 서울대조차 예외가 아닌 이 모순적 현실을 지적하고 있다. 교육의 미래를 위해 한국 사회에 꼭 필요한 책이다.

_ 홍영일 (서울대학교 행복연구센터 교육팀장/선임연구원)

대학 학점이 사회생활을 시작할 때 끼치는 영향은 지대하다. 그런데 학점이 높다고 진짜 인재일까? 창의성 부족한 인재가 만들어지는 것은 결국 국가경쟁력 약화를 부른다. 이 책은 우리의 교육, 그리고 나아가 창조적 역량에 목말라 하는 우리 사회에 대한 진단서이다. 내가 외국인들과 경쟁하며 느꼈던 우리 교육의 아쉬움, 우리 미래 세대는 더 나은 교육 환경에서 성장했으면 하는 바람에 대한 답을 주는 책이다.

졸업 후 사회생활에서 성패를 좌우하는 것은, 무엇을 할 것인가를 찾아내고, 어떻게 해낼 수 있는지 방법을 찾고, 결과를 어떻게 유의미하게 만들 것인가 궁리해 내는 것이다. 이 책은 우리 대학 교육이 왜 이러한 능력을 제대로 길러내지 못하고 있는지에 대해 저자의 다양한 경험과 데이터를 기반으로 한 명쾌한 논리로 설명하고 있다. 그리고 구조적 문제를 가진 교육 현실 속에서 교수들의 책임에 대해 신랄하게 지적하고 있다. 단순히 특정 집단을 위한 책이 아닌, 이 사회의 책임 있는 구성원 모두를 위한 지침서이다. 변화의 주체는 우리 사회 전체가 되어야 한다는 저자의 맺음말이 오랫동안 머릿속을 떠나지 않을 것 같다.

— 문병철 (고려대학교 컴퓨터교육과 졸업, 한국 오라클 부장)

미국 오바마 대통령이 극찬한 대한민국 교육. 그러나 내게는 답답함이라는 단어로 먼저 다가온다. 그러던 차에 만난 이 책을 나는 시간 가는 줄 모르고 읽어 내려갔다. 대한민국 교육에 대해 단 한 번이라도 답답함을 느껴 본 독자라면 주저 말고 이 책을 집어 들어 첫 장을 펼치시길. 한 편의 영화를 볼 때처럼 몰입하여 읽게 될 것이라 확신한다.

고백하자면 나는 이 프로젝트에 동참해 인터뷰에 응한 서울대 최우등생들 중 한 사람이다. 이 책은 내가 대한민국에서 교육을 받으며, 특히 서울대에서 교육을 받으며 느꼈던 2퍼센트 부족함의 원인과 그 실상, 나아가 그 부족함을 매울 개선책에 대한 총체적인 가이드맵의

역할을 해 준다. 교육은 성적이 아니라 성장을 위한 과정이 되어야
한다. 성적만능주의로 병든 우리의 대학 교육을 치료할 훌륭한 처방
전으로서 이 책을 강력히 추천한다.

_ 이광진 (서울대 경영학과 졸업, 미시간주립대 박사 과정)

　서울대 졸업생으로서 이 책의 내용에 너무나 공감한다. 비슷한 문
제의식을 갖는 대학생들이 많이 있을 거라 생각한다. 이 책은 '창의
력'을 부르짖으면서도 여전히 '수용적'인 학생을 기르고 있는 대학들
을, 그리고 새로운 것보다는 익숙하고 안전한 방식을 택하고 있는 우
리 모두를 깊이 성찰하게 만든다. 이 책을 통해 많은 독자들이 저자
의 통찰력과 교육에 대한 열정을 느끼기를 바란다.

_ 한재란 (서울대 교육학과 졸업, 서울대 치의전 재학 중)

서울대에서는
누가 A⁺를 받는가

서울대에서는 누가 A⁺를 받는가

서울대생 1100명을 심층조사한 교육 탐사 프로젝트

이혜정 지음

다산에듀

재미와 고민거리를 함께 주는 도발적인 책!

_진동섭 (서울대학교 교육학과 교수, 전 청와대 교육과학문화수석)

나는 서울대 최우등생들에 관한 이혜정 박사의 연구가 담긴 논문을 아주 재미있게 읽은 바 있다. 그 후 미국 미시간대에 객원교수로 간 이혜정 박사가 미시간대 학생들과 서울대 학생들을 비교하는 연구에 몰두하고 있다는 것도 알고 있었다. 그 결과가 무척이나 궁금하던 차에 두 연구를 발전시켜 책을 만들었다는 소식을 듣고 기쁘기도 하고 기대도 되었다.

『서울대에서는 누가 A+를 받는가?』라는 제목으로만 보면 이 책은 공부벌레들이 모여 있는 서울대의 최우등생들이 공부하는 방법을 연구해서 다른 사람들에게 알려 주는 교훈적 설교적 성격의 책으로 자칫 오해할 수도 있겠다. 전혀 아니다. 일반 학생들에게는 불가능할 것 같은 높은 학점을 받는 특별한 학생들에게 주목하고 있는 것은 맞지만, 이 책은 전혀 다른 방향으로 나아간다.

인터넷에서 '서울대생'이라는 주제어로 책들을 검색해 보면 지난

20여 년 동안 출간된 책이 240권이 넘게 나온다. 대부분 서울대에 입학한 학생들의 고등학교 시절 시험공부 필살기, 노하우, 수능 전략, 족집게 비법 등에 관한 것이다. 『서울대에서는 누가 A⁺를 받는가』는 교육 비전문가들이 쓴 기존의 수많은 서울대 입시 전략이나 시험 잘 보는 요령에 관한 책들과는 부류가 다르다. 교육공학을 전공한 교육 전문가가 대학 교육의 현실과 문제를 체계적으로 분석하고 개선 방안을 제시한 책이다.

우리의 중·고등학교에서는, 심지어는 초등학교에서조차, 대학 입시를 겨냥한 정답 맞히기 교육, 문제풀이식 교육이 이루어지고 있다. 이런 식의 교육에 가장 잘 적응한 학생들이 서울대에 모인다. 그러한 서울대 안에서도 최우등생의 자리를 차지하고 있는 학생들이 어떻게 공부해서 A⁺를 받는지, 이 책은 바로 그 비법을 '폭로'하고 있다. 이들은 강의 시간에 맨 앞자리를 차지하고 앉아서 교수의 말을 한 자도 놓치지 않고 받아쓰고, 강의가 끝난 후에 재정리하면서 외우고, 시험 볼 때 그대로 옮겨 쓴다고 한다. 강의에서 창의적 비판적으로 공부하기보다는 수용적으로 학습해야 더 높은 학점을 받을 수 있기 때문이다. 저자의 비판은 그러한 학생들에게 점수를 주는 교수들에게로 이어지고, 또한 교수들을 그렇게 강의하게 만드는 대학 정책과 시스템으로까지 확대된다.

이혜정 박사는 지금까지 10여 년간 대학에서 강의를 하고, 서울대 교수학습센터에서 교수의 강의와 학생의 학습에 관한 연구와 개발 활동에 참여했다. 학부에서는 화학을 전공하고 대학원에 진학해서 교육공학으로 석사와 박사 과정을 마친 이력의 소유자답게 이혜정 박사는 이과적 소양에 기반을 두고 교육공학이라는 문과적 지식을 흡수해 왔다. 이 책에서 강조하고 있는 대학 교육에서의 호기심, 질문, 자기 주도성, 창의성과 융합 등의 아이디어는 이혜정 박사의 경력과 소양, 그리고 자질을 반영하는 것으로 보인다.

우리나라에서 석사와 박사를 마친 토종 박사임에도 이혜정 박사는 대한민국이라는 지리적 경계를 아무 때건 뛰어넘어서 외국의 누구든 온라인, 오프라인으로 접촉하고 새로운 지식을 배우고 경험해 왔다. 학위 과정 중에는 물론이거니와, 박사학위를 취득한 후 서울대 교수학습센터의 선임연구원과 연구교수로 약 7년간 근무하는 동안에도 해외 명문대학을 20여 곳 이상 방문했다. 독자들은 이 책 곳곳에서 희귀한 자료들과 새로운 아이디어들을 접하게 되는데, 이는 이혜정 박사가 전 세계 여러 대학과 전문가들로부터 직접 얻은 것이다. 이러한 과정을 거치며 국내외 학술지와 학회에서 수십 편의 논문을 발표하는 열정을 발휘한 이혜정 박사는 요즈음 여러 자리에서 기조강연자로 모셔 가는 저명인사가 되었다.

이 책은 국제적인 관점과 추세에 비추어볼 때 우리나라의 대학 교육이 얼마나 소외받고 있고, 대학의 학부 학생들이 얼마나 방치되고 있고, 그들의 강의에 대해 얼마나 관심이 소홀하고, 대학 교수의 강의 능력의 중요성에 대한 인식이 얼마나 희박한지에 관해서 국가 사회가 각성하도록 만든다.

이 책을 쓴 이혜정 박사는 교육공학자다. 이 책에서 대학 교육의 핵심 영역에 초점을 맞추어서 제기한 문제들, 그러한 문제들에 대한 해석과 논의, 문제 해결을 위한 과제들은 그녀의 전공인 교육공학의 관점으로 볼 때 무척이나 예리하게 포착되는 것들이다. 대학 교육에 관한 새롭고, 재미있고, 감동적이고, 충격적이고, 암울하고, 도발적인, 혹은 희망적인 사실, 사례, 자료, 개념, 이론, 주장들이 이 책에 가득 담겨 있다. 곱씹어 보고 곰곰이 생각해 볼수록 한번 읽고 넘어가 버리기엔 아까운 아이디어들도 많다.

이 추천사를 쓰는 나는 교육행정학자다. 동시에 서울대 교수다. 또한 국가의 교육정책 결정자로 일한 경험도 있다. 동일한 내용이라도 교육행정학자 입장에서 보면 아주 흥미롭고, 서울대 교수 입장에서 보면 아주 곤혹스럽고, 교육정책 결정자 입장에서 보면 커다란 책임감을 느낄 수 있다. 그런 면에서 이 책은 나에게 도발적인 책이다. 또한 다양한 입장과 처지에 있는 사람들 모두에게도 재미와 고민거리를 함께 주는 도발적인 책이 될 것으로 보인다.

전문적인 내용이지만 쉽고 간결하고 재미있게 쓰였기 때문에 누구든지 부담 없이 읽을 수 있다. 이 책의 내용에 관해 대학생, 교수, 대학경영자, 교육정책담당자, 그리고 학부모들 사이에 많은 대화와 토론이 이루어지기를 기대한다.

교육에 관한 근본적인 질문, 그리고 그 해답

_ 이수영 (미시간대 정보대학 University of Michigan School of Information 교수)

나는 24년째 대학 캠퍼스에서 생활하고 있다. 그중 절반은 학생의 신분으로, 나머지 절반은 교수의 신분으로 지내 왔다. 학생 때 나의 고민은 "혼자서 공부할 때는 참 재미있는데 수업을 들을 때는 왜 이렇게 지루할까?" 하는 것이었고, 교수가 된 이후 나의 고민은 "학생들한테 알려 주고 싶은 게 참 많은데 수업 시간에 효과적으로 전달하기가 왜 이렇게 어려울까?" 하는 것이었다. 나는 그저 열심히 하면 나아지겠지 생각하면서 해마다 강의노트와 수업계획서를 개선했다. 그런데 교수 생활 10년을 넘기기 시작하면서 한 가지 의문이 찾아왔다. 가르친다는 것은 연구 활동과는 달리 경력이 쌓인다고 자연스럽게 늘지만은 않는다는 의문이었다.

나만 그런 것이 아니었다. 동료 교수들을 둘러보아도 연구하는 능력과 가르치는 능력이 꼭 비례하지는 않았다. 왜 학생들은 전공에 관심을 가지고 있으면서도 수업에 몰두하기 힘들어하고, 왜 교수들은 연구 실력을 갖추고 있으면서도 자신의 지식을 학생들에게 제대로 전달하지 못해 답답해할까? 나는 이 의문을 계속 품고 있었다.

그 즈음에 미시간대에 객원교수로 온 이혜정 박사를 알게 된 것은 내게 큰 행운이었다. 이혜정 박사가 2년간 미시간대에 체류하며 이 책을 쓰는 동안 나는 그녀와 자주 이야기를 나누었다. 그러면서 현장감이 생생히 살아 있는 그녀의 연구에 대하여, 또한 그녀의 독특한 수업 방식과 깊이 있는 교육 철학에 대하여 잘 알 수 있었다. 특히 이혜정 박사가 진행한 서울대 학생들과 미시간대 학생들의 비교연구는 들으면 들을수록 무척이나 흥미로웠다. 내가 한국 대학에서 6년, 미국 대학에서 6년 동안 공부하면서 막연히 느꼈던 두 나라 대학생들의 차이가 명쾌하게 풀이되는 느낌이었다.

이혜정 박사를 통해 나는 깨달았다. 내가 학생으로서 수업을 들으며 느꼈던 지루함과 내가 교수로서 강의를 하며 느껴 온 답답함이 사실은 동전의 양면이었다는 것을. 요즘같이 누구나 정보에 쉽게 접근할 수 있는 디지털 시대의 교육 환경에서는 어떻게 가르쳐야 학생들이 더 많이, 또 더 깊이 배울 수 있을 것인가에 관해서 보다 근본적인 질문이 필요하다는 것을.

『서울대에서는 누가 A⁺를 받는가』는 바로 그 어려운 질문에 대한 해결 방법과 전략을 패러다임의 변화부터 정책의 변화 그리고 가르치는 방식에 관한 변화까지 다각적으로 모색하고 있는 책이다. 이혜정 박사는 오랜 연구를 통해 도출한 구체적 대안들을 교육학자뿐만 아니라 타전공 교수, 교육정책 입안자, 그리고 학생, 학부모까지 쉽게 이해할 수 있도록 명확히 설명한다.

　이 책의 진가는 학생의 학습 방법과 교수의 교육 방법이 학습평가를 통해서 밀접하게 관련되어 있는 하나의 문제라는 점을 명확히 보여 준다는 것이다. 나는 미국에 유학을 오면서 미국 대학에 대해 많은 기대를 했다. 환상 같은 것도 약간은 가지고 있었던 것 같다. 하지만 막상 미국에서 교육을 받아 보니 미국 대학의 수업이라고 무조건 다 대단한 것이 아니라, 같은 과목이라도 교수의 역량에 따라 수업의 질이 달랐다.

　교수들은 한 분야의 전문가이므로 전공 지식을 가르치는 일이 어렵지 않을 것이라 여겨지곤 한다. 하지만 많은 교수들은 학생들이 어떻게 학습하는지 잘 알지 못하고, 알아야 할 필요성도 잘 느끼지 않는다. 실제로 교육 원리나 교육 방법에 관하여 체계적으로 훈련을 받을 기회도 별로 없다.

　솔직히 말하면, 나도 이 책을 읽기 전까지 강의 개선의 문제는 교수 개인이 스스로 해결해야 하는 것이라 생각했다. 그런데 이혜정 박사가 소개하는 세계 각국 대학들의 사례를 보니 실로 놀라웠다. 교수들이 연구 활동을 통하여 축적한 전문지식을 학생들에게 생생하게 전하고 더 나아가 학생들의 비판적 창의적 사고력을 기르도록 교육 과정을 혁신하려면 교육전문가의 도움이 필요하며, 특히 대학 정책적인 차원에서 이루어져야 한다는 것이 이 책의 중요한 요지 중의 하나이다.

　이 책의 또 다른 진가는 한국의 교육 문제를 글로벌한 관점에서 다루었다는 데에 있다. 그렇다고 한국 교육은 틀렸고 미국 교육은 옳다는 식으로 간단히 결론 내리지는 않는다. 이혜정 박사는 객관적인 연구 데이터를 다각적으로 분석하여 동서양의 공부 문화와 학습 태도를 조목조목 비교한다. 그리고 동양의 학생들과 서양의 학생들이 다른 공부법을 이용하는 이유는 학습평가에서 기인한다는 것을 지적한다. 대학 교육이 글로벌화되어 유학생이 증가 추세에 있고 각국 학자들의 연구와 교육의 교류가 활발한 요즘이지만 이렇게 동양과 서양의 학습과 교육을 비교연구하고 해결 방법을 제시하는 책은 매우 드물다.

　한 가지 아쉬운 점이 있다면 이 책이 한국말로 쓰여 있어서 미시간 대의 내 동료 교수들과 함께 읽어 볼 수가 없다는 것이다. 훗날 이 책이 영어로 번역되어 외국의 교육자와 행정가들도 읽을 기회가 있으면 좋겠다. 어느 나라에서든 교육과 관련된 사람이라면 누구나 꼭 읽어 보아야 할 책이다.

Part I
그들은 어떤 공부를 하고 있는가

1부 서울대에서는 누가 A⁺를 받는가

Part II
대학의 공부, 어디로 가야 하는가

이 책은 서울대에서 학점 4.0 이상의 최고학점을 받는 학생들은 다른 서울대 학생들에 비해 무엇이 어떻게 다를까 하는 호기심에서 출발했다.

서울대에 입학한 학생들은 이미 전국에서 치열한 경쟁을 뚫고 들어왔기에 학업 능력 면에서는 어느 정도 검증되었다고 볼 수 있다. 초·중·고등학교 과정을 견뎌 내며 서울대에 입학할 정도라면 공부에 도가 텄을 법도 하다. 그럼에도 불구하고 서울대 내에서도 성적이 우수한 학생과 그렇지 못한 학생들이 나뉜다. 나는 이러한 성적 차이가 단순히 공부를 열심히 하는지의 여부에 달려 있을 것이라고 막연히 생각하고 있었는데, 학생들의 이야기를 들어 보니 현실은 그렇지 않다는 것을 알게 되었다. 많은 학생들이 좋은 성적을 간절히 원하는데 노력해도 잘 안 된다고, 도대체 대학에서는 어떻게 공부를 해야 되는지 모르겠다고 혼란스러워하고 힘들어하고 있었다.

다른 대학에서도 학생들의 이러한 어려움은 마찬가지다. 최근 10

여 년간 전국 대부분의 대학에 학습센터가 설립되어 지속적으로 학습법 워크숍이나 강좌를 열고 학습 클리닉을 운영하는 것만 보더라도 쉽게 확인할 수 있다.

하지만 그 속에서도 유독 두드러지게 높은 성적을 받은 최우등생들도 분명 존재한다. 그들은 어떤 식으로 공부하길래 이런 차이가 생겨나는 것일까? 나는 최우등생들의 공부법을 알아내면 성적을 잘 받기를 원하는 보통 학생들에게 큰 도움이 될 것이라 기대했다. 그래서 서울대 교수학습개발센터에서 프로젝트를 시작하게 되었다.

그런데 프로젝트를 진행하면 할수록 나는 당혹스러웠다. 내가 만난 최우등생들의 공부법은 "과연 이런 식으로 공부해도 되나?" "우리나라 최고의 대학이라는 서울대가 이렇게 가르쳐도 되나?" 하는 걱정이 들게 했던 것이다. 나의 당혹스러움은 새로운 문제의식으로 이어져 이 프로젝트를 다른 방향으로 이끌었다. 그리하여 이러한 문제의식으로 지난 수년간 일련의 논문들을 발표했고 여기에 더해 미처 발표되지 못한 프로젝트의 뒷이야기와 구체적인 사례들을 엮어 이 책을 완성하게 되었다.

프로젝트는 이렇게 구성되었다. 먼저 서울대에서 4.3 만점에 4.0 이상의 학점을 받은 2, 3학년 최우등생들을 조사했다. 2, 3학년으로 한정한 것은 1, 4학년은 학업에 대한 집중도가 상대적으로 떨어질 수도 있는 시기임을 감안했기 때문이다. 조사 결과 최우등생의 수는 전체의 2.5퍼센트인 150명이었으며, 이 중에서 46명이 자발적으로 인터뷰에 응했다. 인터뷰는 몇 시간, 때로는 며칠에 걸쳐 이루어졌고 모두 녹화되었다. 이들에 대한 심층분석 결과가 서울대 전체 학생들의 특징인지 최우등생들만의 특징인지 구분하기 위하여 전체 학생들에게 설문조사를 실시했다. 총 1,213명의 응답 결과를 바탕으로 학점에 따른 차이를 확인했다. 또한 이러한 결과들이 세계 공통적인 현상인지 한국, 특히 서울대의 독특한 현상인지 확인하기 위하여 미국 명문대에서 비교연구를 실시했다.

이 책은 대학 공부에 대한 서울대 학생들의 전반적인 인식, 그중에서 특히 서울대 최우등생들의 독특한 성향, 그리고 미국의 대학생들과 비교했을 때 눈에 띄게 두드러지는 서울대 학생들의 특징을 분석한 프로젝트 결과들을 제시하고 있다. 이렇게 서울대에서 학생들을 한꺼번에 분석해서 그들의 일관된 공통점과 일정한 패턴을 파악해내려 한 시도는 의외로 찾아보기 어렵다.

독자들은 이 책에서 크게 두 가지의 메시지를 얻을 수 있을 것이다. 하나는 서울대에서 고학점을 받을 수 있는 학습 전략에 대한 정보이다. 현재 우리나라 대학생들의 가장 큰 관심사 중의 하나는 단연 성적, 즉 학점이다. 최근 우리나라 주요 대기업 신입사원들의 평균 학점이 3.74라고 한다. 그만큼 학점이 좋으면 졸업 후 사회생활을 시작할 때 크게 유리하다. 그러니 너나 할 것 없이 스펙을 쌓기 위해 학점에 매달리고 있다. 학점 인플레이션이 뉴스에 보도되기도 할 만큼 예전보다 학점이 전반적으로 높아졌다고는 하지만, 여전히 4.0 이상의 최고학점은 꿈의 학점이다. 그저 무조건 열심히 하면 되는 것이 아니라 학점을 잘 받을 수 있는 특별한 공부법을 사용해야 가능하다. 이 책은 서울대 최우등생들의 학습태도와 전략 등 학점을 잘 받기 위한 그들만의 차별화 전략을 밝히고 있다.

그러나 이보다 중요한 다른 메시지가 있다. 서울대의 모습을 통해 결국 우리 대학들이, 나아가 대한민국 교육이 과연 진정한 인재를 키우고 있는지에 대한 반성과 성찰이다.

세계 최빈국에서 불과 몇십 년 만에 일약 10위권 선진국으로 도약한 대한민국의 성공 신화는 전교 꼴찌가 어느 날 갑자기 전교 10위권으로 진입한 사례에 비유할 수 있을 것이다. 그런데 전교 꼴찌가 전교 10위권이 되려면 암기과목만을 죽어라 공부해서 가능할지 모르나, 전교 10위가 전교 1등으로 한 번 더 도약하기 위해서는 더 이상 암기과목만으로는 불가능하다. 마찬가지로 우리나라가 이제 세계 10위권을 넘어 1위권으로 도약하기 위해서는 더 이상 지금까지와 같은 교육 방법으로는 불가능하다는 것이라는 것이 전문가들의 이구동성이다.

공부를 잘하는 학생들이 어떤 학습 전략을 가지고 공부하는지를 보면 그들이 구체적으로 무엇을 잘하는지를 파악할 수 있다. 또한 교수가 학생들의 학습 결과를 어떠한 기준으로 평가하는지, 학생들에게 무엇을 가르치고 있는지도 파악할 수 있다. 이 책은 서울대에서 공부를 잘하는 학생들의 학습 전략을 분석함으로써 교수가 무엇을 가르치고 평가하며 대학은 어떤 능력을 기르고 있는지를 파악하고자 한다. 대한민국 교육의 정점에 있는 서울대에서는 어떤 능력에 A$^+$를 주고 있는지, 그것이 과연 우리 사회의 인재를 기르는 방법으로 바람직한지, 우리나라 교육의 오늘을 돌아보고 우리나라가 세계 10위권을 넘어 1위권으로 도약하기 위해 필요한 교육의 방향을 함께 생각해 보고자 하는 것이다.

PISA(학업성취도 국제비교연구, Program for International Student Assessment) 시험을 개발한 안드레아스 슐라이허Andreas Schleicher 박사는 "데이터의 뒷받침이 없으면 당신은 하나의 의견을 가진 개인에 불과하다"고 했다. 나도 지난 10여 년간의 대학 교육 현장에서 체감한 여러 문제점들을 이와 같이 연구 데이터에 기반하여 보다 설득력 있게 보여 줄 수 있게 되어 기쁘다. 그러나 여전히 이 책에서 제시한 연구 결과들이 전부가 아니기를 바란다. 분명 매우 건강한 비판적 창의적 사고력을 기르는 수업이 일부라도 존재하고 그 수업에 의해 성장하는 학생들이 있기를 바란다. 다만, 이 책에서 제시한 연구 결과도 분명한 우리의 현실이라는 점을 주목하자는 것이다. 이 결과들을 우리가 어떻게 해석하고 어떤 시사점을 얻을지를 함께 고민해 보자는 것이 이 책이 품고 있는 제안이다.

모쪼록 이 책이 우리도 모르는 사이에 낙오자로 만드는 수많은 인재들을 구할 수 있도록, 그리고 시대의 인재들에게 진정으로 필요한 능력이 제대로 길러질 수 있도록 대학 교육의 혁신과 발전에 조금이라도 보탬이 되기를 바란다.

미시간대 앤아버 연구실에서
이 혜 정

Part

I

그들은

어떤 공부를
하고 있는가

1부

서울대에서는
누가 A⁺를 받는가

교육이란 당신이 학교에서 배운 것을 다 잊고 남은 그 무엇이다.

_ 알버트 아인슈타인

"창의력과 비판력, 제 점수는요……"

서울대 사회과학대에 재학 중인 명우는 표정부터 우등생다운 분위기가 풍겼다. 입학 이후로 줄곧 최우등생 자리를 놓친 적이 없다 하니 과연 그럴 만도 했다. 수강 신청, 수업 태도, 팀 과제 등등 무엇을 질문하든 명우의 대답은 막힘없이 술술 이어졌다. 말투에는 자부심이 배어 있었다. 그런데 마지막 질문에 이르러 명우는 갑자기 당혹스러워했다. 바로 이 질문이었다.

"자신의 사고 및 학습 능력을 볼 때 수용적 사고력, 비판적 사고력, 창의적 사고력 중에서 어떤 능력이 가장 높은 것 같아요? 만약 자신의 수용적 사고력이 10점이라고 한다면 비판적 사고력과 창의적 사고력에는 각각 몇 점을 주고 싶어요? 10점 미만인가요? 아니면 10점 이상?"

명우는 금방 대답하지 못하고 머뭇거렸다. 마치 창의력이나 비판력이라는 단어를 처음 들어 본다는 듯이.

"글쎄요……. 한 4, 5점 정도? 음…… 솔직히 그렇게 높은 편은 아니죠."

하지만 녹화 중이라는 사실을 의식한 듯 명우는 원래의 표정을 되찾으며 말했다.

"근데 창의력은 학점에 그다지 영향력이 없는 거 같아요. 그래서 저는 창의적이 되려는 노력을 별로 안 하게 돼요. 학점이랑 연관이 없으니까."

인문대 경빈이는 1학년 때 혹독한 시행착오를 거쳤다. 대학에서는 고등학교 때와 무언가 달라야 한다는 생각에 교수가 수업 시간에 전달해 주는 내용보다 자기 생각을 드러내는 데 중점을 두었던 것이다. 대학생이라면 응당 그래야 한다는 판단이 가져온 결과는 전혀 뜻밖이었다.

"창의력이야 10점 만점이었겠죠. 근데 실제 학점은 완전히 참혹했어요."

서울대에 입학한 아들을 자랑스러워하던 부모님은 경빈이의 성적표를 보고 처음으로 크게 화를 냈다. 부모님의 성화에 1학년을 마치고 바로 군대에 다녀온 후 경빈이는 공부법을 바꾸어야겠다고 다짐했다. 그리고 금세 최우등생으로 거듭났다.

"절대 예전처럼 안 해요. 반드시 교수님께서 다룬 거 중심으로만 봐요. 대신 창의력 점수는 5점, 비판력은 7점 정도? 지금 저는 수용적 능력이 제일 큰 것 같아요. 그게 고학점을 유지할 수 있는 원동력이에요."

그러고서 경빈이는 멋쩍은 웃음을 지으며 부탁했다.

"이런 건 편집해 주시면 좋겠는데……. 편집되죠?"

창의력을 부르짖는 시대

교육에서 가장 기르고자 하는 능력은 무엇일까? '나라를 위한 인재를 양성한다'는 식의 말은 구식이 된 지 오래. 현재의 대세는 단연 창의력이다. 언제부터인가 교육 현장에서는 비판적 창의적 사고력을 길러야 한다는 말이 수없이 강조되어 왔다. 이제 와서 새로 언급하는 것조차 무색할 정도다.

창의력을 키워 준다는 창의교육은 아직 학교에도 들어가지 않은 아이들을 대상으로 한 조기교육에서부터 쉽게 찾을 수 있다. 서점의 어린이책 코너에 가 보면 같은 출판사의 같은 시리즈 안에서도 판형이나 디자인이 들쑥날쑥 각양각색이다. 서점 직원에게 도대체 왜 이런가 물었더니 이런 대답이 돌아왔다.

"요즘 추세가 그래요. 획일화를 피해야 애들 창의력 기르는 데 좋으니까요."

한마디로 창의력을 길러 준다 하면 경제가 어려운 상황에서도 엄마들의 지갑을 쉽게 열 수 있다는 것이다. 창의력 콘셉트를 무작정

마케팅에 적용한 웃지 못할 사례가 아닌가.

　어디 교육뿐인가. 사회 전체가 소리 높여 창의력을 외치고 있다. 급기야 대통령은 '창조경제'라는 신조어를 내세웠다. 창조경제를 소개하는 '창조경제포털'의 공식 홈페이지 주소(www.creativekorea.or.kr)를 보면 나라 전체를 창의적으로 개조하려는 결연한 의지마저 느껴질 지경이다.

　하지만 실상은 어떤가. 공교육, 사교육을 막론하고 창의력이 강조되고 있지만 실제로 우리나라 초·중·고등학교 교육의 목표는 대학 입시에 맞추어져 있다. 그렇다 보니 선생님과 책으로부터 '가르쳐지는' 지식을 절대적인 가치로 받아들이는 수용적 학습이 압도적으로 더 많이 이루어지고 있는 것이 사실이다. 교실에서 기발한 의견을 드러내고 창의적 질문을 하는 아이들은 "진도 나가야 한다"라는 명분 하에 면박을 당하기 일쑤다. 이미 정답이 정해져 있는 시험 문제들은 글쓴이의 생각만 물을 뿐이다. 그 글을 읽는 아이들의 다양한 생각은 점수를 얻지 못하고 사라지고 만다. 논술을 위해 비판적 사고력을 길러 준다는 학원들이 성행하고 있지만 실제로는 오히려 모범 답안에 맞추어 획일적 논리를 주입하고 있다. 입시 위주 교육에서 탈피해 비판적 창의적 사고력을 키우는 교육을 하자는 목소리가 높지만 현실은 아직 갈 길이 멀기만 하다.

　그럼에도 불구하고, 혹은 그렇기에 더더욱 대학 교육은 대학 이전의 초·중·고 교육과는 질적으로 다를 것이라 여겨지고 있다. 적어도 대학에 입학한 후에는 고등학교 때까지의 한 줄 세우기 식의 공부에서 벗어나 뭔가 새롭고 한 차원 높은, 보다 더 공부다운 공부를 하게 되리라는 믿음이 있는 것이다. 선생님 말씀을 무조건 받아 적고 외우는 공부가 아니라, 스스로 자료도 많이 찾아보고 비판적 창의적으로 생각하는 자기주도적 공부를 할 것으로 교수들도, 학생들도, 그리고 사회도 기대하고 있다. 실제로 대학에 입학하면 수강 신청부터 강의 방식, 평가 기준 등 학사 시스템이 이전과는 확연히 달라지기 때문에 학생들은 새로운 환경에 적응하느라 좌충우돌하게 된다. 이는 대학 이전의 주입식 교육과는 다른 새로운 교육을 따라가기 위한 노력으로 해석되곤 한다.

대학에 대한 이러한 기대는 대학 스스로도 인식하고 있다. 소위 스카이SKY라 통칭되며 우리나라의 대표적인 명문대라 여겨지는 서울대, 연세대, 고려대의 공식 홈페이지에 들어가 보라. 각각 '세계를 선도하는 창의적 지식 공동체' '겨레와 인류의 문화유산을 이어받고 창의력과 비판력을 길러 학문의 발전을 이끌어 간다' '비판적 탐구와 창의적 실천 능력 배양' 같은 문구를 교육 목표로 선포하고 있다.

해외 대학들도 마찬가지다. 전 세계를 망라하여 대학의 교육 목표에는 비판적 창의적 사고력을 키운다는 내용이 흔히 포함된다. 이 역시 각 대학 홈페이지에서 쉽게 확인할 수 있다. 이러한 것을 교육 목표로 삼지 않은 대학을 찾기가 더 어려울 정도다. 1971년부터 20년간 하버드대 총장을 지낸 법학자 데릭 복Derek Bok은 "미국 대학 교수들의 90퍼센트 이상이 대학 교육의 가장 중요한 목표로 비판적 창의적 사고력 함양을 꼽는다"라고 말했다. 미국 대학교수협회The American

 역시 "비판적 사고력이 미국 교육의 특징이다"라고 밝힌 바 있다.

따라서 대학 입시라는 관문을 가장 앞장서서 뚫고 들어와 서울대 입성에 성공한 학생들, 그중에서도 특히 대학 입학 이후 전 과목 최고 학점을 받는 최우등생이라면 당연히 비판적 창의적 사고력이 누구보다 우수하지 않을까? 초·중·고 교육처럼 정부에서 계획한 커리큘럼을 따르지 않고 개별 교수들이 자유롭게 강의를 운영하는 대학 교육의 특징만 보아도 서울대 최우등생들은 비판적 창의적 사고력을 최고 수준으로 키우고 있어야 마땅하다.

그런데…… 실제로 그럴까? 자신의 창의력과 비판력을 낮게 평가한 최우등생 명우와 경빈이는 서울대에서 예외적인 학생일까?

"창의력이 뛰어난 애들은 학점이 안 좋아요"

수용적 사고력이란 상대방이 가르치는 내용을 아무런 의심이나 비판 없이 그대로 받아들여서 이해하고 암기해 시험에서 정확하게 기억해 내는 능력이다. 그에 반해 비판적 사고력이란 주어진 내용을 이렇게도 생각해 보고 저렇게도 생각해 보고 뒤집어서도 생각해 보는 등, 상대방이 가르치는 내용을 자신만의 관점으로 다시 들여다보는 능력이다. 또한 창의적 사고력은 주어진 내용에 대해서만 생각하기보다는 지금껏 존재하지 않았던 무엇을 새로이 생각해 내는 능력이다.

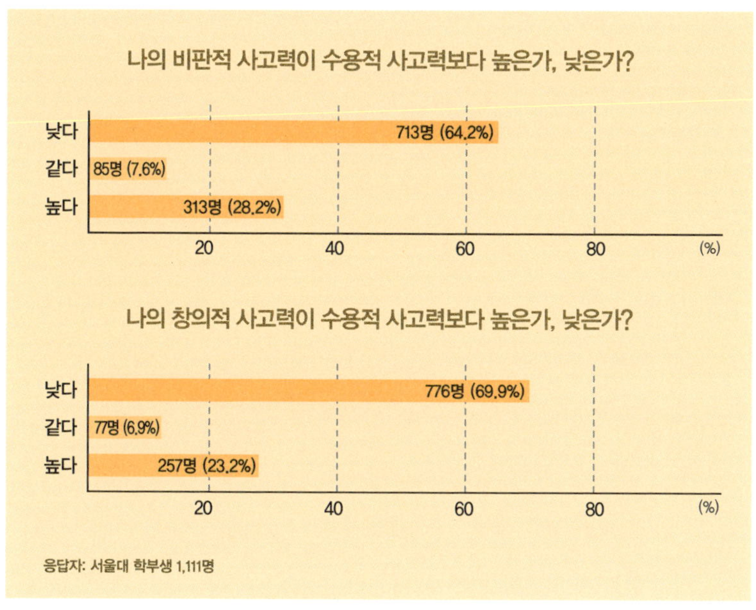

　　서울대 학생들 전체를 대상으로 조사해 보았더니 전체 1,111명의 응답자 중 대다수가 자신의 비판적 사고력과 창의적 사고력이 수용적 사고력에 비해 낮다고 응답했다. 기대와 달리 서울대 학생들은 스스로를 수용적 학습자로 여기고 있었다.

　　더욱 놀라운 것은 이와 같이 응답한 학생들의 학점 분포였다. 학점이 높을수록 비판적 사고력과 창의적 사고력이 수용적 사고력보다 낮다고 응답한 학생들의 비율도 더 높았다. 즉, 명우와 경빈이 같은 최우등생일수록 수용적 사고력이 높은 것이다. 명우와 경빈이는 서울대에서 예외적인 학생이기는커녕 오히려 지극히 보편적인 학생이었던 셈이다.

창의적 사고력이 낮다고 인식하는 정도는 비판적 사고력이 낮다고 인식하는 정도보다 더 컸다. 이러한 모습은 설문조사뿐 아니라 최우등생들에 대한 개별 인터뷰에서도 고스란히 드러났다. 명우, 경빈이와 비슷한 답변들이 계속해서 반복되었다.

"수용적 사고력이 10점이라면 비판적 사고력은 6점 주고 싶고요, 창의적 사고력은 3점? 많이 주면 3점이요." _사범대 강지영

"비판적 사고력은 한 8점, 창의적 사고력은 한 3점? 수용은 잘하는데 그게 창의력까지는 안 이어지는 것 같아요." _공과대 이서혜

"5점, 4점 정도밖에 안 돼요. 제가 주로 배운 건 암기를 잘하는 거라서요." _인문대 주미현

또한 최우등생들에게 주변 학생들 중에 비판적 창의적 사고력이 높다고 생각하는 친구가 있느냐 물으니 대부분 '있다'고 대답하면서 그런 친구들은 학점이 낮다고 증언했다. 비판적 창의적 사고력보다 수용적 사고력이 높아야 학점이 높다는 이들의 고백은 설문조사에서도 드러났듯이 비판적 창의적 사고력이 높으면 학점이 낮아진다는 역설과 직결되었다.

이 프로젝트 초기에 나는 인터뷰에 참여한 학생들이 겸손하게 표현한 것이지 않을까, 이들의 창의력을 객관적으로 측정한다면 실제로는 높을 수도 있지 않을까 생각해 보기도 했다. 하지만 한두 명도 아닌 대다수가 일관된 의견을 보인다는 점, 그리고 비판적 창의적 사

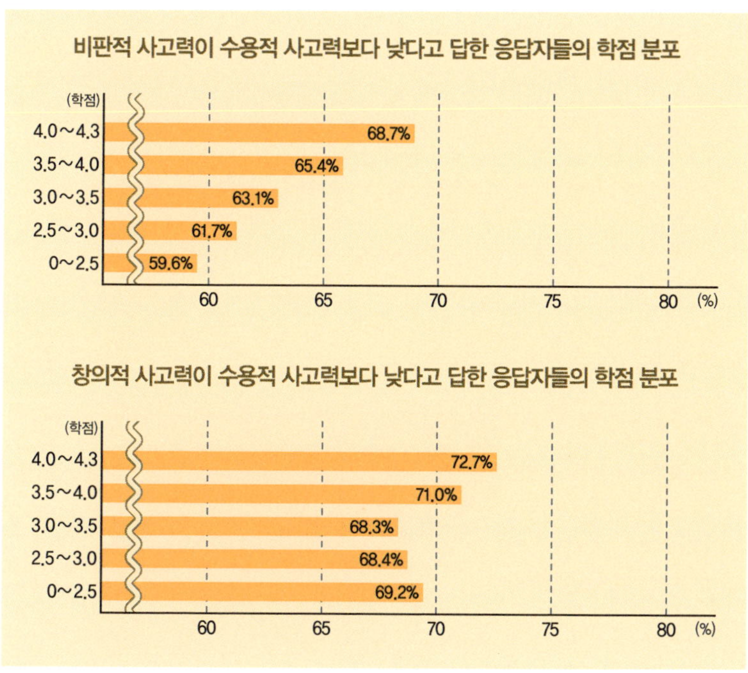

고력이 높은 다른 학생들의 존재를 정확히 인지하고 있으면서 본인과 비교하고 있다는 점, 또한 이 책의 뒤에서 다루겠지만 미국 대학생들과 비교를 했을 때도 의미 있는 대조가 드러났다는 점을 감안했을 때 겸손의 가능성은 낮다고 판단했다.

이렇게 학업과 관련해 수용적 사고력이 비판적 창의적 사고력보다 훨씬 높다고 대답하는 경향은 전공에 무관하게 일관된 양상을 보였다. 그래도 창의성이 다른 전공보다 높을 것이라고 여겨지는 예술 분야 학생들은 조금 다르지 않을까? 미술대 유민이는 최고 수준의 학점으로 친구들의 부러움을 받지만, 정작 스스로는 졸업 후에도 미술을 업으로 해야 할지 고민하고 있었다. 미술에서 요하는 창의력을 가졌는지 자신이 없기 때문이었다.

"창의력이란 게 아무것도 없는 상태에서 뭔가를 창조하는 거잖아요. 그게 저한테는 너무 어렵더라고요. 교수님 말씀을 그대로 수용하는 능력은 높은데. 그래서 저는 제 전공에 대해서 좀처럼 확신이 안 서요."_미술대 정유민

전공이 전공이니만큼 유민이 주변에는 누가 봐도 반짝반짝하는 창의력을 가진 친구들이 여럿 있다고 했다. 유민이는 그 친구들을 떠올리며 이렇게 평했다.

"창의력이 뛰어난 애들은 수용하는 게 좀 약해요. 그래서 학점이 안 좋아요."_미술대 정유민

예술 분야에서조차 최우등생들은 자신이 창의적 학습자가 아닌 수용적 학습자임을 인정하고 있는 것이다. 단과대학별로 분석해 보면 비판적 사고력이 높다고 응답한 비율은 다른 단과대학보다 공과대가 높은 편이고, 창의적 사고력이 높다고 응답한 비율은 미술대가 높은 편이긴 했지만, 공과대나 미술대 역시 수용적 사고력이 높다고 응답한 학생들이 여전히 가장 높은 비율을 차지했다. 즉, 수용적 사고력이 비판적 창의적 사고력보다 훨씬 더 높다는 대답은 학과 및 단과대학

전체를 총망라하여 예외 없이 일관적이었다.

무언가 이상하지 않은가? 비판적 창의적 인재를 기르고자 한다는 우리나라 최고 대학의 최우등생들이 한결같이 자신은 비판적이지도 창의적이지도 않으며, 지식을 수용적으로 흡수해야 고학점을 받을 수 있다고 고백하다니 말이다. 이들이 교수의 지식을 어떤 방식으로 흡수하는지 다음 장에서부터 좀 더 구체적으로 살펴보자.

02 A⁺를 만드는 노트 정리법, '말'을 적어라!

"무식하다 할 정도로 필기해요. 무조건 전부 다"

사범대 예은이는 친구들에게 "넌 수업만 시작하면 갑자기 사라진다"라는 놀림을 받은 적이 있다. 물론 예은이 같은 최우등생이 수업을 빠질 리는 만무하다. 엎드린 자세로 필기를 하는 습관이 있어 수업 시간 내내 책상 위에 거의 납작 붙어 있다시피 하다 보니 그런 놀림까지 받은 것이다. 그만큼 예은이는 수업 시간이면 필기에 몰두한다고 말했다.

"무식하다 할 정도로 필기를 많이 해요. 교수님 말씀을 하나도 안 놓치려고요. 농담까지 다 받아 적는 수준이에요."

예은이는 자신의 노트를 꺼내 보여 주었다. 인터뷰 직전에 있었던 수업에서 필기한 내용이라 했다. 간간이 표나 그림이 등장하기도 했지만 대부분 글자들로 빽빽이 덮여 있었다. 강의 내용을 '말'의 형태

"

로 적기 때문이었다.

"교수님께서 얘기하시는 걸 말의 형태로 그대로 적어요. 요약하는 게 아니라 교수님 말씀을 완성된 문장 그대로 똑같이 적는 거예요. 단어도 그대로 똑같이. 그림은 교수님이 칠판에 그리는 것만 적어요. 교수님 '말'이 제일 중요해요."

자연과학대 현선이도 교수가 하는 말을 되도록 안 놓치고 다 받아 적는다고 했다. 아예 휴대폰이 현선이의 수업 필수품이었다. '말'을 놓칠 경우 녹음 기능을 이용해 보완하기 위해서였다.

"교수님 말씀이 가끔 가다가 너무 빠른 경우가 있어요. 그래서 제가 생각한 방법이 녹음이에요. 녹음을 하면 아무래도 마음이 안정돼요. 일종의 보험이잖아요. 필기한 걸 나중에 볼 때 녹음을 참고하면서 모자란 부분을 보충하면 교수님 말씀이 빠짐없이 노트에 들어가게 돼요."

교수의 '말'을 모두 기록하다

시중에 나와 있는 공부법 안내서들을 보면, 전문가들이 제시하는 고득점 전략 중 하나가 노트 필기다. 중요한 내용들이 한눈에 드러날 수 있도록 시각화와 도식화를 적절히 하고 정리와 요약을 잘하는 것이 효과적인 노트 필기 전략이라 흔히 강조된다.

그런데 서울대 최우등생들의 노트 필기 방식은 특이했다. 시각화와 도식화 위주의 세련된 필기도, 중요한 단어나 키워드 위주의 스마트한 필기도 아니었다. 이들은 교수의 '말'을 있는 그대로 다 적는, 다소 미련해 보일 수 있는 필기가 오히려 효과적이라고 증언했다. 교수의 강의 전체를 '말'의 형태로 모두 받아 적는다는 것이다.

수업 시간에 교수의 '말'을 한 마디도 놓치지 않고 최대한 다 적는다는 최우등생은 전체 인터뷰 응답자 46명 중 87퍼센트에 달했다. 그중에는 예은이같이 교수의 기침과 농담까지도 기록하거나, 현선이같이 아예 녹음을 하는 학생도 많았다. 서울대 전체 학생들을 대상으로 한 설문조사에서도 학점이 높을수록 이러한 경향이 뚜렷했다.

"일단 교수님께서 하시는 말씀을 들리는 대로 다 적어요. 교수님께서 어떤 개념을 설명하시고 그다음에 예를 들잖아요. 그런 것들도 다 적어요. 너무 정신없이 받아 적다 보니까 글씨가 고르지 않고 되게 악필처럼 돼서 남들은 알아보기 힘들어요." _미술대 강현수

"강의 내용을 전부 다 필기하는 게 제일 중요하거든요. 그렇게 하려면 도식이나 그림을 그리는 것보다 말을 다 적는 게 좋아요. 저는 교수님 말씀을 완성된 문장으로, 아니면 적어도 문장에 준하는 형태로 다 적어요." _사회과학대 이세진

"친구들 보면 교수님 말씀을 자기 언어로 다시 풀어서 적는 경우가 많던데, 저는 그렇게 안 하고 그냥 문장 단위로 적어요. 주교재가 없는 강의가 많기 때문에 따로 노트를 준비해서 교수님 말씀을 처음부터 끝까지 죽 필기하고 있어요." _법과대 임준희

도대체 왜 이렇게까지 하는 것일까? 그래야 당장 수업에서 이해가 더 잘되는 효과를 보는 것은 물론이고, 수업 이후 시간이 지나도 수업 당시와 동일한 수준의 이해를 얻을 수 있다는 것이 내가 인터뷰한 최우등생들의 주장이었다. 키워드 중심으로 요약하는 필기나 구조화에 초점을 두는 필기와 비교했을 때 모든 말을 다 적는 필기는 수업 내용의 맥락과 흐름을 고스란히 되살릴 수 있다는 것이다.

"처음에는 필기를 도식적으로 했는데 정리가 잘된 것 같으면서도 정작 머리에 잘 들어오지는 않더라고요. 그래서 그거를 말하듯이 풀어 쓰는 방식으로 하니까 술술 이야기하듯이 읽혀서 더 좋은 것 같아요. 또 중요한 거 이외에 농담 삼아 말씀하시는 것도 적고요. 가끔씩 흘러가는 말로 해 주시는 것들도 꼭 적어요."_사회과학대 최미나

"아무래도 그림이나 함수 같은 걸 만들다 보면 내용이 간략해지잖아요. 그럼 나중에 보면 잘 이해가 안 되더라고요. 그래서 교수님 말씀하시는 것을 최대한 글로 풀어서 쓰는 거예요."_사회과학대 김은진

"시험공부 할 때 생각나게 하려고 요점만 적지 않고 말을 그대로 다 적어요. 교수님이 농담하신 것까지 적으면 그때 상황이 잘 떠오르잖아요. 제가 기억력이 안 좋으니까 교수님 말씀의 맥락을 알아야 되는데 도식화하는 건 별로 도움이 안 돼요."_인문대 이호정

"교수님 말씀을 다 적어야 나중에 공책을 볼 때 이런 논의가 어떤 맥락에서 나왔는가, 여기에 해당하는 실제 예시는 뭐가 있는가 다시 생각해 보는 데 도움이 되거든요."_사회과학대 김명우

"필기 자체에 지난 시간의 강의 내용이 그대로 담겨 있어서 그걸 보면 강의가 생생하게 생각이 나요. 자연스럽게 머릿속에서 수업이 재현돼요." _사범대 강지영

"주로 구어체 그대로 적어요. 그래서 나중에 한 번 더 봤을 때 강의 상황 자체가 명확히 떠오를 수 있도록." _법과대 장민수

수업에서는 교수가 말한 것과 학생이 듣는 것이 불일치하는 현상이 늘 발생하기 마련이다. 학생은 '교수가 말한 것'을 적는다고 생각하지만, 사실은 '교수가 말했다고 학생 자신이 이해한 것'을 적는 셈이다. 교수의 말과 학생의 이해가 완전히 일치하지 않아 종종 오해가 일어나기도 한다. 그렇기 때문에 말의 형태로 전부 다 기록하는 필기는 오해의 여지가 있는 내용 대신 교수로부터 전달된 정보만을 그대로 담아 두었다가 나중에 다시 보며 이해할 수 있는 시간을 벌게 하는 장점이 있다. 몇몇 최우등생들은 전사(轉寫)한 노트 필기를 나중에 보면 "당시에 이해하지 못한 것을 이해할 수 있다", "못 보던 것을 새롭게 보게 된다"고 고백하기도 했다. 즉, 교수의 강의 내용을 가능한 한 그대로 받아 적음으로써 자신의 이해와 교수의 말이 최대한 일치되도록 해야 고학점으로 이어진다는 것이다.

이들이 처음부터 교수의 말을 모두 받아 적으려고 했던 것은 아니다. 대학에 들어와서 나름의 시행착오를 거친 결과, 필기 방식이 변화한 것이다.

"1학년 때는 필기를 거의 안 하고 2학년 때는 조금씩 하다가 지금은 거의 가능한 한 다 받아 적는 편으로 바뀌었고요, 거의 다 적다시피 필기하니까 성과도 더 좋은 것 같아요." _사회과학대 최미나

"제가 예전에는 중요한 내용만 골라서 필기했거든요. 그러다가 시험에서 크게 당했어요. 그다음부터는 웬만하면 다 써요. 교수님이 그냥 우스갯소리로 하신 것까지도 다." _법과대 장민수

"1학년 때는 학점이 그렇게 안 높았어요. 그때는 대학 왔으니까 좀 다른 방식으로 공부해야지 했거든요. 그래서 필기는 잘 안 했고 나만의 아이디어랄까 그런 거 찾는 데 집중했던 것 같아요. 그런데 학점이 안 나오는 거예요. 그냥 고등학교 때처럼 교수님 말씀 열심히 적어야지 학점이 잘 나오더라고요." _생활과학대 김난영

"고등학교 때는 필기를 많이 안 하는 편이었어요. 잘 듣기만 해도 충분하고 중요한 건 교과서에 나와 있으니까. 근데 대학 와서도 그렇게 하니까 성적이 잘 안 나왔어요. 1학년 때는 거의 필기를 안 했는데 지금은 바뀌었어요. 거의 다 받아 적어요. 이렇게 필기를 많이 하니까 성적이 올라가더라고요." _사회과학대 조혜원

1차 필기 다음에 2차 필기

그렇다면 서울대 최우등생들은 키워드 중심의 요약식 필기는 아예 하지 않을까? 그렇지 않다.

인터뷰에 참여한 서울대 최우등생들의 상당수가 수업 시간에는 교수의 '말'을 모두 받아 적는 1차 필기를 하고, 수업 후에 이를 구조화하고 도식화하는 2차 필기를 한다고 응답했다. 수업 후 복습을 할 때 또는 시험을 앞두고 있을 때 1차 필기를 요약하고 재정리하는 식이었다. 이들은 1차 필기와 2차 필기라는 이중적 필기 방식이 수업 내용을 암기하는 데 확실한 도움을 준다고 말했다.

교수의 말이 그대로 담긴 노트가 구조화, 체계화, 요약의 과정을 거치고, 때로는 여기에 보충자료와 참고자료 등 상세한 내용이 추가되기도 하여 완전한 학습자료로 재탄생하는 것이다.

"일단 죽어라 받아 적어야 돼요. 이건 거의 범생이식 공부 방법인데, 교수님께서 말씀하시면 이면지에 막 휘갈기면서 속기하듯이 써요. 엄청 지저분하죠. 그러다가 복습할 때 그 필기를 보면서 다시 노트 정리를 하는 거예요. 이게 2차 필기예요. 시간이 좀 걸리죠. 깔끔하게 보기 좋게 정리를 하고서 시험 기간이 되면 그걸 계속 보는 거예요."_경영대 조연희

"이면지나 연습장에 초벌로 필기를 먼저 해요. 노트 필기를 할 때 깔끔하게 하려고 신경 쓰다 보면 교수님 말씀을 놓치게 되더라고요. 특히 저는 전공 특성상 그래프 그리는 경우가 많은데 자를 대고 긋고 있으면 순간적으로 교수님 설명이 확 지나가 버려요. 그래서 그래프도 대충대충 그리고 설명도 대충대충 적어 놔요. 그런 다음에 복습할 때 그 필기를 보면서 다시 노트 정리를 해요."_농업생명과학대 유시은

“수업 시간에는 교수님이 말씀하시는 그대로, 완전히 그대로 필기를 하고, 도식화하는 건 시험 2, 3주 전에 해요. 필기 내용이랑 교재랑 보충자료를 통합해서 요약된 핵심자료를 만들어요.”_사범대 강지영

“수업 시간에 필기한 것을 요약본으로 다시 만들어요. 시험 직전에는 그 요약본만 보고 공부를 하기 때문에 그 요약본 하나에 수업 내용도 담고 보충자료까지 다 담아서 하나로 만들어야 돼요. 이거 하는데 굉장히 오래 걸리긴 하죠. 그래도 요약본을 만들면 그걸로 공부하는 시간은 얼마 걸리지 않아요.”_자연과학대 김종혁

이와 같은 노트 필기 전략은 언어의 특징을 최대한 반영하고 있다. 인간의 언어는 말과 글로 이루어진다. 말이 가진 속성과 글이 가진 속성을 각각 '말성orality'과 '글성literacy'이라고 한다. 일반적인 구어체의 대화는 말성이 강하고 교과서의 텍스트는 글성이 강하다. 그러나 글성이 강한 말도 있고 말성이 강한 글도 있다. 예컨대 카톡 메시지는 글의 형태이지만 말성이 큰 언어이고, TV 앵커가 뉴스를 보도하는 말은 말의 형태이지만 일반적인 대화체와 달리 글성이 큰 언어다. 말성과 글성의 차이는 인간의 사고 체계와 상호작용, 지식의 확산 및 교환 등에 서로 다른 영향을 미친다. 말성은 글성에 비해 맥락context을 살리는 데 유리한 반면, 글성은 말성에 비해 비맥락적인 것이 쉽게 허용된다. 글성은 정리하고 구조화하고 요약하는 데 적합한 반면, 말성은 맥락을 담을 수 있기 때문에 이해하고 설명하고 소통하는 데 적합하다.

학습 내용의 실제 맥락에서 벗어나면 그 내용을 완벽하게 숙지하기가 어려울 수 있다. 교수의 말을 요지만 적으면 말성이 글성으로 바뀌면서 자칫 맥락에서 벗어날 위험이 생기지만, 교수의 말을 고스란히 모두 적으면 말성이 유지되어 맥락을 온전히 담게 된다. 서울대 최우등생들의 필기법은 말성의 언어를 그대로 적는 1차 필기를 통해 내용을 충분히 이해한 다음, 이를 기반으로 2차 필기를 통해 글성으로 정리하고 암기하는 것이다. 즉, 이들은 학습 내용의 맥락을 벗어나지 않기 위한 가장 적합한 노트 필기 방식을 택한 셈이다.

일단 적고 보는 노트 필기, 교수의 말을 고스란히 적는 노트 필기, 과연 우리 대학 교육의 어떤 모습을 반영하고 있는 것일까?

복습은 꼭 하면서 예습은 안 하는 이유

"예습은 꼭 할 필요가 없는데요"

생활과학대 주영이는 매주 월요일부터 금요일까지 5일 내내 수업이 잡혀 있었다. 다른 친구들은 주3파니 주4파니(수업이 3일이나 4일에 몰려 있는 것) 하여 하루이틀을 비워 놓는 것을 선호하지만 주영이는 일부러 이런 식으로 시간표를 짠다고 했다. 어차피 학교 도서관에서 공부하는 것을 선호해 수업이 없더라도 등교를 하기 때문이기도 하지만, 이보다 더 중요한 이유는 수업 후 복습을 할 시간을 확보하기 위해서였다.

"수업 시간에 필기한 거 가지고 곧장 다시 정리하고 요약해 둬야 하거든요. 근데 제가 기억력이 되게 뛰어난 편은 아니라서, 하루에 수업이 여러 개 몰려 있으면 그렇게 복습하는 데 지장이 생겨요. 아무래도 하루에 해야 하는 양이 많아지니까. 제 나름으로는 공부할 분량을 분산해 두는 거죠."

공과대 현승이는 수업이 대개 6시 이전에 끝나지만 실제로 집에 가는 시간은 아무리 빨라도 9시 이후였다. 그날 배운 것을 철저히 복습하기 전에는 집에 가지 않는 것이 현승이의 원칙이었다.

"수업 끝나고 바로바로 복습해요. 웬만하면 공강 시간에 하고, 만약 바로 다른 수업 있으면 그 수업까지 끝난 다음에 몰아서 하고요. 노트 필기한 거 다시 읽어 보고, 모르는 거는 자료 찾아보고 그러죠. 그렇게 해서 완벽하게 마무리됐다 싶으면 그때 집에 가는 거예요."

이렇게 주영이와 현승이의 공부 비결은 복습에 집중되어 있었다. 그렇다면 예습은 어떨까? 주영이와 현승이는 이구동성으로 말했다.

"예습이요? 거의 안 하죠. 예습하는 게 좋기야 하겠지만 꼭 필요하지는 않던데요."

"예습의 필요성을 느낀 적이 별로 없어요. 복습만 해도 바쁘기도 하고요."

서울대의 공부벌레들 vs 하버드대의 공부벌레들

1980년대 국내에서도 인기리에 방영되었던 「하버드 대학의 공부벌레들」이라는 미국드라마가 있다. 이 드라마에서 주인공인 하트와 친구들은 엄청난 공부량 때문에 거의 초주검이 되곤 하는데, 그 공부의 대부분은 예습이다. 예습을 다 하지 못하는 바람에 수업 시간에 곤란을 겪는 대학생들의 모습이 매회마다 그려진다. 읽어야 할 예습 분량이 너무 많아서 급기야 주인공 하트는 친구들과 스터디 그룹을 만들어 예습 분량을 분담하고 요약해 온다. 스터디 그룹 멤버가 정리한 요약본이라도 읽어야 그나마 예습을 끝마칠 수 있기 때문이다.

비록 드라마지만 이러한 모습에는 실제 하버드대 학생들의 공부 방식이 반영되어 있을 것이다. 그에 비해 서울대에서는 어떠할까? 서울대 최우등생들을 대상으로 한 인터뷰에서 드러난 또 다른 놀라운 사실, 그러나 지금껏 이 책에서 설명한 내용과 매우 일관된 사실이 바로 서울대 최우등생들은 예습을 하지 않는다는 것이다. 인터뷰 참가자 46명 중 약 80퍼센트인 37명이 예습은 전혀 하지 않고 복습만 한다고 응답했다. 예습을 한다고 말한 나머지 20퍼센트도 예습의 비중은 복습에 훨씬 못 미쳤다. 예습을 복습만큼 신경 쓰는 서울대 최우등생은 거의 없었다.

"복습하지 않으면 다음 수업을 못 따라가겠다 싶은 과목들이 있어요. 이런 과목들은 꾸준한 복습이 없으면 수업 내용도 이해가 안 되고 시험도 보기 힘들거든요. 그래서 그 주 주말이나 시간이 날 때마다 즉각즉각 복습하는 편이에요." _사회과학대 고동완

"복습 비중이 커요. 수업에 집중을 하고 복습을 어느 정도 했을 때 다음 시간 수업을 소화하기가 굉장히 편하더라고요. 예습을 따로 하는 건 모르는 내용을 보는 거니까 시간도 너무 걸리고 어렵잖아요. 그러니까 복습 위주로 하게 되는 것 같아요." _사범대 장예은

예습을 하든, 복습을 하든, 결국 열심히 공부하면 되는 것이 아니냐고 생각할 수 있다. 사실 복습을 많이 하는 것 자체가 문제는 아니다. 당연히 어느 수업이든 학점을 잘 받으려면 복습을 열심히 해야 한다. 그런데 최우등생들조차 대부분 예습을 하지 않는다는 것은 의아한 일이다. 드라마에서도 보았듯 미국 대학에서는 미리 엄청난 양의 예습을 하지 않으면 수업을 따라가지 못하는 것과 너무도 대조적이지 않은가.

성적이 낮은 학생들이야 공부 자체를 안 하므로 예습도 안 하는 것이라 이해하고 넘어갈 수 있지만 최우등생들조차 예습을 안 하는 이유가 뭘까? 오로지 복습에만 집중하는 이유가 뭘까? 사실 나 역시 대학생 때 예습을 하고 수업에 참여했던 기억은 별로 없다. 우리는 왜 예습을 하지 않는 것일까?

예습의 의미, 복습의 의미

그런데 이러한 서울대 최우등생들도 예습을 하는 예외적인 경우가 있긴 있었다.

"제가 예습을 진짜 안 하는데요, 팀프로젝트는 어쩔 수가 없습니다. 누군가는 예습을 해서 첫날 갔을 때 내용을 다 알고 있어야 됩니다. 그래야 작업 배분부터 시작해서 그 모든 걸 다 할 수 있거든요. 아무것도 모르고 그냥 생각 없이 가서 하면 정말 아무것도 안됩니다. 그래서 예습을 해 갑니다."_공과대 박철훈

수업 시간에 뭔가 참여를 해야 하는 경우라면 복습만 하는 공부 방법이 통할 수 없다는 것이 팀프로젝트를 경험한 학생들의 증언이었다. 이 예습이 과연 팀프로젝트의 취지에 맞는 방식의 예습인가는 논외로 하고(이에 대해서는 「7. 팀 안에서도 '나 혼자' 열심히」에서 다룬다), 교수의 강의로만 이루어진 수업에서는 절대 예습을 하지 않지만 팀프로젝트가 포함된 수업에서는 어쩔 수 없이 예습을 한다는 사실에 주목할 필요가 있다. 물론 모든 팀프로젝트에 해당되는 경우는 아닐 수 있다. 그러나 결국 수업을 어떻게 설계하느냐에 따라 학생들이 예습을 하게 만들 수도, 복습을 하게 만들 수도 있다는 것이 아닌가? 이는 예습과 복습이 단순히 공부를 수업 전에 하느냐, 수업 후에 하느냐의 문제가 아니라 수업 방식에 따라 상당히 영향을 받는 공부법이라는 것을 드러낸다.

대학에서 필요한 예습이라는 것은 요즘 초·중·고등학생들이 교과 과정을 1, 2년, 많게는 3, 4년 앞서 공부해 놓는 선행학습과는 그 성격이 전혀 다른 것으로, 어디까지나 수업 전 준비를 말한다. 수업 전에 무엇을 준비하느냐가 그 수업에서 무엇을 하는지를 말해 준다. 예

습을 해야만 하는 수업은 수업 시간에 예습을 기반으로 발표나 토론을 많이 하는 종류의 수업이고, 예습을 전혀 안 해도 되는 수업은 교수가 일방적으로 전달하고 학생들은 아무런 토를 달지 않고 그냥 받아 적기만 하는 종류의 수업이라는 것을 의미한다. 두 종류의 수업 모두 엄청나게 열심히 공부해야 하는 수업이라 할지라도 실제로는 매우 다른 학습이 진행되고 있는 것이고, 그리하여 서로 다른 능력이 길러지고 있다는 것이 우리가 주목해야 할 점이다. 서울대 최우등생들이 예습보다 복습에 치중한다는 것은 예습을 통해 수업에 능동적으로 참여하기보다는 수업 시간 중에 수동적으로 전달받은 내용을 수업 후 완벽하게 숙지하는 것이 고학점의 비결이라는 사실을 말해 주고 있다.

그러다 보니 교실에서 가장 많이 배우는 사람은 학생이 아니라, 미리 예습(강의 준비)을 하고 수업에서 자신이 아는 것을 말로 다시 토해내는(강의를 하는) 사람, 즉 교수일 수밖에 없다. 하버드대 물리학 교수인 에릭 마주르Eric Mazur는 학생들이 왜 예습을 하지 않는가의 문제에 대해 간단하게 답한다. 바로 예습을 할 필요가 없기 때문이라는 것이다. 교수가 수업 시간에 책을 대신 읽어 주는데 왜 미리 읽어가겠냐는 것이다. 학생들이 예습하지 않는 수업의 99퍼센트는 교수가 예습을 할 필요가 없게 만들었기 때문이라고 에릭 마주르 교수는 일갈한다. 그는 이러한 시스템을 바꿔서 교실에서 가장 많이 배우는 사람이 교수가 아닌 학생이 되도록 만들자고 강조한다(에릭 마주르 교수의 주장에 대해서는 「23. 어느 하버드대 교수의 고백」에서 좀 더 자세히 다룬다).

예습을 전혀 하지 않고 복습만 하는 것이 고학점 전략인 서울대 수업, 과연 무슨 능력을 기르고 있는 것일까? 그리고 무슨 능력을 놓치고 있는 것일까?

04 청출어람 청어람,
A⁺ 최우등생에게는 없다

"제 견해보다 학점이 우선이니까요"

농업생명과학대 경민이의 공부 비결은 수업에 '올인'하는 것이었다. 수업을 절대 빠지지 않는 것이야 당연하고, 노트 필기와 복습도 꼼꼼히 챙겼다. 선배들이나 스누라이프(서울대 학생 커뮤니티 포털)를 통해 교수님의 성향도 미리 알아보았다. 하지만 이 올인 속에 '질문하기'는 포함되지 않았다. 경민이는 수업 중에 굳이 질문을 할 필요가 없다고 생각했다. 어쩌다 질문을 하더라도 이해가 잘 안 되는 부분에 대해 보충 설명을 요구하기 위한 것이지, 자신의 의견을 드러내기 위한 것은 아니었다.

"자기 의견 어필하는 친구들도 가끔 있는데 저는 그런 애들한테 동의 안 해요. 교수님이 저보다 경험도 많고 연구도 많이 했으니까 교수님 의견이 더 타당한 게 당연하잖아요?"

사범대 정욱이에게는 지난 학기 제출했던 기말 리포트 하나가 유난히 고통스러운 기억으로 남아 있었다. 리포트가 어려웠기 때문이 아니다. A학점을 받지 못했기 때문도 아니다. 평소 자신의 생각과 전혀 다른 내용을 써야 했기 때문이다. 정욱이는 리포트를 쓰는 것이 '고통스러웠다'고까지 표현했다. 하지만 다르게 쓸까 하는 갈등은 단한 순간도 하지 않았다고 했다.

"제 의견이 아닌 걸 쓴 셈인데요, 그래도 그렇게 해야 한다고 생각했어요. 일단은 학점을 잘 받아야 되잖아요. 나중에 교수님과 사적으로 얘기할 자리가 있으면 그때 반대 의견을 말할 수 있을지는 몰라도, 시험이나 과제에서는 교수님 의견대로 써야 한다고 생각해요."

자신의 생각을 포기하는 학생들

KBS 다큐멘터리 「공부하는 인간─호모아카데미쿠스」에 나온 유태인 초등학교 교실에서 선생님과 학생들은 끊임없이 이야기를 주고받는다. 그 와중에 제일 자주 들리는 말이 '마따호셰프'라는 단어다. 이단어의 뜻은 다름 아닌 '너의 의견은 무엇이니?'라는 것. 선생님이 한학생을 쳐다보고 "마따호셰프?"라고 물으면 그 학생은 자신의 생각을 답하고, 다른 학생을 쳐다보고 또 "마따호셰프?"라고 하면 그 학생 역시 자기 생각을 말하는 식의 수업이 이어진다. 선생님의 입에서는 "마따호셰프, 마따호셰프?"라는 말이 끊이지 않고 계속 나온다.

"너의 의견은 무엇이니?"를 묻는 유태인의 교육. "선생님 말이 무슨 소리인지 알아들었지? 이해되나?"라는 말이 훨씬 익숙한 우리의 교육과 너무도 큰 대비를 이룬다.

서울대 최우등생 46명을 인터뷰하며 이런 질문을 던졌다. "만약 본인이 교수님과 다른 의견이 있는데 본인이 생각하기에 본인의 생각이 더 맞는 것 같다. 그런데 그것을 시험이나 과제에 쓰면 A⁺를 받을 수 있을지 확신이 없다. 이런 경우에 어떻게 하는가?" 놀랍게도 46명 중 41명이 자신의 의견을 포기한다고 말했다. 교수와 의견이 다를 경우 약 90퍼센트의 최우등생들이 자신의 생각을 버린다는 응답. 실로 충격적이었다.

> "반대 의견 있을 때도 있고 다른 의견 있을 때도 있어요. 그래도 표현하진 않아요."_인문대 주미현
>
> "제가 뭔가 대단한 발견을 새로 할 수 있는 것도 아니니까 저는 그냥 교수님 말씀을 수용해요."_공과대 박철훈

개성을 중시할 것 같은 예술대 최우등생들의 경우도 크게 다르지 않았다. 피아노를 전공하며 장차 프로 연주자가 되기를 꿈꾸는 음악대 정인이는 방학을 이용해 미국에 레슨을 받으러 갔다가 큰 충격을 받았다. 미국 교수가 정인이의 연주 스킬이 아니라 상상력을 지적했기 때문이었다.

"그 미국 선생님은 진짜 개성파였는데 제가 상상력이 너무 부족하다고 반복적으로 말씀하시더라고요. 저도 걱정이 되는 게, 지금은 개성 있는 연주자가 각광받는 시대인데 저처럼 이렇게 상상력 부족하게 똑같이 연주하면 사람들에게 감동을 줄 수 있겠어요? 사실 대학 와서 피아니스트로 개성을 찾는 게 많이 힘든 것 같아요. 한 교수님한테 배우다 보니까 3, 4년 지나고 나면 스타일이 그 교수님처럼 변하거든요."_음악대 박정인

한 지인에게서 들은 이야기다. 공직에 있을 때 탈북 피아니스트를 만난 적이 있는데, 북한의 피아니스트라는 존재가 낯설기도 하고 신선하기도 하여 관심을 가지고 대화를 하게 되었다고 한다. 이런저런 이야기를 하다가 그 탈북 피아니스트가 툭 던진 말.

"그런데 남조선에는 말입니다, 피아노를 치는 것이 어떻게 다 그렇게 똑같습니까? 각자 다른 자기 음악을 하는 게 아니라 하나같이 똑같이 치길래 알아보니 다들 한 교수의 제자더군요. 남조선에서는 선생과 똑같이 치는 게 잘 치는 것인가 봅니다."

자유가 제한된 북한에서조차 스승과 똑같이 연주하는 것이 이상하게 여겨진다. 그런데 도대체 서울대에서는 오히려 북한보다 더 자유가 없는 것인가? 왜 서울대 최우등생들은 교수의 울타리를 한 치도 벗어나지 못하고 있는가?

스승보다 나은 제자를 기르지 않는 학교

서울대 최우등생들에게 교수 앞에서 자신의 의견을 내세우지 않는 이유를 물어보니 두 가지 이유가 있었다. 하나는 당위적 인식이었다. 당연히 교수가 학생보다 지적으로 우수하기 때문에 학생이 설령 다른 생각을 가지고 있더라도 교수의 견해를 믿고 받아들여야 한다는 것이다.

> "법대에서는 저의 견해라고 할 게 없어요. 교수님이 그 분야에서 제일 권위자인 거잖아요. 저한테는 교수님 말씀이 제일 중요한 기준이 돼요."_법과대 김호진
>
> "제가 알고 있는 것을 다 모아 봤자 부족할 때가 많아요. 그래서 새로운 입장을 찾아서 쓰기보다는 교수님이 말씀하신 것 중에서 제 입장을 고르죠."_사회과학대 이세진

또 하나의 이유는 전략적 접근이었다. 마음속으로는 교수의 의견에 반박하고 싶다 해도 학점을 위해서는 포기해야 한다는 것이다.

> "제 생각을 교수님한테 꺼내는 건 정말 어려운 것 같아요. 학점 생각도 해야 하는데. 그게 현실이잖아요."_인문대 송소라
>
> "이건 아니다 싶더라도 만약 시험에 나오면 교수님 의견대로 답을 쓰겠죠. 시험이나 리포트는 '저는 교수님 수업을 충분히 이해했습니

다'라는 걸 표현하는 거라고 봐요. 동의하지 않더라도 이해할 수는 있는 거죠." _농업생명과학대 이민호

교수와 나의 의견이 다르다면 당연히 나의 의견은 포기해야 한다는 생각, 당연히 교수의 의견이 더 옳을 것이라는 단정, 그리고 속으로 그렇게 생각지 않더라도 어쨌든 시험이나 과제에서는 절대로 교수의 의견을 따라야 고학점을 받을 수 있다는 믿음. 이러한 인식은 모두 누가 만든 것인가?

중국의 옛 일화를 살펴보자. 당대 최고의 두 화가가 있었다. 많은 제자들이 몰려들었고 두 화가는 스승으로서 각자의 제자들을 열심히 가르쳤다. 그런데 두 사람의 방식이 서로 매우 달랐다. 한 화가는 자신의 그림 기법을 전수하여 제자들이 최대한 자신처럼 그리도록 했다. 다른 화가는 제자들에게 반드시 자신과 다르게 그려야 한다고 요구했고, 자신과 비슷하게 그리면 매우 야단을 쳤다. 훗날 자신처럼 그리도록 가르친 화가의 제자들은 스승처럼만 그리게 되어 그 스승을 정점으로 하는 화파가 형성되었고 결국 그 스승만 유명해졌다. 반면, 자신과 다르게 그리도록 가르친 화가 밑에서는 각각 자신만의 독특한 화풍을 완성하여 스승을 뛰어넘는 탁월한 제자들이 많이 배출되었고 그들 모두 스스로의 화파를 이루어 대가들이 되었다. 스승처럼만 그리도록 가르치는 것은 결국 스승을 뛰어넘을 기회를 주지 않는 것이며, 그 스승은 대가일지언정 제자들은 대가가 되지 못할 수밖에 없다.

청출어람 청어람. 청색은 남색에서 나왔지만 남색보다 낫다는 말. 자신처럼만 그리라고 가르치는 스승이 아닌, 자신과 다르게 그려 보라고 독려하는 스승이 바로 스승보다 낫게 되는 제자들을 배출하는 진정한 스승이 아닐까?

청출어람 청어람은 모든 교육의 궁극적 목표라고도 할 수 있을 것이다. 그런데 서울대의 교육은 교수를 흉내 내기만 할 뿐 교수를 절대 넘어설 수 없는 조교 같은 제자를 기르는 것이 목표인가? 아니면 교수보다 더 나은, 훗날 저마다의 영역을 만들어 각자가 대가가 될 수 있는 제자를 기르는 것이 목표인가? 스승이 먼저 제자에게 스승과 다른 의견을 가지도록, 스승을 뛰어넘도록 격려하지 않는 한, 스승을 뛰어넘는 청출어람 청어람은 나오기 어려울 것이다.

교수가 원하는 바를 찾는 것이 고학점의 비결이라고 말하는 서울대 최우등생들. 교수의 생각과 다른 자신의 생각은 엄두도 내지 않는 이들. 설령 자신의 생각이 있다 해도 교수와 다르면 망설임 없이 포기하는 이들. 청출어람 청어람이라는 말은 우리나라의 미래를 이끌어 나갈 최고 인재들을 양성하는 서울대에는 해당되지 않는 말인가?

비판적 창의적 사고력에 대한 오해

"학부생이니까 수용적 학습을 먼저 하는 게 당연하잖아요?"

법과대 준희는 수용적 사고력에 비해 비판적 창의적 사고력이 떨어진다고 대답한 대다수 최우등생들 중 한 명이었다. 준희는 그러한 사실에 조금은 멋쩍어하면서도 상당히 논리적으로 이유를 설명했다. 준희의 설명은 한마디로, 지금은 그럴 수밖에 없다는 것이었다.

"아직 학부 과정이라서 수용을 많이 하는 것 같아요. 예를 들어서, 요리사가 요리를 하려면 일단 냉장고에 재료가 있어야 그걸 꺼내서 요리를 할 수 있잖아요. 학부에선 재료를 마련하는 거랄까요. 일단은 제가 교수님들의 생각들을 비판적으로 생각하거나 나만의 독자적 생각을 발전시키기보단 그것을 내 것으로 완벽하게 익히는 게 맞는 것 같아요."

평소 축구를 좋아한다는 경영대 진수는 비슷한 논지의 이야기를 축구에 빗대어 풀었다.

"수용적으로 쌓은 지식이 있어야 그걸 바탕으로 창의적인 게 나오잖아요. 운동을 한다고 치면 수용적 사고력은 근력 운동하고 기초 체력인 거예요. 히딩크 감독이 그런 걸 강조했거든요. 그리고 비판적 사고력은 작전 연습을 하고 슛을 차고 달리기를 하는 거, 창의적 사고력은 세트플레이에서 박지성 선수처럼 골을 넣는 거라고 봐요. 단계별로 차근차근 나아가는 거죠."

학습은 위계적으로 이루어진다는 편견

내가 비판적 창의적 사고력의 중요성을 이야기하면 흔히 듣는 반응이 "그런 능력이 맨땅에서 나오나요? 일단 뭘 좀 배우고 나야 가능한 거잖아요?"라는 것이다.

이러한 말에는 두 가지 생각이 전제로 깔려 있다. 하나는, 비판적 창의적 사고력은 수용적 학습이 선행되어야만 가능하다는 생각이다. 수용적 학습을 바탕으로 해야 비판적 사고력이 나올 수 있고, 비판적 사고력을 바탕으로 해야 창의적 사고력이 나올 수 있다는, 즉 능력은 단계적으로 나뉘며 위계적 학습에 의해 차례로 이루어진다는 가정인 셈이다. 또 하나는, 배움이란 곧 지식을 수용적으로 학습하는 것인데 비판적 창의적 사고력은 배움의 범주에 속하지 않는다는 생각이다. 대다수의 사람들이 '배운다'라는 것을 '정보나 지식을 습득한다'

와 동일하게 인식하는 경향이 있다.

우리 문화에서 교육받고 성장한 교수나 지식인들 사이에서도 이러한 두 가지 생각은 매우 일반적이다. 대학 교육은 지식을 습득하는 교육이며 대학원 교육, 그것도 박사과정 정도는 되어야 지식을 창출하는 방법을 익히는 교육이라고 구분 짓는 경우, 그리고 비판적 창의적 사고력은 아무것도 모르는 상태에서 나오지 않으므로 뭔가를 수용적으로 흡수하는 것이 먼저라고 여기는 경우, 양쪽 모두 수용적 학습과 비판적 창의적 학습을 위계적으로 인식하는 것이다. 이런 인식 하에서는 초·중·고등학교 12년과 대학교 4년을 합해 도합 16년 동안 내내 그냥 수용적 학습만 해야 한다.

서울대 최우등생들에 대한 인터뷰에서도 같은 인식을 발견할 수 있었다. 특히 학부 과정까지도 고등학교의 연장선상이라는 생각이 깊이 배어 있었다.

"원래 창의적이라는 게 그냥 직관적으로 될 수 있는 것이 아니잖아요. 그 분야에 배경 지식이 많고 어느 정도 식견이 있으면 그걸 바탕으로 한 발 더 나아가는 게 창의적인 거잖아요. 그래서 지금은 우선 지식을 많이 쌓으려고 노력하고 있어요. 아직 제 스스로 창의력을 발휘할 수 있는 단계에는 못 다다른 것 같아요."_사범대 강지영

"고등학교나 학부 과정이나 기본 교양을 다지는 시기라고 생각해서 저한테 주어진 걸 많이 배우려고 해요. 확실히 아직은 수용을 많이 하는 것 같아요. 아주 새로운 걸 만들어 내는 일은 아직 좀 조심스

"어떤 것에 대해 비판적으로 문제를 잡고 창의적으로 뒤집어 보고 그러는 게 석사 박사 과정이라고 하던데요. 저는 겨우 학부생인데 학부에서 그런 것까지 하기는 힘들죠. 일단 교수님 말씀 이해하기도 바쁘니까요."_공과대 이서혜

그러나 많은 연구 결과들이 지적하는 사실은 이러한 인식과 다르다. 비판적 창의적 학습은 수용적 학습 후에야 가능한 것이 아니라, 동시에 이루어져야 한다. 또한 초등학교, 중학교, 고등학교, 대학교 전 시기를 막론하여 이루어질 수 있고 또 이루어져야만 한다. 지식을 습득하는 능력과 지식을 창출하는 능력은 하나가 끝나야 다른 하나가 시작되는 단계적인 관계가 아니기 때문에 모든 수업에서 동시에 적용되고 연습되어야 한다. 신체의 근육을 기르는 것도 하루아침에 되는 것이 아니고 장시간 꾸준히 훈련해야 하듯이 비판적 창의적 사고력을 기르는 것도 몇 달이든 몇 년이든 지속적으로 훈련되어야만 길러질 수 있다. 수용적 학습을 계속하다 보면 언젠가 비판적 창의적이 되는 것이 아니다. 비판적 창의적 사고력이 길러질 수 있는 환경에서 수용적 학습 이상으로 노력하고 연마되어야 가능하다.

긍정심리학과 몰입 이론으로 저명한 미하이 칙센트미하이Mihaly Csikszentmihalyi는 자신의 저서 『창의성의 즐거움Creativity: Flow and the Psychology of Discovery and Invention』에서 창의력이란 타고나는 것이 아니라 자발적인 노력에 의해 만들어지는 것임을 증언하고 있다. 또한 학교를 창의적

인 공간으로 만들어 주고 학생들에게 창의력을 스스로 끌어낼 기회를 주어야 하는데, 지식을 수용적으로 흡수해야 하는 교육에서는 학생들이 창의력을 발휘하는 법을 배우지 못한다고 지적한다.

나 역시 지독한 연습과 훈련을 통해 스스로의 비판적 사고력을 어느 정도 발달시킨(물론 앞으로도 더 발달시켜야겠지만) 경험을 가지고 있다. 나는 원래 이화여대에서 화학을 공부했다. 무지막지하게 두꺼운 원서에서 핵심적인 부분을 정신없이 설명하고 지나가는 교수의 강의 내용을 이해하기조차 벅찼거니와 강의에 대해 비판적 창의적으로 생각해 보는 기회도 전혀 가지지 못했다. 다른 생각을 하는 것은 시간 낭비나 사치라고 여겼다. 그러다 전공을 바꿔 대학원에서 교육학을 공부하게 된 나는 입학 첫해, 선배들과의 연구회 세미나에서 엄청난 충격을 받았다. 한 선배가 발표를 마친 후 다른 선배들이 그 내용의 논리적, 방법론적, 해석적 문제점에 대해 융단폭격을 하듯 신랄하고 날카롭게 비판을 가한 것이다.

그때의 충격은 두 가지였다. 하나는, 같이 발표를 들은 나는 아무리 봐도 사소한 오타 이외에 오류나 비판할 점을 찾을 수가 없었던 반면, 선배들은 포탄을 쏟아붓듯이 비판을 했다는 것이다. 또 다른 하나는, 거침없이 비판을 하고 또 비판을 감사하게 받는, 치열하지만 건강한 토론 문화였다. 당시까지 나는 그렇게 여러 사람들 앞에서 공격적으로 비판하는 모습을 본 적이 없었기에 발표자가 힘들어할까 봐 너무나 걱정했다. 그런데 정작 발표자는 그러한 상황을 예상했다는 듯이 세미나가 끝나자마자 자신을 공격한 사람들에게 활짝 웃으며 진심으로 감사를 표했다. 걱정 어린 표정으로 상처받지 않았냐고 조심스레 물어보는 내게 그 선배가 한 말이 생생히 기억난다. "이 피드백이 얼마나 귀중한 건데. 덕분에 내 아이디어를 더 발전시킬 수 있는데 이게 선물이지 왜 상처가 되겠니?"

사실 이러한 모습은 대학원에서도 일반적인 것이 아니다. 이 연구회 세미나가 그만큼 특별했던 것이다. 그 후 나는 선배들처럼 비판적 통찰을 가지려 무진 애를 썼다. 글을 읽든, 발표를 듣든, 그냥 수동적으로 경청하는 것이 아니라 비판적 시각으로 문제점을 찾으려고 뒤집어 생각해 보고, 회의적으로 생각해 보고, 삐딱하게 생각해 보고, 거꾸로 생각해 보는 과정을 수년간 반복했다. 그랬더니 어느 순간부터 애써 노력하지 않아도 자연스레 비판적 사고력이 나오는 나 자신을 발견할 수 있었다. 비판적 사고력이 훈련에 의해 길러진다는 것을 스스로 확인한 순간이었다.

나만의 경험이 아니다. 내가 박사 학위를 마치고 학생들을 가르칠 때, 한 학생이 발표를 하면 다른 학생들은 대개 수동적으로 듣고만 있었다. 피드백이나 질문은 거의 없었다. 발표 내용을 다 알아서가 아니라 그저 하고 싶은 말도, 궁금한 것도 생각나지 않기 때문이었다. 한 학기 내내 이런 상황이 계속되었다. 그러나 허를 찌르는 질문을 하거나 비판적 피드백을 제시하는 것을 모든 학생들에게 의무화하자, 게다가 질문과 피드백의 질을 성적에 반영한다고 적극 독려하자 학생들의 태도는 완전히 바뀌었다. 발표를 매우 집중해서 들었고, 촌철살인의 비판을 하기 위해, 더 나은 피드백을 하기 위해 온갖 노력을 다 했다. 물론 처음에는 질문거리를 찾는 것이 너무 어렵다며 괴로워하기도 했지만, 학기 말쯤 되면 학생들의 질문과 피드백의 수준이 뚜렷하게 향상되어 있는 것을 확인하곤 했다.

비판적 창의적인 것은 부정적이라는 편견

비판적 창의적 사고력과 관련된 또 하나의 편견이 있다. 어쩌면 더 심각한 편견이라고도 볼 수 있다. 바로 비판적인 것, 창의적인 것 자체에 대한 부정적 인식이다. 우리 사회에서 비판적 창의적 사고력이 잘 길러지지 못하는 이유는 교육과정이 부족하기 때문이기도 하지만, 이러한 능력이 현실에서 부정적으로 인식되고 있기 때문이기도 하다. 비판적 피드백은 다소 공격적으로 느껴지거나 불편한 트집처럼 여겨지고, 창의적 생각은 엉뚱한 것 혹은 괜히 튀는 것으로 받아들여지는 경우가 흔하다.

서울대 최우등생들 역시 비판적 사고력은 공격적인 성향으로, 창의적 사고력은 엉뚱한 것으로 인식하고 있었다. 둘 다 부정적인 이미지인 것이다.

“저는 비판적 사고력은 좀 낮아요. 공격적인 걸 안 좋아하는 편이라서 토론 같은 것도 별로 안 좋아하거든요. 창의적 사고력은, 글쎄요. 제가 엉뚱하다는 소리를 가끔 듣긴 하는데요, 이게 창의적인 걸

까요?”_생활과학대 홍주영

“친구들이 그러는데, 평소에 제가 무섭게 톡톡 쏜대요. ‘이건 아니지. 그건 아닌데’ 하는 식으로 직설적으로 말할 때도 많고요. 그래서 제가 좀 비판적인 부분이 있구나 싶어요. 생각하는 게 약간 특이하다는 말을 들은 적도 있는데, 그게 창조적인 건지 이상한 건지 잘 모르겠네요.”_사회과학대 이세진

학생들뿐만 아니라 교수들의 세계에서도 마찬가지다. 나는 교수들을 대상으로 하는 교수법 워크숍을 많이 경험했다. 워크숍의 진행자(가르치는 사람)로서, 참여자(배우는 사람)로서, 관찰자(주관하는 사람)로서 직접 살펴보니, 우리나라 교수들도 학생들 못지않게 자신이 무언가를 직접 말하고 행동하고 참여해야 하는 형태의 수업을 불편해했다. 그냥 간결하고 핵심적으로 잘 가르치는 비법을 짧은 시간 안에 전달받기를 바랐다. 자신의 전공 분야가 아니라서 그런 것인지도 모른다는 생각도 해 보았지만, 미국 대학에서 비슷한 형태로 진행된 교수법 워크숍에서는 참여자들이 진행자보다 말을 많이 하는 경우가 흔한 것을 보면 전공 문제는 아닌 것 같았다.

그런데 잘 가르친다는 것, 즉 교수법에 대한 노하우는 한두 시간의 강의를 들어서 얻을 수 있는 것이 아니다. 실천과 체험이 반드시 수반되어야 한다. 그래서 많은 대학들이 직접적인 토론과 참여를 중심으로 이루어지는 형태의 워크숍 프로그램을 교수들을 위해 개설하고 있다. 그러나 강제성이 없는 경우 자발적으로 참여하는 교수는 극히

드물다. 의견을 이야기하라고 하면 대부분 나서지 않는 편을 선택한다. 교수들도 학생들처럼 비판적 창의적 활동 없이 그저 조용히 앉아서 강의 내용을 수용만 하는 것을 선호하는 것이다.

비판적인 것을 공격적인 것으로, 창의적인 것을 엉뚱한 것으로 인식하는 경향은 우리 문화와 관련이 있기도 하다. 동양과 서양의 문화를 비교한 연구들을 보면, 동양 사람들은 체면을 중시하기 때문에 자신의 체면이 깎이는 일, 남의 체면을 구기는 일은 가급적 피하려 한다. 상대방의 의견을 명료화하기 위해 추가 질문을 하는 것은 별 문제가 안 되지만, 상대방과 다른 의견을 제기하는 것, 상대방의 발표에서 틀린 점을 집어내는 것, 상대방의 생각에 반론을 펼치는 것 등등은 상대방의 체면이 안 서는 일일 수 있기 때문에 자유롭게 비판하지 못한다. 또한 창의적인 생각이라도 남들이 엉뚱하게 여긴다면 자신의 체면이 깎이는 일이기 때문에 드러내기를 주저하곤 한다. 체면을 중시하다 보니 질문을 하거나 코멘트를 해도 뭔가 근사한 것을 해야 한다는 강박이 있다.

반면 미국 학생들은 수업에 매우 적극적으로 참여하는데, 의외로 그다지 유의미하지 않은, 별로 중요한 내용이 아닌 것들도 시시콜콜 자연스럽게 말하는 것을 볼 수가 있다. 별 내용 없는 질문이나 코멘트를 하는 것이 멋쩍고 낯선, 더군다나 비판적 코멘트는 듣는 사람이나 말하는 사람이나 불편해하는 우리 문화와 대조적이다(이에 대해서는 「14. 동양의 공부, 서양의 공부」에서 더 자세히 다룬다).

비판적 창의적 사고력과 수용적 사고력,
이렇게 다르다

수용적 사고력은 주로 개념에 대한 이해와 정보에 대한 기억에 의존하는데, 이 능력은 어떤 영역에서도 통하는 일반적인 능력으로의 성격이 강하다. 순간적인 기억력이 좋은 사람은 사회 과목도, 외국어 과목도, 과학 과목도 잘 외운다. 즉, 기억력이 좋은 사람은 무엇이든 잘 기억하는 경향이 있다.

반면 비판적 창의적 사고력은 영역에 따라 매우 달라지는 능력이다. 기계공학에서 창의적인 사람이 음악에서도 창의적인 것은 아니다. 시각디자인에서 창의적 생각을 잘하는 사람이 화학공학에서도 창의적일 것이라 기대하기는 어렵다. 생명공학에서 비판적 사고력이 뛰어나다고 해서 문학에서도 비판적 사고력이 뛰어날 것이라 예측할 수는 없다. 즉, 비판적 사고력과 창의적 사고력 모두 '분야 특정적'인 사고력이지 일반적인 사고력이 아니다. 그러니 창의적 사고력을 특정 과목에서 전문적으로 기르는 것이 아닌, 분야를 가리지 않고 두루두루 길러 주겠다는 사설학원들이 얼마나 허무맹랑한 소리를 하는 것인지 짐작할 수 있을 것이다. 그런데 학원뿐 아니라 학계에서도 이런 식의 논리를 주장하는 경우가 적지 않다.

몇 년 전 서울대에서 개최된 국제교육학술대회ICER, International Conference of Education Research의 한 장면이 아직도 뚜렷이 기억난다. 여러 발표 중에서도 창의력 향상 연구를 발표하는 자리에 참석했는데, 빈

자리가 없이 빽빽이 사람들이 모여 들었다. 발표가 시작되고 얼마 지나지 않아 190센티미터 정도 되는 큰 키에 백발의 노교수가 문을 열고 들어왔다. 그날 오전 개회식에서 기조강연을 했던 미국 미주리대의 데이비드 조나센David Jonassen 교수였다. 평생을 창의력과 문제해결 학습 연구에 바쳐 온, 이 분야의 세계적인 대가이다. 조나센 교수는 빈자리를 찾지 못해, 제일 뒤쪽에 앉아 있던 나의 뒤에 서서 발표를 들었다. 발표자는 뭔가 복잡한 연구방법론에 기반하여 일반적인 창의력 향상을 위한 실험에 대해 발표했다. 발표가 끝나자마자 조나센 교수가 날카로운 지적을 하기 시작했다.

"창의력은 어느 분야에나 적용될 수 있는 일반적인 능력이 아닙니다. 특정 영역에서의 특정 창의력이 있을 뿐입니다. 아인슈타인은 물리학에서는 매우 창의적이었지만 아마도 연극을 했다면 전혀 창의적이지 않았을 겁니다. 글쓰기에서의 창의력은 기계공학에서의 창의력과 전혀 다릅니다. 그렇기 때문에 영역에 따라 창의력을 향상시키기 위한 전략이나 수업도 완전 다를 수 밖에 없습니다. 그러니 일반적인 창의력 향상은 그 자체로 말이 안 되는 거죠."

순간 발표장 안에는 정적이 흘렀다. 나는 바로 뒤에서 들려오는 조나센 교수의 말을 들으며 뒤통수에서 전율이 흐르는 것을 느꼈다. 우물 속에 머물러 있다가 갑자기 우물 밖의 세상을 본 듯한 느낌. 발표자는 당황하고 청중은 말이 없는데, 조나센 교수는 거리낌 없이 계속 이야기했다.

"내용이든 이론이든 창의력이든 실제 문제나 실제 맥락이 없는 것은 무의미합니다. 우리는 어떤 문제든 어떤 창의력이든 특정 맥락 속에서 가르쳐야 합니다. 이론을 적용하고 응용한 상태가 아닌 그냥 이론으로만 가르치는 것은 시간 낭비입니다. 가르칠 필요가 없죠. 어떤 이론이 실제에 적용되는 상황이 되면 수많은 문제와 갈등이 발생하게 됩니다. 그러한 문제와 갈등은 한 전공 분야만으로는 대부분 해결되지 않습니다. 예컨대 어떠한 역사적 사건도 그 당시의 사회적, 정치적, 경제적, 문화적 맥락과 관계 없이 일어나는 경우는 없습니다. 히틀러가 나치를 만들 당시 밤마다 자기 전에 읽었던 책이 무엇인지 생각해 봤나요? 그 책이 히틀러의 판단에 결정적인 영향을 끼치지 않았을 거라 어떻게 장담할 수 있겠어요? 창의력도 반드시 맥락 속에서 길러져야 합니다."

정해진 발표 시간이 이미 훌쩍 넘어가고 있었다. 사회자가 다음 발표로 넘어가겠다고 수습한 덕에 당황한 발표자가 답을 하지 못하는 어색한 상황은 일어나지 않았다. 하지만 나는 발표보다도 조나센 교수의 말이 너무나 인상 깊어서 바로 적어 두었다. 그 이후로 창의력 관련 연구를 할 때마다 그 말을 들여다보곤 한다.

우리나라 최고라는 서울대조차 비판적 창의적 사고력을 제대로 기르지 못하고 있는 현실. 애초에 비판적 창의적 사고력에 대해 교수도 학생도 잘못 이해하고 있는 이 편견과 오해들으로부터 비롯된 것은 아닐까?

"공부가 좋아서 하는 건 아니죠"

공과대 지윤이는 성적을 잘 받을 수 있는 비결로 자기관리를 꼽았다. 자기관리는 수강신청부터 시작되었다.

"수강신청할 때 강의계획서를 보고 교수님 스타일이라든가 평가 기준이 저한테 유리한 쪽을 선택하는 편이에요. 그리고 제가 꼭 지키고자 하는 원칙이 하루에 과목을 많이 넣지 않는 거예요. 하루에 수업이 몰리면 집중력이 분산되거든요."

사회과학대 동완이는 공부는 물론이거니와 체력와 감정을 포함한 생활 전반에 대한 관리도 신경 쓰고 있었다.

"평소 생활 패턴을 잘 유지하는 게 중요하다고 생각해요. 공부할 게 많아도 너무 늦게 자지 않고요, 규칙적으로 생활하려고 해요. 그리고 그날그날 기분에 따라서 생활 패턴이 흔들리지 않아야 하고요. 그러려면 항상 평온한 마음 자세랄까, 그런 게 있어야죠."

지윤이와 동완이가 이토록 부지런하게 자기관리를 하도록 만든 원동력은 무엇일까? 분명한 것은 그 원동력이 공부 그 자체는 아니라는 사실이었다.

"저는 솔직히 공부 없으면 막 못살겠다 하는 부류는 아니에요. 어차피 제가 지금 학생이고 공부를 해야 하니까 기왕 하는 거 열심히 하자는 생각이죠. 어쨌든 노력이 중요하니까요. 제가 되게 똑똑한 편은 아니라서요."

"당연히 모든 공부가 재미있지는 않아요. 그래도 공부했을 때의 효용이 공부 안 했을 때보다 크다고 생각하니까 공부를 하게 돼요. 좋아서라기보다 그냥 해야 하기 때문에 하는, 관성 같은 거죠."

행복까지도 관리하는 자기조절 능력

내가 인터뷰한 서울대 최우등생들은 해야 할 일에 맞게 생활을 조절하고 과제를 관리하는 것을 매우 중시했다. 무엇을 하든 남들보다 더 열심히 하고 더 부지런히 하고 더 스스로를 다그쳤다. 누구보다도 시간관리가 탁월해 잠시도 쉬지 않고 자투리 시간도 알뜰하게 깨알같이 아껴서 사용했다. 벼락치기는 결코 하지 않았다. 마감 직전에 밤새우는 일도 절대 하지 않았다. 애초에 밤새울 필요가 없도록 과제가 주어지는 그날부터 미리미리 준비를 시작해 마감일보다 훨씬 이전에

완료하고 수차례 수정해서 완성도를 높였다. 체력이 받쳐 주지 않으면 열심히 공부하고 싶어도 할 수 없기 때문에 체력을 꾸준히 단련하고 있었다.

"절대 밤은 안 새워요. 밤을 새우면 그다음 날 머리가 작동을 안 해서 꼭 그 전날에 1시나 2시까지 하더라도 딱 잠을 자요. 그래서 공부하는 리듬을 타려고 해요 특히 시험 보기 전에는 꼭. 평소에도 규칙적인 생활을 하려고 하고." _공과대 채성수

"제가 잠이 많아서 주말에는 진짜 많이 자거든요. 억지로 규칙적인 생활을 하기 위해서 시간표에 1교시 과목들만 넣었어요. 그래서 항상 7시 30분에 일어나도록 맞춰져 있어요." _사회과학대 양지훈

그들 자신도 이러한 특징을 인식하고 있었다. 인터뷰 과정에서 서울대 최우등생들은 한결같이 스스로 남들보다 더 열심히 살고 있다고 응답했다. 서울대 전체 학생들에 대한 설문조사에서도 남들보다 더 열심히 살고 있다고 스스로 인식하는 정도가 학점이 높을수록 뚜렷이 높았다. 그에 반해 학점이 낮을수록 벼락치기하는 비율이 더 높았고 마감이 임박해 밤새우는 일이 허다했다.

자기조절은 자신을 환경에 맞추는 것이기도 있지만 자신의 특성에 맞는 환경을 선택하는 것도 포함된다. 서울대 최우등생들은 이구동성으로 학점을 잘 받으려면 수강신청부터 본인에게 맞게 해야 한다고 강조했다. 스스로 자신 있는 능력을 잘 발휘할 수 있는 강의, 평가

방식이 자신에게 유리한 강의를 찾는다는 것이다. 학점을 위한 자기조절의 본격적인 시작은 수강신청부터였다.

"제가 가장 중요하게 생각하는 게 수강신청이에요. 저학년 때는 어떤 교수님인지도 모르고 애들이 하는 대로 따라갔기 때문에 책임감 같은 것도 안 느껴졌는데 작년부터 스스로 판단해서 하게 된 이후부터는 훨씬 성적이 좋아졌어요. 교수님 스타일이나 수업 방식 같은 걸 인터넷에서 검색한다든지 선배한테 물어봐서 제가 직접 찾아보게 됐거든요."_공과대 이서혜

"관심 있는 강의에 대한 걸 다 다운받아서 보고, 검색을 해서 그 강의에서는 어떤 발표가 있고 발표 내용은 뭐가 중요한가 확인하고, 그런 다음에 인맥을 최대한 동원해서 그 강의를 들었던 사람을 만나요. 그래서 교수님이 어떤 걸 평가하고 수업에서 어디에 포인트를 맞추나 확인해서 저한테 잘 맞는 수업으로 시간표를 짜요."_경영대 김진수

"수강신청을 엄청 신중하게 해요. 제일 중요한 건 교수님에 대한 평판이에요. 선배들한테 물어보든 주위 애들한테 물어보든 그 교수님에 대해 다 파악한 다음에 강의계획서를 보고 시간표를 짜요. 교수님의 강의 스타일과 내용이 저한테 제일 잘 맞을 만한 수업을 골라내는 거죠."_인문대 이호정

자기조절의 시작이 수강신청이라면 그다음에는 적절한 배분이 있었다. 서울대 최우등생들의 공부법 중 특이했던 것은 어느 한 과목에,

혹은 어느 한 과제에 지나치게 몰입하기를 철저하게 자제한다는 것이었다. 어느 과목, 어느 과제에도 치우치지 않게 시간과 노력을 균일하게 나누는 것이 핵심이었다. 애초에 시간표를 짤 때부터 하루에 많은 수업을 넣지 않고 월요일부터 금요일까지 골고루 분포시켰으며, 특정한 과목에 밤샘해서 몰입하는 일은 절대 하지 않고 반드시 여러 과목에 시간을 골고루 분포시켰다.

이러한 전략은 하나의 과목이나 과제에 몰입하여 100점을 넘어서 150점, 200점의 성과를 낼 가능성을 원천 차단하는 것이기도 하다. 실제로 이들은 어느 정도 학점을 잘 받겠다 싶은 정도 이상의 공부는 할 수 있어도 안 한다고 응답했다.

"시간 배분이 굉장히 중요한데요, 어떤 과목이 엄청나게 재미있고 더 공부하고 싶다고 하더라도 그 과목에만 빠져 있으면 다른 과목들이 다 구멍이 나요. 제 주변을 보면 자기가 꽂혀 있는 과목은 굉장히 잘하는데 그것에만 빠져 있느라 다른 과목들은 놓치는 친구들이 많아요. 그러면 당연히 전체 학점이 안 나올 수밖에 없잖아요. 그러니까 하나에 몰빵하지 않고 과목별로 시간 배분을 정확히 하는 게 정말 중요해요."_사회과학대 김은진

"아이디어는 저보다 뛰어난 친구들도 많긴 해요. 근데 저는 모든 과제에 대해서 다 어느 정도 수준을 넘기기 때문에 좋은 학점이 나온 것이고, 다른 친구들은 어느 과목은 잘해도 다른 과목을 놓치는 경우가 있기 때문에 전체 학점이 낮을 뿐이에요. 저는 뭐 하나라도 펑크

나지 않게 두루두루 시간 배분을 잘하는 거죠. 저보다 똑똑한데도 학점이 안 나와서 고민하는 친구들 보면 이런 요령을 잘 모르는 것 같아서 안타까워요. 그래서 저는 항상 후배들에게 얘기해요. 너무 모든 것에 너의 역량을 다 쓰지 말라고.”_농업생명과학대 이민호

“이 정도 공부하면 A⁺를 받을 수 있겠다 싶으면 그 이상은 더 할 수 있어도 안 하게 돼요. 그 시간에 다른 과목을 공부하는 게 낫죠. 어차피 시간은 한정되어 있잖아요.”_자연과학대 민재호

서울대 최우등생들의 자기조절 대상에는 감정까지 포함되었다. 감정의 기복에 의해 공부가 방해받지 않도록 늘 평상심을 유지할 수 있게 감정조절에도 신경 썼다. 특히 설문조사 결과에서 학점이 높을수록 스스로 행복하다고 인식하는 경향이 더 큰 것으로 나타났다. 그렇다면 공부 잘하는 아이들이 더 행복한 것인가? OECD 국가 중 우리나라가 학생들의 행복지수에서 가장 낮은 순위를 기록했던 사실과 배치되지 않은가? 서울대 최우등생들의 이러한 응답에 나는 고개를 갸우뚱했다. 이에 대한 실마리는 바로 이 사실에서 찾을 수 있었다. 행복해지기 위해 노력한다는 경향이 학점에 비례한다는 사실이었다. 즉, 서울대 학생들은 학점이 높을수록 행복해지기 위한 노력도 더 많이 하는 것이다.

“생활을 하다 보면 기분이 좋았다 나빴다 하잖아요. 그럴 때 얼마나 잘 컨트롤하고 기분을 좋게 만들 수 있느냐가 중요하다고 생각해

요. 기분이 나쁘면 공부하기가 싫고 공부하기가 싫으면 성적도 안 좋
아지니까 기분을 좋게 유지하려고 노력해요. 일부러라도 기분을 좋
게 만들려고 하죠.”_사회과학대 김명우

서울대 최우등생들의 철저한 자기조절 능력의 궁극적인 종착역은
어디일까? 그렇게 치열한 자기조절은 무엇을 위한 것일까? 위인전에
나오는 역사에 획을 그은 인물들의 스타일과는 거리가 먼 느낌, 나만
의 느낌일까?

뜨거움이 배제된 청춘

이토록 철저한 자기조절 이면에는 뜻밖의 심리가 있었다. 의외로 서
울대 최우등생들은 스스로 머리가 좋다거나 능력이 있다고 믿는 경
우가 거의 없었다. 지독하게 자신을 통제하며 성실하게 노력하는 이
유는 역설적으로 자신이 머리가 별로 안 좋기 때문이라고 응답했다.
물론 이는 스스로에 대한 인식일 뿐 객관적으로도 머리가 나쁘다는
것은 아니다. 오히려 실제로는 대부분 머리가 좋은 축에 속할 것이다.
그럼에도 이들은 대부분 자신에게 탁월함이 없는 것을 아쉬워했고
탁월함이 있는 다른 친구들을 부러워했다. 서울대에는 이해나 암기
는 웬만큼 하는 학생들이 들어오기 때문에, 이들이 말하는 탁월함이
란 허를 찌르는 통찰력, 반짝반짝하는 창의력, 날카로운 비판력 같은

것을 의미했다. 즉, 남들이 생각지도 못하는 것을 생각해 내는 능력이었다.

> "저는 남들보다 기본적으로 받아들이는 속도가 느려요. 배우는 게 느린 거죠."_공과대 유현승
>
> "제가 남들보다 딱히 머리가 좋다거나 하는 느낌을 한 번도 받은 적이 없어요."_사회과학대 양지훈
>
> "저는 원래도 아주 뛰어난 편은 아니었어요. 초등학교 때 어머니가 학교에 면담을 갔다 오더니 '선생님이 너 아이큐가 되게 낮대' 이러신 적도 있어요."_간호대 신수진
>
> "학점이 저보다 낮더라도 능력이 저보다 더 뛰어난 친구들, 저한테 없는 능력이 있거나 크리에이티브한 친구들을 볼 때면 열등감을 심하게 느껴요."_자연과학대 이도준

서울대 최우등생들을 인터뷰하면서 발견한 또 다른 뜻밖의 심리는 공부 동기에 관한 것이다. 이들은 대부분 공부를 할 만한 것, 나름 좋아하는 것이라 응답했는데, 이는 자신의 전공을 좋아하고 그 공부를 즐기는 내재적 동기 때문이 아니었다. 서울대 전체 학생들을 대상으로 한 설문조사에서도 '나는 재미없는 수업에도 고도의 집중을 유지할 수 있다'라는 문항에 대해 성적이 높을수록 '그렇다'라고 응답하는 경향이 현저히 높았다. 즉, 서울대 최우등생들은 좋아하는 공부를 하고 있는 것이 아니라 해야 하는 공부를 좋아하기 위해 엄청나게

노력하고 있었다. 해야 할 일을 좋아하게 만드는 것에 능하고, 그리하여 잘 즐기기보다 잘 견디는 것에 능숙했다. 이것은 동기 자체가 아닌 '동기조절 능력'이다. 즉 내적 동기보다 동기조절 능력에 강한 사람이 최우등생이 되는 것이다.

> "어렸을 때부터 저는 하고 싶은 것을 하는 아이가 아니라 해야 하는 걸 잘 하려고 노력하는 아이였던 것 같아요. 지금까지 항상 그랬어요."_공과대 김지윤
>
> "졸리고 지루한 수업도 있어요. 근데 너무 아깝잖아요. 시간도 아깝고 등록금도 아깝고. 그래서 제가 먼저 열과 성을 다해야 수업이 재미있어지지 않을까 하는 생각으로 재미있다 재미있다 최면을 걸면서 수업을 듣고 있어요."_사범대 박수지

물론 세상에는 하고 싶은 일만 하고 살 수 없는 경우가 많기 때문에 해야 할 일을 즐길 수 있는 능력은 인생에서 매우 유용하다. 우리 사회에서는 재미가 없어도 해야만 하는 일을 열심히 잘하는 능력이 다른 어느 능력보다 중요하다고 인식되기도 한다. 『몰입』의 저자 황농문 서울대 교수는 외국인에 비해서 한국인은 현재의 욕구를 참으며 목적한 바를 이루는, 이른바 '만족지연 능력' 혹은 '자기통제 능력'이 가히 세계 최고 수준이라고 말한다. 그렇다면 서울대 최우등생들은 그러한 능력이 세계 최고 안에서도 최고인 셈이다.

46명의 서울대 최우등생들을 인터뷰하면서 내가 느낀 점은 한마

디로 이들이 뜨겁지 않다는 것이었다. 인생에서 최고로 뜨겁고 열정적일 나이임에도, 이들은 대단히 절제되어 있고 완벽하게 자기조절을 하며 체력도 시간도 감정도 철저하게 관리하는, 대단히 차분하고 이성적인 사람들이었다. 좋아하는 것에 혼신을 불태우는 열정은 찾아보기 어려웠다. 사랑에 관해서도 마찬가지였다. 20대의 대학생, 이때는 인생에서 가장 아름다운 사랑을 불태울 시기가 아니던가? 그런데 이들은 뜨겁지 않았다. 대부분 남자친구나 여자친구가 있었지만 이성친구 때문에 공부에 지장이 있다는 응답은 거의 없었다.

"남자친구가 있거나 없거나 학점에 별로 영향은 안 미쳐요. 그런 게 영향을 미쳐서도 안 되고요." _인문대 주미현

"여자친구 있다고 해서 공부에 방해되거나 그러지는 않아요. 여자친구랑 헤어진다면 되게 슬플 것 같긴 한데, 그래도 어쨌든 공부는 하겠죠." _농업생명과학대 이민호

어떻게 20대의 정열적인 사랑을 하면서 공부에 전혀 영향을 받지 않을 수 있을까? 다음의 한마디에 그 이유가 함축되어 있다.

"보채지 않아서 좋아요." _의과대 황윤주

남자친구 때문에 공부에 방해되지 않느냐는 질문에 너무나 쿨하게 나온 대답. 이 말을 듣는 순간, 나는 이들은 사랑도 뜨겁지 않구나 생

각했다. 아니, 뜨거운 사랑을 경험해 본 적이 있기나 할까?

이렇게 뜨거움을 배제한 절제가 궁극적으로 무엇을 추구하고 달성하기 위한 것인지 질문하지 않을 수 없다. 서울대 최우등생들을 인터뷰하면서 내가 가장 아쉬웠던 것 중의 하나가 이들에게는 설레는 '꿈'이 없다는 것이었다. 무엇을 진정으로 하고 싶은지, 자신의 열정을 쏟고자 하는 꿈이 무엇인지, 질문을 하는 나까지 설레게 할 만한 대답을 하는 최우등생은 한 명도 없었다. 아직 잘 모르겠다는 대답, 자신이 뭘 좋아하는지 모르겠다는 대답, 좀 더 시간이 지나면 알게 되지 않을까 기다리고 있다는 대답은 그나마 자신의 꿈을 찾으려는 일말의 노력이라도 엿보였다. 그 외의 상당수의 최우등생들의 목표는 그저 고시 합격, 대기업 입사, 또는 대학원 진학 후 교수 임용, 이 세 가지 범주를 벗어나지 않았다.

"나중에 뭐가 되고 싶은지 아직 잘 모르겠어요. 지금 학점 관리하는 건 그냥 매 학기 저에게 주어진 일을 하는 거죠. 지금 제 할 일이 학교 다니고 공부하는 거라 생각하니까요. 특별히 어떤 목표를 가지고 학점 관리를 한 건 아니거든요. 아직까지도 진로를 모르겠으니 굉장히 불안하긴 해요. 아마도 남들처럼 고시나 대학원이나 취직 중에서 선택하겠죠."_인문대 이우현

"큰 욕심은 없고요, 그냥 평범하게 좀 안정적인 직장에 들어가서 가정생활에 충실하게 살고 싶어요. 시간 여유 많고 야근 스트레스 없는 그런 직업이면 좋겠어요."_사회과학대 조혜원

"좌우명이 원래는 '하면 된다'였거든요. 근데 요즘 들어서 바뀌더라고요. 해도 안 되는 것 같기도 하고. 나 자신한테도 한계라는 게 있는 것 같아요. 사회적인 환경이 있잖아요. 그래서 체념할 줄도 알아야 된다는 생각이 들어요."_

KBS 다큐멘터리 「공부하는 인간―호모아카데미쿠스」에서 중국 아이들은 국가를 위해서 공부하고, 일본 아이들은 부모와 가족을 위해서 공부하고, 서양 아이들은 자신의 흥미를 위해서 공부한다고 말한다. 내가 인터뷰한 서울대 최우등생들은 국가를 위해서라는 답은 전혀 하지 않았으며, 부모와 밀접한 관계이기는 해도 어디까지나 자신의 행복을 위한 미래를 살고 싶다고 당당히 말했다. 하지만 정작 그 행복은 고시, 대기업, 교수 정도에 국한되어 있었다. 국가나 인류를 위해 큰일을 해 보겠다는 도전이나 자신의 호기심을 바탕으로 한 꿈보다는 안정적이고 개인적인 삶이 우선이었다. 경제적으로나 시간적으로 여유를 누리고 행복한 가정을 꾸리는 것이 꿈이라고 말했다. 심지어는 무엇을 하고 싶은지 잘 모르기 때문에 왜 공부를 하는지도 잘 모르지만 그래도 언젠가 쓰일 데가 있지 않을까 싶어서 학점을 관리해 놓는다고 말했다. 어차피 해야 하는 공부라면 스스로 좋아한다고 최면을 걸어 최대한 즐기려고 노력하는 서울대 최우등생들. 그야말로 잘 '견디는' 사람들이었다.

뜨겁지 않은 젊음, 타오르는 꿈의 부재. 도대체 무엇을 위한 절제이고 무엇을 위한 견딤인가? 대한민국 최고의 대학에서 최고의 학점을 받는 최고의 인재들이 꾸는 꿈이 이렇게도 설렘이 없는 것은 나만의 느낌인가? 서울대는 이들이 어떤 종류의 인재가 되기를 바라며 A⁺를 주고 있는 것인가?

07 팀 안에서도 '나 혼자' 열심히

"팀프로젝트를 하면 팀원들 중에서 제가 제일 많이 일해요"

인문대 우현이는 이번 학기에만 세 개의 팀프로젝트 수업을 수강했다. 처음 팀프로젝트를 할 때는 여럿이 함께해야 한다는 것이 부담스러웠지만 여러 번 거듭하다 보니 어느 정도 익숙해지게 되었다. 우현이는 팀프로젝트 수업 자체에 만족을 표했다.

"전에는 혼자 해도 잘할 수 있는 것을 왜 굳이 팀으로 하는지 이해를 못 했죠. 근데 저 혼자 하는 경우에는 한 관점만을 보는데, 팀프로젝트의 경우에는 팀원들 나름대로의 시각에서 문제를 보기 때문에 더 다양한 관점으로 파악할 수 있어서 도움이 돼요. 끝났을 때 서로 수고했다고 다독여 주는 게 대인관계 면에서도 도움이 되고요."

최우등생인 우현이는 당연히 팀프로젝트 수업에서도 높은 점수를 받았다. 비결은 간단했다. 열심히 하는 것. 그런데 팀프로젝트를 긍정적으로 생각한다는 우현이의 팀 활동에서 정작 다른 팀원들의 존재는 별로 느껴지지 않았다.

"팀이 꾸려지면 제가 팀장을 맡아요. 그리고 이 과제에서 제일 중요한 것 같다고 생각는 부분을 제가 맡아요. 주제를 낼 때도 제가 가장 많이 참여하고, 발표도 제가 하고. PPT 같은 자료를 만드는 것도 제가 다 마무리해요. 그래야 빠르게 효율적으로 할 수 있고 점수도 잘 나와요. 결과가 괜찮으니까 다른 팀원들도 좋아하고요."

경영대 연희는 팀프로젝트 수업에서 리더 역할을 도맡아 왔다. 어차피 팀프로젝트 과제의 질을 높이려면 누군가 한 명은 반드시 더 많은 일을 부담해야 하기 때문이었다.

"팀원들이 각자 맡은 부분을 하고서 나중에 모아 놓으면 뭔가 어색해요. 문체도 다르고 논리적 흐름도 잘 안 맞고. 그런 문제를 파악하고서 고칠 사람이 단 한 명이라도 있어야 돼요. 그 사람이 모든 걸 감당하면서 다 해야 되는 거죠. CEO들이 돈을 많이 버는 것도 그런 이유 때문이 아니겠어요? 팀프로젝트도 똑같아요."

팀프로젝트 학습에 임하는 자세

과거에는 한 명의 천재가 역사를 바꾸는 경우가 많았다. 고대부터 중세에 이르기까지 주요 학문 분야는 철학, 논리학, 수사학, 수학이었고 근대에 이르러 물리학, 화학이 대두되었는데, 이러한 분야들은 모두

특출난 한 사람이 흐름을 좌우할 수 있었다. 위인전에 나오는 인물들을 보면 괴팍하고 타협하지 않으며 외곬으로 신념을 지킨 천재들이 대부분인 것도 이러한 이유 때문이다.

그에 반해 현대 사회는 더 이상 한 명의 천재가 역사를 바꾸기 어려운 세상이다. 21세기에 가장 유망한 분야가 소위 '6T'라고 일컬어지는 정보통신공학IT, Information Technology, 생명공학BT, Bio Technology, 나노공학NT, Nano Technology, 우주항공공학ST, Space Technology, 환경공학ET, Environmental Technology, 문화콘텐츠공학CT, Cultural Technology인데, 이 분야들은 모두 여러 사람의 팀워크에 의해서만 진화하고 발전할 수 있다. 특히 국경을 넘나드는 글로벌 사회로의 발전이 가속화되면서 서로 다른 배경과 전문성을 가진 다양한 인재들이 팀을 이루어 협동 작업을 해야 하는 상황이 기업과 학계를 막론하고 각계각층에서 증가하고 있다.

대학은 사회적, 시대적 요구에 상응하는 전문적인 인재를 양성해내는 곳이므로 이러한 변화에 맞추어 다양성에 기반한 팀워크 역량을 기를 필요가 증가하고 있다. 이러한 맥락에서 최근 동서양을 막론하고 대학 교육에서 널리 도입되어 활용되고 있는 수업 방식이 팀프로젝트 학습이다.

팀프로젝트 학습은 단순히 그룹 학습이 아니다. 물리적으로 팀을 짜서 결과물을 함께 낸다고 해서 팀프로젝트 학습이라고 하지 않는다. 예컨대 동물의 종류를 조사하는 과제에서 팀원들이 포유류, 파충류, 양서류, 어류, 조류를 나눠서 각각 조사했다면 이는 그저 그룹 과제일 뿐이다. 머리를 맞대어 아이디어를 공유하고 발전시키는 과정을 굳이 거치지 않고 자신이 담당한 부분만 하면 되기 때문이다. 팀 프로젝트 학습는 처음부터 끝까지 팀원들이 같이 결과를 만들어 나가는 협동 작업이어야 한다. 설령 중간에 일부 분담하는 부분이 있더라도 그 부분을 함께 정교화시키는 협동 작업이 핵심이 되어야 한다. 각자 분담해서 나중에 수합만 하는 그룹 과제는 개개인의 능력에 따라 최종 결과의 질이 달라지고, 특히 똑똑한 팀원 한 명의 능력에 의해 좌우된다. 하지만 진정한 팀프로젝트 학습은 팀원들의 공동작업에 의한 시너지로 결과물의 질이 결정된다. 팀프로젝트 학습이라는 이름으로 진행되었다 하더라도 그 안에서 진정한 공동작업이 일어나지 않았다면 그것은 제대로 된 팀프로젝트 학습이 아니다.

팀프로젝트 학습을 통해 길러질 것이라 기대되는 역량은 무엇인가? 팀 속에서 시너지 효과를 얻을 수 있도록 팀원들과 소통하며 서로 다른 의견을 모아 좀 더 나은 의견으로 발전시켜 나갈 수 있는 협동 역량이지 않겠는가? 그러므로 팀프로젝트 학습은 기본적으로 의사소통 기술, 대인관계 기술, 리더십, 협동력 등의 사회적 능력이 요구된다. 또한 팀 속에서 문제해결력과 창의력을 발휘하는 것도 요구된다. 이러한 역량들은 일방적인 강의를 통해 혼자 수용적으로 공부해서는 결코 길러질 수 없다. 협동의 가장 어려운 점이 바로 자신과 다른 생각을 갖는 사람과 함께해 가는 부분이다. 사회에서는 이러한 상황이 대단히 많기 때문에 다른 생각을 가진 사람과도 소통하고 협업할 수 있는 능력이야말로 이 시대의 진정한 리더십일 것이다.

국내외 다른 대학들과 마찬가지로 서울대에서도 팀프로젝트 학습이 적용된 수업이 전공을 망라하여 크게 늘어났다. 많은 수업에서 개인 과제와 팀프로젝트 과제를 섞어서 학생들을 평가하고 있다. 나 역시 지난 12년 동안 강의하면서 팀프로젝트 학습이 포함되지 않은 강의는 거의 한 적이 없다.

내가 인터뷰한 서울대 최우등생들 중에서 팀프로젝트 학습에 익숙하다고 응답한 학생은 46명 중 약 3분의 2에 해당하는 32명이나 되었다. 이들은 팀프로젝트 학습의 중요성과 효용성에 대해서는 이성적으로 인식하고 있었다.

"팀프로젝트에서 성과를 내는 건 리포트나 시험에서 잘하는 거랑 종류가 다른 것 같아요. 팀원들과 의견을 모으다 보면 새로운 결과를 도출하게 되고 더 긍정적인 방향으로 갈 수 있죠."_사회과학대 고동완

"팀프로젝트를 진행하는 과정이 더 어려운 점은 분명히 있어요. 그래도 정말 중요한 것들을 배우는 데 있어서는 팀프로젝트가 더 효과적이라고 생각해요. 시야가 넓어지게 되는 것 같아요."_인문대 송소라

그럼에도 불구하고 다른 사람들과의 소통에 스트레스를 받아 가급적 팀프로젝트 학습을 회피하고 개인 과제를 선호하는 경향이 서울대 최우등생들 사이에서 적지 않게 보였다.

"저는 시험이나 리포트 비중이 큰 수업들을 잘하는 편이에요. 주로 혼자서 하는 거죠. 팀프로젝트는 아무래도 여러 사람이 공동으로 수

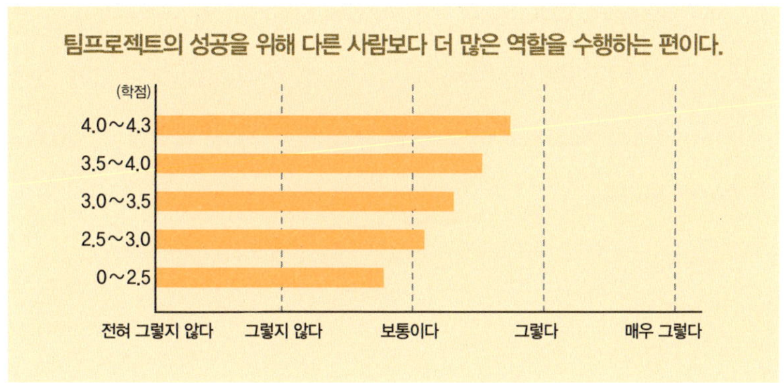

행하다 보니까 시간에 맞춰서 하는 것도 어렵고, 연속적이고 통일성 있는 결과가 나오기 힘들더라고요."_사범대 박수지

"제가 원래 혼자서 하는 걸 좋아하는 성향이에요. 팀프로젝트가 저한테는 많이 와 닿지 않았어요. 사람들이랑 계속 어울리면서 관계를 맺는 게 편하지 않아서 그랬나 싶어요."_미술대 강현수

팀프로젝트를 긍정적으로 인식하든 부정적으로 인식하든 간에 역시 최우등생은 최우등생이었다. 이들이 팀프로젝트 학습에 임하는 자세는 매우 훌륭해 보였다. 주로 리더 역할을 맡고, 팀 미팅 준비도 미리 하고, 자신이 담당하지 않는 부분도 열심히 숙지하고, 남들보다 더 많은 책임을 떠안는 등 누구보다 열심히 적극적으로 참여했다. 이들은 한결같이 팀프로젝트에서 자신이 다른 팀원들보다 더 많이 헌신하고 리더십을 발휘한다고 응답했다. 이러한 현상은 서울대 전체 학생들을 대상으로 한 설문조사에서도 일관된 결과로 나타났다. 학

점이 높을수록 더 많은 역할을 수행한다는 인식이 뚜렷했다.

그런데 서울대 최우등생들의 팀프로젝트 수행 방식을 자세히 들여다 보니 팀프로젝트의 본질을 위협하는 한 가지 문제점이 드러났다. 이들은 처음부터 끝까지 '혼자' 열심히 하고 있었다. 팀프로젝트의 본래 취지인 '함께' 하는 모습은 잘 찾을 수 없었다.

팀이 실종된 팀프로젝트

서울대 최우등생들은 팀프로젝트의 시작 단계인 주제 선정부터 마무리 단계인 발표나 리포트 제출에 이르기까지의 전 과정을 주도권을 가지고 혼자 수행했다. 일단 팀이 정해지면 누구보다도 먼저 프로젝트 주제를 열심히 준비한다. 그러면 첫 팀미팅에서 준비를 제대로 하지 않은 다른 팀원들에게 자신이 원하는 주제를 설득하기가 용이하다. 그리하여 자연히 이들이 준비한 주제로 팀프로젝트가 진행되고, 당연히 그 주제를 가장 잘 알고 있으므로 이들은 가장 주도적으로 팀을 이끈다. 그렇게 이들은 팀프로젝트의 주도권을 쥐게 되는 것이다.

"처음 모임을 갖기 전에 어떻게 팀프로젝트를 진행할지 저 혼자서 계획을 세워요. 거의 하루 종일 그리고 밤을 새서라도 해요. 다음으로 하는 건 제가 세웠던 계획대로 실험하고 그 결과를 리포트로 작성하는 거예요. 제가 프로젝트의 시작 단계에서 모든 것을 다 준비하니까 나머지 친구들이 해야 할 것은 실험 결과에 따라서 설계를 조금 수정하는 정도예요. 그래야 팀프로젝트를 빠르고 효율적으로 할 수 있어요."_자연과학대 민재호

"팀프로젝트로 특정회로를 설계하라는 과제가 있었어요. 그때 저는 팀의 첫 모임 전에 설계를 다 끝냈어요. 3일 동안 거의 밤을 새서. 힘들어도 팀프로젝트는 주로 그렇게 해요. 내 성적은 내가 책임진다 하는 생각이죠. 제가 다 해 가면 불평을 하는 팀원도 있지만 결과물이 뛰어나니까 결국은 오케이 하게 돼요."_공과대 유현승

이 주도권의 압권은 마지막에 팀원들이 맡은 부분을 모두 수합해서 '혼자' 수정하는 것이다. 이들은 자신의 기준에 비추어 만족스럽지 않으면 혼자서 처음부터 끝까지 전부 수정을 가했다. 다른 팀원들과의 상의는 없었다.

"개별 부분을 모두 합친 보고서를 아예 전부 다 고칩니다. 기대에 못 미치는 팀원이 한 부분은 제가 아예 다시 씁니다. 밤을 새워서라도요. 그렇게 해야 마음이 놓입니다."_공과대 채성수

"한번은 팀원들이랑 정말 하루 종일 한 방에 같이 있었는데 그러고서도 정리를 다 못 했어요. 그래서 다들 포기하고 집에 갔어요. 저는 걱정이 되는 거예요. 이거 이러다가 발표도 못 하는 거 아닌가. 그래서 제가 집에 가서 혼자 정리해 놨죠. 그랬더니 다른 분들이 오히려 잘됐다고 해서 거기에 맞춰 발표를 했어요."_농업생명과학대 손경민

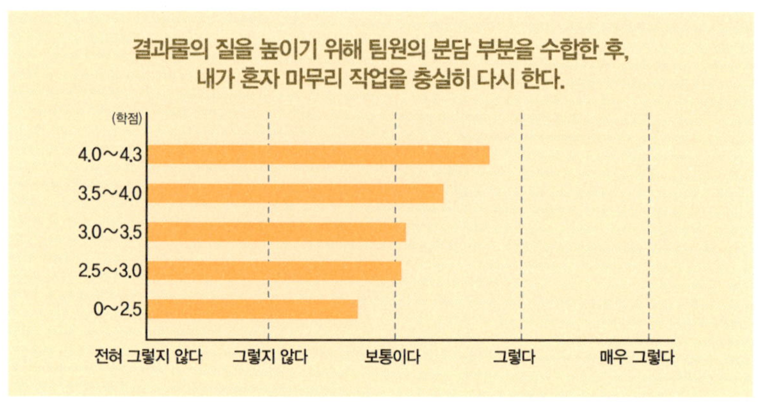

"팀프로젝트를 하면서 가장 좋은 방법은 자기가 먼저 주도적으로 하는 거라고 생각해요. 그리고 주도적으로 하는 가장 좋은 방법은 마지막에 제가 맡아서 혼자 다 수정하는 거예요." _생활과학대 김난영

이러한 결과 역시 서울대 전체 학생들을 대상으로 한 설문에서도 일관되게 확인되었다. 학점이 높을수록 팀프로젝트 과제의 질을 높이기 위해 팀원들이 분담한 부분을 수합한 후 혼자 마무리 작업을 다시 하는 경향이 뚜렷하게 높았다. 과연 이들은 팀워크를 무엇으로 생각하고 있는 것일까?

협동은 스트레스, 논의는 시간 낭비

서울대 최우등생들이 팀프로젝트를 혼자만의 작업으로 만들어 버리는 가장 큰 이유는 의견이 맞지 않을 때 합의에 이르기까지 논쟁하고 설득하고 협의하는 과정을 잘 못하기 때문이었다. 이들은 의견이 맞지 않는 사람들과의 논쟁을 피하고 이의를 제기하는 팀원들을 설득하는 것을 포기한다고, 다른 사람을 설득해서 가는 과정이 시간 낭비로 여겨진다고 고백했다. 어디까지나 개인의 목표, 즉 학점을 잘 받는 것이 협동력을 기른다는 팀프로젝트의 목표보다 우선이었다.

"자기가 맡은 부분을 잘 안 해 오는 팀원이 있어도 제 입장을 잘 전달하는 게 쉽지 않더라고요. 그래서 속으로 참고 그냥 제가 해 버리는 편이에요."_사회과학대 권혁준

"팀원들을 다 설득하려면 시간이 너무 많이 걸리고, 가능하지도 않아요. 그런데 저는 결과물에 대해서 욕심이 되게 강하거든요. 목마른 사람이 우물을 판다고 하잖아요. 제가 아쉬우니 제가 직접 하는 수밖에요."_공과대 유현승

"팀원들이랑 의견이 안 맞으면 계속 부딪치게 되고 시간을 너무 많이 끌게 되는데, 사실 그렇게까지 할 필요가 있나 싶어요. 굳이 그럴 필요는 없는데 과잉투자 같아요. 비효율적이잖아요."_인문대 이호정

"전 논쟁하고 설득하기보다는 그냥 포기하고 한쪽 생각대로 가게 두는 편이에요. 차라리 나중에 다 완성되고 나서 제가 혼자 수정하는 게 낫죠."_사회과학대 이세진

서울대 최우등생들의 이러한 모습을 이해하기 위해서는 대인관계

에 대한 이들의 인식과 행동을 살펴볼 필요가 있다. 내가 인터뷰한 대부분의 서울대 최우등생들은 스스로 대인관계가 원만하다고 인식하고 있었다. 서울대 전체 학생들을 대상으로 한 설문조사에서도 학점이 높을수록 스스로 대인관계가 원만하다고 인식하는 경향이 더 컸다. 그런데 공부해야 하는 것이 있으면 친구들과의 만남이나 모임에 빠지는 경향 역시 학점이 높을수록 더 컸다. 또한 학점이 높을수록 친구들과 좋은 관계를 유지하기 위해 노력한다고 응답하면서도, 동시에 평소 가급적 친구들과의 약속에 빠지지 않으려 한다는 응답은 낮았다.

대인관계에서 서울대 최우등생들 스스로의 인식과 실제 행동이 일관적이지 않다는 느낌이 들지 않는가? 즉, 서울대 최우등생들은 자신이 대인관계가 좋다고 생각하면도 실제로는 대인관계를 유지하는 데 시간과 관심을 덜 투자하는 경향이 있는 것이다.

서울대에 들어온 학생들은 이미 일상생활에서 자기조절을 성공적으로 수행했던 사람들이다. 주어진 과제를 혼자서 하는 데 능한 셈이다. 하지만 다른 사람들과 더불어 하는 것도 잘할 것인지는 의문의 여지가 크다. 더구나 서울대 안에서도 최우등생인 학생들은 보통의 학생들보다 자아와 자존심이 강하며 자기 자신을 단련하고 극복하는 데 도가 튼 학생들이다. 과연 이들은 타인과의 관계를 어떻게 형성하고 있는 것인가? 상당수의 서울대 최우등생들은 타인과 더불어 하는 것을 불편해하고 가급적 혼자 하는 과제를 선택하려고 했다. 팀프로젝트를 주저하지 않는 경우라 해도 결국 자신의 의지대로 하기 위해 혼자서 더 많은 시간을 따로 투자해 팀 작업을 수행하거나 과제의 질을 업그레이드했다.

팀원들 간의 의사소통과 협동에 기반하여 창의적으로 문제를 해결하는 수업 방법으로, 문제해결력과 함께 의사소통력과 협동력도 기르기 위해 도입된 팀프로젝트 학습. 그러니 팀프로젝트 학습을 성공적으로 이수했다는 것은 곧 의사소통력과 협동력이 성공적으로 향상되었다는 것을 의미해야 한다. 그런데 서울대 최우등생들은 의사소통을 피하고 협동보다는 개인 혼자의 역량으로 좋은 학점을 받고 있었다. 학점만 생각하면 성공한 것으로 보이겠지만, 이러한 모습이 팀프로젝트 학습에서 진정한 성공인지 의문을 제기하지 않을 수 없다.

서울대의 팀프로젝트 학습에서는 결국 무엇을 잘하는 학생에게 A⁺를 주고 있는 것인가?

2부

미국 대학에서는 누가 A⁺를 받는가

만약 로마인들이 라틴어를 배워야만 했다면
그들은 세계를 정복할 시간이 없었을 것이다.

_ 하인리히 하이네

퍼블릭 아이비리그의 명문, 미시간대

서울대 최우등생들의 공부법을 분석하면서 내 안에는 커다란 문제의
식이 자리 잡게 되었다. 내가 포착한 문제들이 서울대만의 특징인지,
아니면 세계 명문대들의 공통적인 특징인지 궁금해진 것이다. 이 문
제를 해결하기 위해 서울대 최우등생들의 공부법을 다른 대학, 특히
외국의 명문대와 비교해야 할 필요성을 느꼈다. 그런 내게 절호의 기
회가 찾아왔다. 미국 미시간대에서 연구를 할 수 있도록 초청을 받은
것이다.

미시간주 앤아버에 위치한 미시간대는 1817년 설립 이후 일곱 명
의 노벨상 수상자를 배출한 명문 주립대학교이다. 교수급 6,600여
명(시간제 포함), 학부생 28,000여 명, 대학원생 15,000여 명의 규모이
며, 연간 운영예산은 60억 달러 규모에 달해 미국 전체에서 연구비를

가장 많이 쓰는 연구중심대학 중 하나이다. 2013-2014년도의 타임스 고등교육Times Higher Education의 세계 대학 평가에서 18위(서울대 44위), QS 세계 대학 평가에서 22위(서울대 35위), 상하이교통대 세계 대학 평가에서 23위(서울대 117위)를 기록하는 등 각종 대학 순위에서 세계 상위권 수준을 자랑한다. 동부의 명문 사립대들로 이루어진 아이비리그에 속하지는 않지만 '퍼블릭 아이비리그(공립대학의 학비로 아이비리그 수준의 경험을 제공하는 대학교)' 중 하나로 최상위권 학생들이 진학한다. 이 정도라면 서울대와 충분히 비교할 만한 수준의 대학이라고 판단되었다. 실제로 내가 미시간대에 가 보니 한국 유학생들 중 서울대 출신이 가장 많이 눈에 띄었다.

내가 미시간대에 초청받을 수 있었던 것은 사범대학School of Education과 정보대학School of Information의 배리 피시맨Barry Fishman 교수 덕분이었다. 유태인답게 학습과 자녀교육 분야에 열의가 큰 피시맨 교수는 평소 유태인 못지않게 열성적인 한국인들의 교육에도 관심이 많았던 터라 한국을 몇 번 방문해 강연한 적이 있었다. 피시맨 교수가 나를 미시간대로 초청한 것도 서울대 교수학습개발센터에서 만나 교류한 적이 있기 때문이었다. 하지만 이때는 서울대 최우등생들의 공부법을 연구하기 전이라 피시맨 교수는 미시간에서 나를 다시 만나기 전까지 나의 새로운 연구 계획을 미처 모르고 있었다.

미시간대에서 나는 기회가 될 때마다 서울대 최우등생들의 공부법이 어떠한 특징을 가졌는지에 대해 이야기했다. 교수들과 첫 대면을 하는 자리에서도, 연구실에서 자기소개를 하는 자리에서도, 식사를 하는 자리에서도. 얼마 지나지 않아 피시맨 교수가 제안을 해 왔다.

"들을수록 흥미로운걸요. 같은 연구를 이곳 미시간대에서도 해 보는 건 어때요? 서울대 최우등생들의 공부법과 비교 분석해 보면 분명 의미 있는 결과가 나올 거예요."

너무나 하고 싶었던 제안을 먼저 들을 수 있게 된 나는 뛸 듯이 기뻤다. 피시맨 교수는 나를 정보대학 안의 USE랩에 소개해 주었다. USE랩은 미시간대에서 매우 잘 알려진 학제간 연구 공동체다. 교육공학을 비롯하여 교육심리학, 사회학, 통계학, 인류학, 컴퓨터공학 등 다양한 배경을 가진 약 20명의 구성원들이 학습과 관련된 데이터를 분석해 의미를 찾는다는 공통의 관심사를 기반으로 모여 활발히 활동하고 있다. USE랩을 이끄는 디렉터인 스테파니 티슬리Stephanie Teasley 교수는 피시맨 교수와 함께 나의 비교연구를 지원하겠다고 흔쾌히 나서 주었다. USE랩 멤버 중에서 카라 마카라Kara Makara 박사도 공동연구진으로 참여하게 되었다. 지금은 영국 글래스고 대학의 교수가 되었지만 연구가 시작될 당시 카라는 자기조절학습전략을 주제로 박사논문을 쓰고 있었다. 서울대와 미시간대 비교연구도 자기조절학습전략과 관련된 부분이 많기 때문에 적극적으로 나서 준 것이다.

이 연구가 실행되기 위해서는 미시간대 전체 학생들의 학점과 같은 내부 정보에 외부인인 내가 접근이 가능해야 했으므로 먼저 미시간대 연구처의 승인을 받아야 했다. 한국에서 온 낯선 이방인에게 민감한 정보를 선뜻 내줄 리 없기에 승인을 얻는 과정이 쉽지 않을 것 같았다. 승인을 얻더라도 매우 오래 걸릴 수도 있었다. 다행히 배리 피시맨 교수, 스테파니 티슬리 교수, 카라 마카라 박사를 포함해 이 연구에 관심을 가진 여러 USE랩 멤버들의 도움으로 나는 연구계획서를 완성해 제출했고, 무사히 연구처 승인을 받아 학점을 포함한 여러 학사 정보를 얻게 되었다. 피시맨 교수는 "서울대의 방대한 연구 결과가 워낙 탄탄하고 흥미로웠기 때문에 연구처가 선뜻 정보 제공에 응한 것이 아니겠어요?"라고 귀띔해 주었다.

서울대와 미시간대, 비교연구를 시작하다

USE랩에서는 정기적인 연구 회의가 격주로 진행된다. 그리고 이때 각 멤버들이 진행하고 있는 모든 프로젝트에 대해 서로 신랄한 피드백을 주고받는다. 나의 비교연구 역시 이 회의를 통해 연구 계획부터 설문 문항의 타당성, 문항 번역의 질, 결과 분석 및 해석 등 모든 부분에서 USE랩 멤버들의 피드백을 지속적으로 받았다. 또한 카라와는 매주 별도의 회의를 하는 등 연구의 전 과정을 공유하며 가장 많은 시간을 함께했다. 전형적인 미국 백인 중산층 가정 출신인 카라는 서울대와 미시간대의 현격한 응답 차이에 무척이나 신기해하면서, 미시간대 학생들의 공부 스타일에 대해 회의 때마다 상세하게 설명해 주었다.

　연구가 진행되는 과정에서 나를 비롯한 연구진들이 가장 신경 쓴 부분은 번역이었다. 설문이라는 것이 질문의 뉘앙스에 따라 응답을 특정 방향으로 유도하게 되는 경우가 많기 때문에 미시간대에서의 설문 문항들이 미국의 문화적 맥락에 맞으면서도 서울대에서의 설문 문항들과 같은 맥락을 가지도록 하는 것이 이 연구에서 최대의 관건이었다. 다행히 USE랩 멤버 중에 설문 분야에서 박사논문을 쓴 챈장Chan Zhang 박사가 있어서 설문의 전 과정을 세심하게 도와주었다. USE랩 회의에서 10여 명의 멤버들과 문항 하나하나를 수정하는 작업을 했고, 이중언어자들과 함께 한국어에서 영어로 또 영어에서 한국어로 번역을 수차례 반복하면서 수정을 거듭했다. 또한 응답자 수가 비슷해야 한다는 챈 장 박사의 조언으로, 서울대보다 훨씬 재학생 수가 많은 미시간대에서 랜덤으로 학생들을 추출해 대략 1,000명 정도의 데이터가 모이도록 설계했다.

설문조사를 진행해 보니 전체적인 응답 점수는 미시간대가 서울대보다 전반적으로 높게 나타났다. 동아시아 사람들, 특히 한국인들은 서양인들에 비해 응답을 강하게 하지 않는 편이다. 즉, 문항에 동의할 때 미국인들은 '매우 그렇다(5점)'에 응답하는 경향이 크고 한국인들은 '그렇다(4점)'에 응답하는 경향이 크다는 것이다. 이러한 사실은 기존의 여러 연구들에서 보고되어 왔다. 따라서 서울대와 미시건대의 평균을 직접적으로 비교하기보다는 각 대학 내에서의 상대적인 패턴이 어떻게 차이가 나는지를 비교 분석하는 것이 보다 합리적이었다.

미시간대에서의 비교연구 결과는 무척이나 흥미로웠다. 서울대와 미시간대, 한국의 명문대와 미국의 명문대에서 학생들이 스스로를 어떠한 학습자로 인식하는지, 그리고 학생들의 각 영역별 학습 전략들이 어떻게 차이가 나는지 다음에 이어지는 장들에서 살펴보기로 하자.

미시간대에서 측정한 비판적 창의적 사고력은?

"미시간대는 단순히 기술만을 가진 인력이나 평범한 직장인이 아닌, 크게 생각하고 다르게 생각할 줄 아는 리더를 기르는 것을 중시합니다. 그래서 학생들이 지식의 소비자에 그치지 않고 비판적이고 창의적으로 자신만의 고유하고 독특한 생각을 생산하도록 끊임없이 강조하죠. 그러기 위해서는 책 속의 지식뿐 아니라 실제 경험 속에서의 살아 있는 지식도 중요하기 때문에 산학협동연구나 방학 중 인턴십을 장려하고 있고 이러한 경험을 수업 중에 토론하도록 합니다. 기존과 다른 생각을 유도하기 위해 학문 사이의 경계를 허물어 접근하는 경향도 매우 강합니다. 이렇게 비판적 창의적으로 생각하는 인재를 키우는 것이 미시간대 교육 문화의 가장 큰 특징입니다."

한국인으로서 미시간대에서 10년 넘게 재직하고 있는 이수영 교수

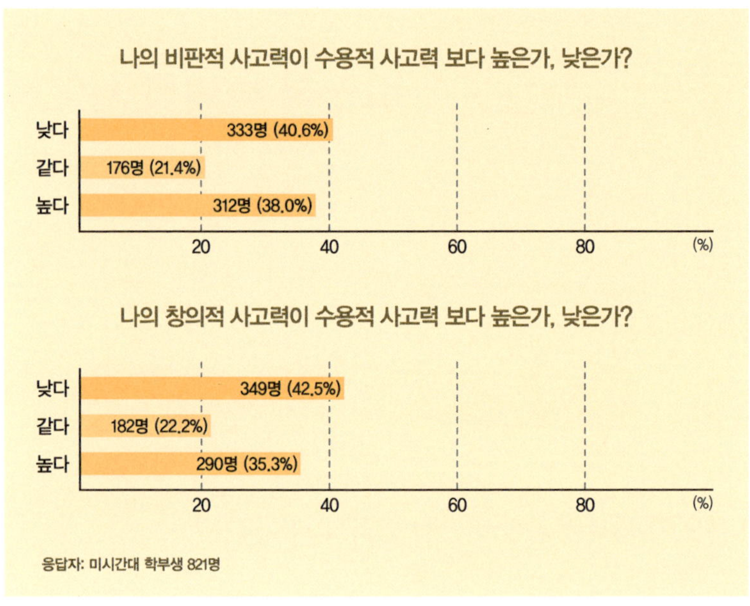

가 내게 들려준 말이다. 이수영 교수의 설명대로 미시간대 교육의 특징은 사회의 리더를 기르기 위해 비판적 창의적 사고력을 강조하는 교육, 살아 있는 현장지식을 중시하는 교육으로 요약된다.

이러한 미시간대의 모습은 설문조사 결과에서도 드러났다. 앞에서 보았듯 서울대에서는 입학할 때부터 수용적 학습자가 압도적으로 많고 비판적 창의적 학습자가 매우 적은 것으로 드러났다. 반면 미시간대에서는 수용적 학습자가 가장 많기는 하지만 비판적 창의적 학습자와 비슷한 수치를 보였다. 자신의 비판적 사고력이나 창의적 사고력이 수용적 사고력과 같거나 더 높은 수준이라고 응답한 비율도 서울대에서보다 훨씬 높았다. 위의 그래프를 39쪽에 있는 서울대 학생

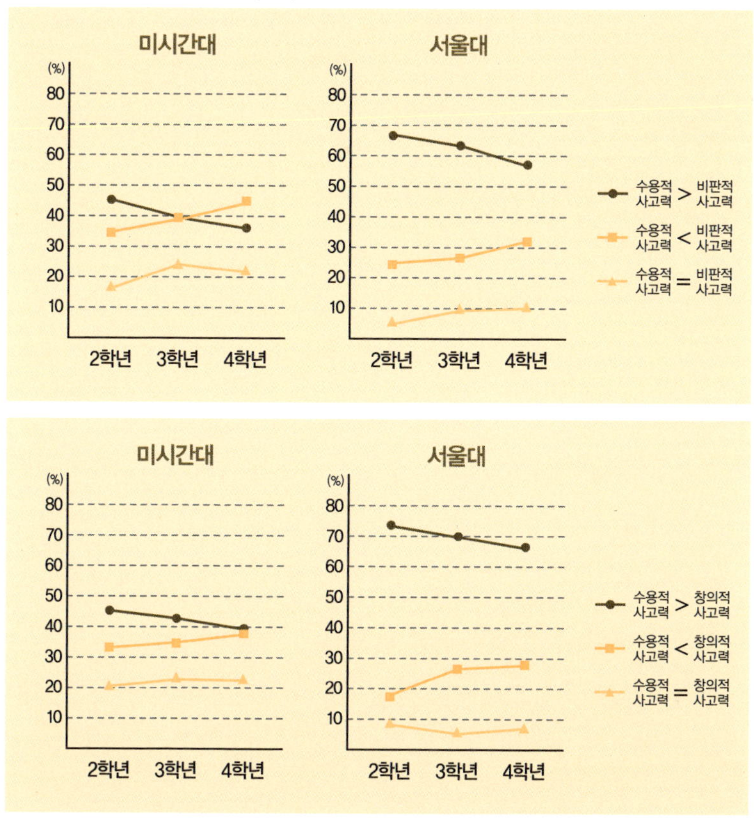

들의 그래프와 비교해 보자.

이보다 더 주목할 만한 사실은 학년에 따른 변화다. 위의 그래프는 수용적 사고력이 비판적 사고력보다 크다고 응답한 학생들의 비율과, 반대로 비판적 사고력이 수용적 사고력보다 크다고 응답한 학생들의 비율, 그리고 같다고 응답한 학생들의 비율을 비교해 주는 그래프다. 왼쪽의 미시간대 그래프에서는 학년이 올라갈수록 수용적 사고력이 높은 학생들이 감소하고 비판적 사고력이 높은 학생들이 증가해 4학년 때는 역전된 모습을 볼 수 있다. 반면 서울대 그래프에서는 수용적 사고력이 높은 학생들이 압도적으로 많다. 학년이 올라갈수록 조금씩 변화하긴 하나 통계적으로 유의미한 수준은 아니다.

창의적 사고력에 대한 응답도 마찬가지다. 이 그래프는 수용적 사고력이 창의적 사고력보다 크다고 응답한 학생들의 비율과, 반대로 창의적 사고력이 수용적 사고력보다 크다고 응답한 학생들의 비율, 그리고 같다고 응답한 학생들의 비율을 비교해 주는 그래프이다. 미시간대에서는 수용적 사고력이 높은 학생들과 창의적 사고력이 높은 학생들이 비율 면에서 차이가 적고 4학년 때는 거의 같아지는 반면, 서울대에서는 그 차이가 무척 크고 떨어져 있고 학년이 올라가도 통계적으로 유의미한 변화는 보이지 않는다.

이렇게 대조적인 그래프는 서울대와 미시간대의 차이를 잘 보여 준다. 미시간대 역시 서울대와 마찬가지로 학점이 높을수록 비판적 창의적 학습자보다 수용적 학습자가 뚜렷하게 많았다. 그런데 서울대는 대학 입학 후 학년이 올라가더라도 이 비율이 유의미하게 변하지 않는 데 반해, 미시간대는 수용적 학습자는 점점 줄어들고 비판적 학습자는 점점 증가해서 졸업년도에는 비판적 학습자의 수가 수용적 학습자의 수를 역전했다. 즉, 미시간대는 수용적 학습자로 입학한 학생들을 교육을 통해 비판적 학습자로 바꿔서 졸업시키는 것이다.

한국 유학생들이 힘들어하는 이유

미시간대에서 나는 여러 교수들과 이야기를 나눌 기회가 있었다. 그들이 한국을 포함한 아시아 유학생들에 관해 흔히 하는 이야기가, 시험을 보면 점수는 좋은데 수업 시간에 토론과 질의응답에 참여하지 않고 에세이나 논문을 잘 못 쓴다는 것이었다. 스테파니 티슬리 교수나 이수영 교수도 같은 지적을 했다.

"아시아 유학생들을 보면 다들 너무나 똑똑하고 열심히 공부하는데, 문제는 수업 시간에 너무나 자기 의견이 없고 결정적으로 논문을 제대로 쓰지 못해요."

미시간대뿐 아니라 대다수 미국 대학에서는 학위논문을 쓰기 전이라도 수업 시간에 보고서나 소논문을 쓰는 과제가 많다. 특히 문과 쪽 계열은 거의 대부분의 수업이 그러하다. 게다가 고학년으로 갈수록 시험보다 토론과 논술이 더 많은 영향을 미치기 때문에 많은 한국 유학생들이 시간이 갈수록 더욱 어려움을 겪는다.

논문을 쓰는 과정 혹은 연구를 하는 과정은 크게 몇 가지 단계로 나눌 수 있다. 1단계는 연구 주제를 찾는 것이다. 논문의 주제를 잡는 것, 프로젝트의 주제를 설정하는 것, 기말 과제의 주제를 찾는 것이 여기에 속한다. 이렇게 무엇을 연구할 것인지, 무엇에 대한 논문을 쓸 것인지 정하는 단계가 연구 혹은 논문의 시작이다. 무엇이 궁금한지 질문을 찾아내는 단계라고도 할 수 있다. 이때 연구 주제를 정한다는 것은 왜 이 연구가 필요한지, 연구 결과가 무슨 기여를 할 것인지에 대한 고민을 통해 연구의 의미 찾는 것까지 포함한다. 다음으로 2단계는 정해진 연구 주제의 답을 도출하기 위해 어떤 방법으로 어떻게 진행할지 연구방법론 및 절차를 설계하는 것이다. 3단계는 연구와 관련이 있을 만한 각종 자료들 및 선행 문헌들을 읽고 분석하는 것이다. 4단계는 연구 설계에 따른 절차들, 예를 들어 실험, 개발, 조사, 인터뷰 등을 직접 수행하는 것이다. 5단계는 결과를 분석(통계분석, 질적 분석 등)하는 것이다. 6단계는 분석의 결과가 무엇을 의미하는 것인지 해석하고 결론을 도출하는 것이다.

미국 교수들에 따르면, 이 중에서 한국 유학생들은 1단계와 6단계를 가장 못한다고 한다. 2, 3, 4, 5단계는 연구 주제가 주어지면 연구방법론에서 배운 대로 진행하면 되는 부분이지만, 1단계와 6단계는 비판적 사고력과 창의적 사고력에 기반한 연구자 자신만의 생각이 결정적으로 필요한 부분이다. 그러니 수용적 학습만 한 학생들에게는 참으로 어려운 단계일 수밖에 없다. 나 역시 서울대에서 대학원 학생들의 논문 작성을 지켜보니 학생들이 3, 4, 5단계는 곧잘 하고 2단계도 배우면 잘하는데 1단계와 6단계는 이전에 논문을 쓴 경험이 있는 학생들조차 쩔쩔매곤 했다.

이러한 현실 때문에 서울대를 포함해 국내 대학에서는 학생들이 스스로 학위논문의 주제를 찾지 못하고 지도교수에게 주제를 받는 경우가 많다. 1단계를 지도교수가 대신해 주는 것이다. 그러나 지도교수가 제시한 연구 주제로 논문을 쓴 상당수의 학생들은 박사학위를 취득한 이후에도 여전히 스스로 연구 주제를 잘 찾지 못해 어려움을 겪는다. 질문을 발견해 내는 눈이 길러지지 않은 것이다. 박사급의 전문 연구원들 중에도 주어진 연구를 잘 수행하는 사람과 새로운 주제를 잘 발굴하는 사람이 구분되기도 한다.

미국에도 수용적 학습이 전혀 없는 것이 아니다. 오히려 미국의 교육 전문가들도 수용적 학습은 그만 좀 시키고 비판적 창의적 사고력을 길러야 한다고 끊임없이 강조하고 있다. 다만 그럼에도 불구하고 한국에 비해 상대적으로 수용적 학습의 정도가 덜한 것은 분명한 사실이다. 서울대와 너무도 대조적인 미시간대에서의 응답 결과가 이를 단적으로 보여 준다. 이러한 차이 속에서 두 대학의 학생들은 어떻게 다른 방법으로 공부하고 있을까?

10

정반대의
고학점 전략

서울대의 학습 전략, 미국 대학에서라면?

미시간대에 머무르는 동안 나는 여러 수업을 직접 관찰해 보았다. 내가 본 미시간대의 수업 광경은 서울대와는 사뭇 달랐다. 교수의 발언을 그대로 적는 모습은 거의 없었다. 그보다는 교수의 질문에 적극적으로 답변하려 하고 다른 학생들과의 토론에 집중하려는 경향이 강했다. 그러다 보니 교수의 말을 조금이라도 더 잘 듣기 위한 명당자리가 따로 없었다. 어느 곳에 앉든 주변 학생들과 토론할 수 있기 때문이다. 교수가 수업 중간중간에 질문을 많이 하는데, 항상 누군가는 말을 하기에 서울대에서와 같은 어색한 침묵은 거의 없었다. 교수 못지않게 학생들도 말을 많이 했다.

이렇게 수업에서 대조적인 모습을 보이는 미시간대 학생들은 학습 전략 면에서도 서울대 학생들과 대조적일까? 연구진들은 서울대에서 분석했던 모든 학습 전략들을 동기조절, 과제관리, 시간관리, 수업 전략, 이렇게 네 가지 요인으로 나누어 미시간대에서도 동일하게 분석했다.

'동기조절'은 「6. 공부를 즐기기보다 견디는 능력」에서도 언급했듯이 동기가 자발적으로 우러나지 않더라도 혹은 자발적 동기가 끝까지 지속되지 않더라도 계속해서 동기가 유발된 상태를 유지하려는 것이다. 예컨대, '나는 공부가 좋다'가 동기라면 '나는 공부를 좋아하려고 노력한다'는 동기조절이다. '과제관리'는 수업에서 과제나 시험 준비를 벼락치기 없이 제시간 안에, 그것도 높은 완성도로 해내는 것이다. '시간관리'는 평소에 생활과 공부 면에서 규칙적으로 행동하고 노는 시간까지도 철저히 관리하는 것이다. '수업전략'은 수업 시간에 고도의 집중력을 발휘해 교수의 강의를 충실히 받아들이는 것이다. 이 네 가지 요인을 구성하고 있는 구체적인 문항들은 각각 다음과 같았다.*

동기조절

- 열심히 노력한 뒤에는 반드시 보상이 따른다고 믿는다.
- 지금 하는 대학 공부가 재미있다.

---

* 미시간대에서의 설문조사에 사용된 문항들은 전적으로 서울대 최우등생들의 인터뷰 결과를 기반으로 만들어졌다. 따라서 수업 토론에 활발하게 참여한다, 교수에게 적극적으로 질문한다, 다르게 생각해 보려고 노력한다 등의 문항들은 포함되지 않았다. 애초에 서울대 최우등생들의 인터뷰에서 단 한번도 언급된 적이 없었기 때문이다. 만약 미시간대 최우등생들을 인터뷰해서 문항을 개발한다면 분명 다른 종류의 문항들이 포함될 것이다.

• 대학 교육을 통해 하루하루 성장하는 나를 느낀다.

• 나는 대학 생활에 만족한다.

• 힘든 상황은 나를 성장하게 한다.

• 나는 행복하다.

• 나는 행복해지려고 노력한다.

과제관리

• 시험 기간에 벼락치기를 하지 않고 평소에 규칙적으로 공부한다.

• 과제는 마감 한참 전에 준비를 시작한다.

• 마감 훨씬 전에 과제를 끝낸다.

• 최종 제출 전에 과제를 수차례 수정한다.

시간관리

• 나는 계획한 일정에 따라 생활한다.

• 노는 시간까지도 계획적으로 관리한다.

• 그날 할 일은 그날 끝낸다.

• 철저하게 시간 관리를 한다.

• 나는 공부할 때 시간 계획을 잘 세워서 한다.

수업전략

• 수업 시간에 교수가 강의하는 모든 내용을 필기한다.

• 시험에 대비하여 수업에서 필기한 노트를 나만의 방법으로 다시 정리한다.

• 수업 시간에 수업 내용을 최대한 완전히 소화하려고 한다.

• 재미없는 수업에도 고도의 집중력을 유지한다.

• 수업 시간에 절대 졸지 않는다.

• 수업 시간에 항상 앞자리에 앉는다.

• 교수와 의견이 다른 상황에서, 자신의 의견을 시험에 쓰면 A⁺를 받을지 확신할 수 없는 경우에 그 의견을 포기한다.

다음 페이지의 그래프는 이 요인들이 저학점부터 고학점까지 각 구간에 따라 어떻게 달라지는지 시각화한 것이다. 한눈에 봐도 서울대는 학점 구간별로 차이를 보이는 반면 미시간대는 차이가 거의 나지 않는다. 학점 구간별로 차이가 클수록 그 요인은 학점에 그만큼 큰 영향을 미치고, 차이가 적을수록 그만큼 영향이 별로 없다고 해석할 수 있다.

각 요인별로 하나하나 들여다보자. 서울대 학생들과 미시간대 학생들 모두 동기조절 면에서 전반적으로 높게 나타났다. 수긍이 갈 만한 결과다. 두 대학이 동기조절에 강한 학생들이 입학하는 명문대라는 점이 가장 큰 이유로 작용했을 것이다. 그런데 여기서 주목할 만한 점은, 동기조절이 높다고 해서 그것이 고학점에 결정적인 요인은 아니었다는 사실이다. 미시간대에서는 학점 구간에 따라 동기조절의 차이가 거의 없었다. 서울대의 경우는 미시간대에 비하면 차이가 나긴 했지만 과제관리, 시간관리, 수업전략에 비하면 그 차이의 정도가 크지 않았고 통계적으로도 유의미하지 않았다. 이는 명문대 학생들

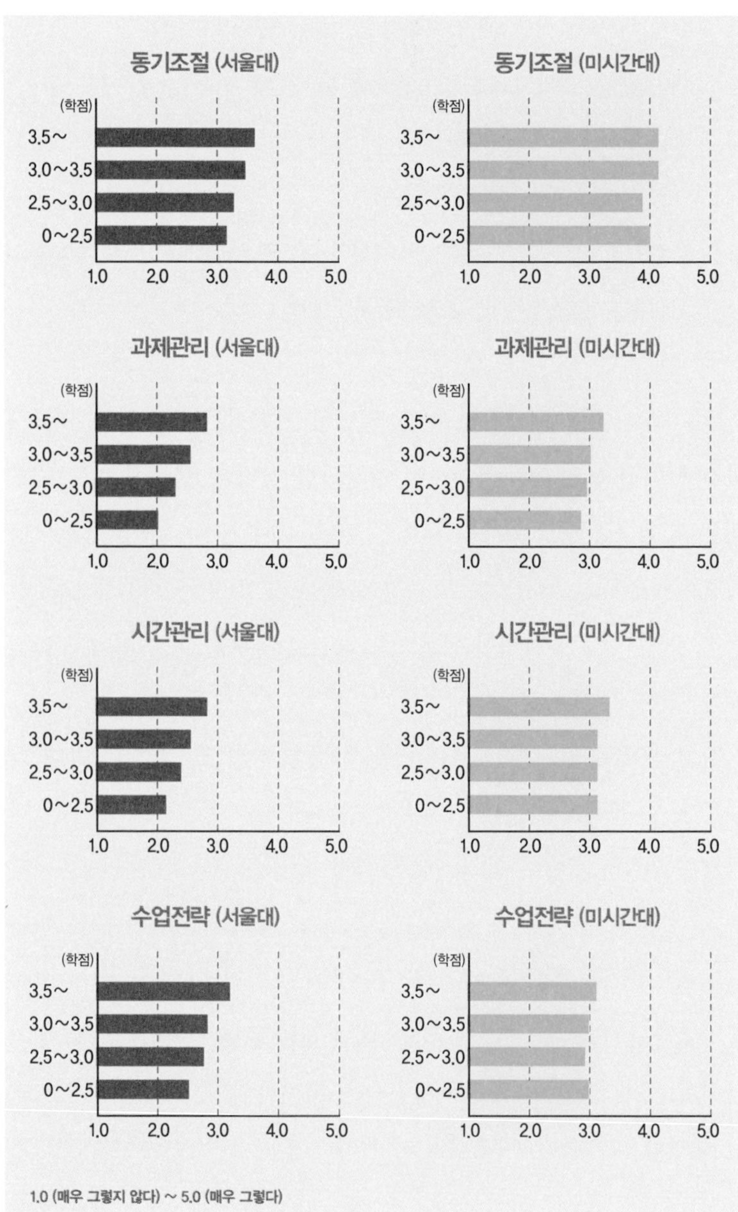

동기조절 (서울대)
(학점)
3.5~
3.0~3.5
2.5~3.0
0~2.5
1.0   2.0   3.0   4.0   5.0

동기조절 (미시간대)
(학점)
3.5~
3.0~3.5
2.5~3.0
0~2.5
1.0   2.0   3.0   4.0   5.0

과제관리 (서울대)
(학점)
3.5~
3.0~3.5
2.5~3.0
0~2.5
1.0   2.0   3.0   4.0   5.0

과제관리 (미시간대)
(학점)
3.5~
3.0~3.5
2.5~3.0
0~2.5
1.0   2.0   3.0   4.0   5.0

시간관리 (서울대)
(학점)
3.5~
3.0~3.5
2.5~3.0
0~2.5
1.0   2.0   3.0   4.0   5.0

시간관리 (미시간대)
(학점)
3.5~
3.0~3.5
2.5~3.0
0~2.5
1.0   2.0   3.0   4.0   5.0

수업전략 (서울대)
(학점)
3.5~
3.0~3.5
2.5~3.0
0~2.5
1.0   2.0   3.0   4.0   5.0

수업전략 (미시간대)
(학점)
3.5~
3.0~3.5
2.5~3.0
0~2.5
1.0   2.0   3.0   4.0   5.0

1.0 (매우 그렇지 않다) ~ 5.0 (매우 그렇다)

이라도 공부를 열심히 하겠다는 의지만으로는 고학점을 얻을 수 없다는 점을 시사한다. 동기를 조절하는 것도 중요하지만 동기 이외에 별도의 전략을 동원하는 것이 고학점에 더 큰 영향을 미친다는 것이다. 즉, 동기는 고학점에 필요조건이긴 하지만 충분조건은 아니다.

서울대 학생들과 미시간대 학생들 모두 과제관리가 뛰어날수록 학점이 높았다. 그러나 그 정도는 분명히 달랐다. 서울대 학생들은 미시간대 학생들에 비해 과제관리와 학점의 비례 관계가 더 컸다. 두 그래프를 비교해 보면 서울대의 그래프가 더 경사져 있다. 서울대에서는 과제관리가 학점에 미치는 영향이 미시간대보다 유의미하게 큰 것이다.

서울대 학생들은 시간관리가 과제관리만큼이나 학점에 큰 영향을 미치는 것으로 나타났다. 이와 대조적으로 미시간대 학생들은 시간관리가 학점에 미치는 영향이 미미했다. 미시간대의 그래프를 보면 경사가 거의 없다. 최고 학점 구간에서 다소 높긴 하지만 유의미한 수준은 아니었다.

미시간대 학생들이 서울대 학생들과 가장 큰 차이를 드러낸 것이 바로 수업전략에 관한 응답이었다. 서울대에서 학점과 가장 결정적인 관계였던 수업전략이 미시간대에서는 전혀 상관 관계가 보이지 않았다. '수업 시간에 교수가 강의하는 모든 내용을 필기한다'라는 문항은 이 설문 전체에서 가장 낮은 평균 점수를 기록했다. '수업 시간에 항상 앞자리에 앉는다'라는 문항은 최저 학점 구간에서 가장 높은 점수가 나왔다. '교수와 의견이 다른 상황에서, 자신의 의견을 시

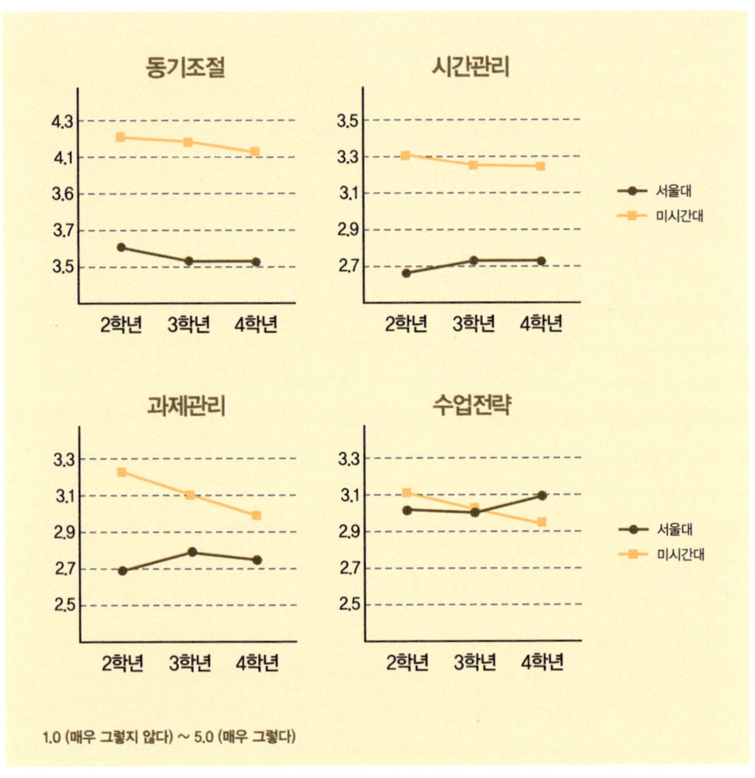

험에 쓰면 A⁺를 받을지 확신할 수 없는 경우에 그 의견을 포기한다'
라는 문항은 학점과의 상관 지수가 '0'이었다. 즉, 미시간대에서는 학
점이 높든 낮든 대부분의 학생들이 전반적으로 서울대에서의 수업
전략을 사용하지 않는 것이다.

이번에는 학점이 아니라 학년에 따른 변화를 보자. 위의 그래프는
미시간대와 서울대에서 학년이 올라갈수록 동기조절, 과제관리, 시
간관리, 수업전략이 어떻게 달라지는지 나타낸 것이다. 설문 전반에

거쳐 서울대 학생들의 응답 점수는 대체적으로 미시간대 학생들의 응답 점수보다 낮았다. 이는 앞서도 언급했듯이 동양에서는 '매우 그렇다(5점)'보다는 '다소 그렇다(4점)'나 '보통이다(3점)'을 선택하는 경향이 크다는 사실을 반영한다.

여기서 가장 특이한 것은 수업전략이다. 유독 수업전략에 관해서만큼은 서울대 학생들의 점수가 미시간대 학생들의 점수와 비슷했다. 3학년이 지나면서 역전하기까지 했다. 반면 미시간대의 그래프에서는 학년이 높아질수록 과제관리와 수업전략의 역할이 줄어든다는 점이 드러났다.

이러한 결과들이 알려 주는 사실은 무엇일까? 서울대 학생들은 교수의 가르침에 이의를 제기하거나 토를 달거나 하지 않고 최대한 그대로 흡수하려고 하는 반면, 미시간대 학생들은 교수와 다른 생각을 하거나 교수를 뛰어넘으려는 노력을 많이 한다. 서울대에서의 공부는 교수 중심인 반면, 미시간대에서의 공부는 상대적으로 학생 중심인 것이다. 그리고 이러한 경향이 두 대학 모두 학년이 올라갈수록 각각 강화되는 것이다.

노트 필기가 없는 미시간대 교실

미시간대 수업에서 가장 눈에 띄는 모습은 거의 모든 학생들이 애플 노트북을 켜 놓고 있는 것이었다. 강의 자료는 어차피 그 수업의 온라인 사이트에 미리 업로드되기 때문에 수업 시간에 학생들은 파일을 열고 필요한 부분만 키워드 수준으로 간단히 타이핑해 넣었다. 교수가 강의하는 내용을 수업 중간중간에 인터넷으로 검색해서 즉시 확인하기도 했다. 틀린 정보가 있으면 금방 탄로가 나기 때문에, 연도나 이름 같은 정확한 정보가 필요한 경우 아예 교수가 학생들에게 지금 검색해서 알려 달라고 부탁하기도 했다. 서울대에서처럼 노트를 펼쳐 놓고 끊임없이 손을 놀려 교수의 말을 필기하는 모습은 미시간대 교실에서 한 번도 보지 못했다.

"수업 시간에 노트 필기요? 그런 거에 열중하는 학생들은 없어요. 어차피 수업 시간에 교수가 쓰는 강의 노트는 미리 다 온라인으로 제공되기 때문에 따로 필기할 필요 자체가 없거든요. 혹 뭔가 적을 필요가 생기더라도 그냥 몇 단어 추가하는 정도이지 교수의 말을 받아적는 학생들은 없습니다."

미시간대 이수영 교수의 말이다. 내가 직접 눈으로 본 강의실 풍경과 일치한다.

미시간대 전체 학생들을 대상으로 한 설문조사에서는 노트 필기에 대해 어떠한 응답이 나왔을까? 독자의 이해를 돕기 위해 100개가 훌쩍 넘는 전체 문항 중에서 높은 점수를 기록한 문항들과 낮은 점수를 기록한 문항들의 순위를 제시한다.

미시간대 최우등생들이 높은 응답을 보인 문항들

1. 시험공부할 때 다른 친구의 노트보다는 내가 정리한 노트를 보며 공부

한다.

2. 힘든 상황은 나를 성장시킨다.

3. 나는 대학생활을 즐긴다.

4. 열심히 노력한 뒤에는 반드시 보상이 따른다고 믿는다

5. 대학 교육을 통해 하루하루 성장하는 나를 느낀다.

6. 나는 행복해지기 위해 노력한다.

7. 그날 할 일은 그날 끝낸다.

미시간대 최우등생들이 낮은 응답을 보인 문항들

1. 수업 시간에 교수가 강의하는 모든 내용을 필기한다.

2. 모든 과목에 시간과 노력을 골고루 동등하게 분배한다.*

3. 충분히 A를 받을 수 있을 것 같으면 더 잘할 수 있어도 하지 않는다.*

4. 지루한 수업에도 고도의 집중을 유지한다.

5. 항상 공부 시간을 자세히 계획한다.

6. 마감 훨씬 전에 과제를 끝낸다.

7. 수업 시간에 항상 앞자리에 앉는다.

(• 특히 이 문항들은 성적과 반비례 관계였다.)

    미시간대 학생들은 시험공부를 할 때 다른 친구의 노트가 아닌 자신의 노트를 보며 공부한다는 응답이 가장 높았다. 이 문항은 서울대 최우등생들 사이에서도 가장 높은 점수를 기록했다. 따라서 이것은 서울대와 미시간대 양쪽에서 최우등생들의 일반적인 현상으로 볼 수

있다. 동기조절과 관련된 문항들도 점수가 높았는데 이것 역시 서울대 최우등생들에게도 마찬가지였다. 124쪽의 동기조절 그래프가 보여 준 것과 같은 맥락이다.

그런데 무엇보다 여기서 주목할 만한 부분은 낮은 점수를 보인 문항들이다. 이 문항들은 대부분 서울대 최우등생들의 두드러진 특성들과 일치한다. 전 과목에 동등한 시간과 노력을 배분하는 것이나 이미 A를 받을 수 있을 것 같으면 더 잘할 수 있어도 더 이상 하지 않는다는 항목은 오히려 성적과 반비례 관계를 보였다. 즉, 서울대 최우등생들과는 정반대로 미시간대에서는 성적이 '낮을수록' 전 과목에 동등한 노력을 배분하고, 과제를 완성할 때 점수를 잘 받을 수 있는 정도까지만 노력한다는 것이다.

특히 '수업 시간에 교수가 강의하는 모든 내용을 필기한다'라는 문항은 꼴찌를 기록했다. 서울대 최우등생들이 교수의 말을 그대로 담은 노트 필기의 중요성을 거듭 강조했던 것과 너무도 대조적이지 않은가.

미시간대에서도 서울대 최우등생들만큼 노트 필기를 열심히 하는 학생들이 있기는 있었다. 설문조사에 응답한 미시간대 학생들 973명 중 20퍼센트가 교수의 말을 다 받아적는 필기를 하는 것으로 나타났다. 그러나 미시간대에서는 이러한 노트 필기 방식이 학점에 전혀 영향을 미치지 않았다. 이와 대조적으로, 서울대에서는 학점과 연관성이 뚜렷했다. 설문조사에 응답한 서울대 학생들 1,111명 중 31퍼센트가 이러한 방식의 필기를 했는데 이러한 경향이 강할수록 학점이 훨씬 더 높았다.

서울대 최우등생들의 노트 필기 전략은 어떤 종류의 수업에서 유리할까? 교수의 말을 최대한 정확하게 그대로 받아들이는 수용적 학습 위주의 수업에서 절대적으로 유리할 수밖에 없다. 수업 시간에 비판적으로 토론하고 창의적으로 아이디어를 모으는 방식의 수업이라면, 교수의 의견과 다른 생각을 자유롭게 공유할 수 있는 수업이라면, 그와 같은 수업 전략들이 아닌 다른 전략들이 필요할 것이다. 이는 서울대의 수업이 학생 중심이 아닌 교수 중심 수업임을 나타내는 또 하나의 사실이다.

서울대와 미시간대의 상반된 결과는 무엇을 의미하는가? 바로 각 대학의 교수들이 무엇을 평가하는가를 역추적할 수 있는 중요한 근거를 제공한다. 수업 시간에 교수와 최대한 가까이 앉아서 교수의 모든 말을 하나도 빠짐없이 다 적고 이것을 시험 전에 다시 2차 필기로 정리하는 방식이 고학점에 유리하다는 사실은 명백히 교수의 생각을 최대한 그대로 흡수하고 기억해 내는 것이 평가 기준이라는 것을 의미한다. 역으로 미시간대에서 이러한 전략이 학점에 전혀 영향이 없다는 사실은 서울대와 평가 기준이 전혀 다르다는 것을 의미한다. 결국 다른 평가 기준이 두 대학의 학생들을 대조적인 방향으로 움직이게 하고 있는 것이다.

연구 과정에서 미시간대 학생들의 학사 정보를 정리하다가 특이한 사실을 발견했다. 아시아권에서 고등학교까지 마치고 미국으로 유학

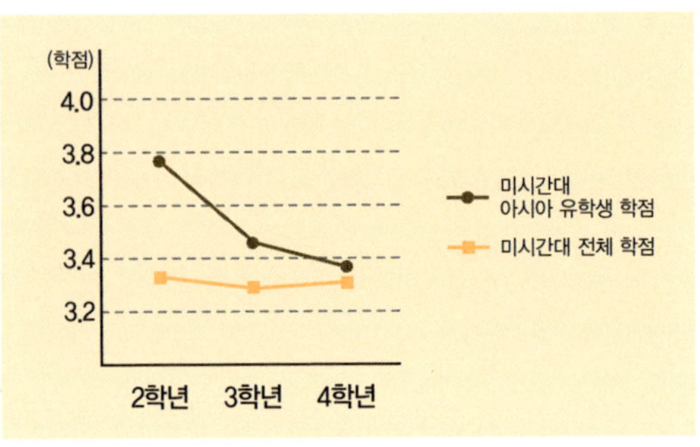

온 학생들의 경우, 학점이 저학년 때는 높지만 학년이 올라갈수록 뚝뚝 떨어져 4학년 때는 전체 평균과 엇비슷해졌다. 아시아 유학생들의 입학 성적이 미국 현지 학생들보다 훨씬 높은 것을 감안하면 4학년 때 현지 학생들과 비슷한 학점을 받는 것은 성적이 매우 떨어진 것으로 볼 수 있다. 미시간대 전체 학생들 중 최상위권 성적은 뚜렷하게 백인이 차지하고 있었다.*

USE랩 세미나에서 이러한 사실을 보고했을 때 멤버들은 모두 몹시 의아해했다.

"정말이에요? 흠……."

"이럴 수가. 예상 밖인데요."

"아시아 학생들이 항상 점수를 잘 받는다는 건 오해였군요."

사실 미국에는 아시아 사람들에 대한 정형화된 인식이 있다. 교육열이 강하고 학업적 성취를 최우선으로 여긴다는 인식이다. USE랩

---

* 이는 해당 지역 학생들이 많이 입학하는 주립대학의 특성이 반영된 것으로, 미시간주는 백인 인구가 전체의 80퍼센트에 이른다.

의 공동연구진 중에서 유일한 동양인이었던 나 이외에 다른 멤버들도 같은 인식을 가지고 있는 것을 느낄 수 있었다. 미시간대 전체에서 최상위권 성적은 당연히 아시아 유학생들 차지일 것이라 예상하고 있었던 것이다.

예상을 벗어난 아시아 유학생들의 성적, 그 원인은 무엇일까? 나를 비롯한 연구진은 한참의 토론을 거쳐서 결국 아시아 유학생들이 미국 대학의 평가체제에 효과적으로 적응하지 못했기 때문인 것으로 결론 내렸다. 이는 「9. 수용적 사고력 vs 비판적 창의적 사고력」에서 보았던, 아시아 유학생들의 한계에 대한 미시간대 교수들의 지적과 일맥상통한다. 아시아 유학생들이 보이는 급격한 성적 하락은 그들의 공부법이 미시간대 최우등생보다는 서울대 최우등생에 더 가까우며, 미시간대에서는 서울대 최우등생들의 공부법을 이용하면 저학년 때는 괜찮을지 몰라도 곧 한계에 부딪치게 된다는 것을 단적으로 보여 준다.

11

혼자 하는 팀워크 VS
함께 하는 팀워크

다른 리더십, 다른 공정함

미시간대에서 팀프로젝트는 대부분의 수업에서 피해 갈 수 없는 필수 과정이다. 내가 참관한 수업들도 팀프로젝트가 포함되어 있는 경우가 많았다. 미시간대가 팀프로젝트를 장려하고 있음을 실감할 수 있었다. 이수영 교수는 이렇게 설명했다.

"미시간대는 리더를 기르는 교육을 목표로 하고 있거든요. 그런데 리더는 혼자서 똑똑한 사람이 아니라 탁월한 의사소통 능력으로 다양한 사람들을 아우르고 이끌어 가는 사람이어야 하잖아요? 그래서 미시간대에서는 팀워크를 매우 강조합니다. 모든 학과에서 팀프로젝트가 대단히 많다는 것이 미시간대 수업의 가장 큰 특징 중의 하나입니다."

미시간대 학생들은 어떻게 팀프로젝트를 하고 있을까? 앞서 살펴본 서울대 학생들의 팀프로젝트와 어떤 점이 같고 어떤 점이 다를 까? 나를 포함한 연구진은 미시간대에서의 팀프로젝트를 리더십 행 동, 팀워크 행동, 친사회성 행동, 이렇게 세 가지 요인으로 나누어 분 석했다.

'리더십 행동'은 팀프로젝트에서 주로 리더를 맡고 남들보다 더 많 은 부분을 담당하며, 혼자 최종 마무리 수정까지 알아서 하는 것이다. '팀워크 행동'은 팀프로젝트 회의 전에 미리 철저히 준비하고, 참신 한 주제를 찾기 위해 팀원들과의 토론에 많은 시간을 쏟으며, 자신이 담당하지 않은 부분도 이해하려고 노력하는 것이다. '친사회성 행동' 은 평소에 친구들과 의미 있는 관계를 만들려고 노력하고 친구들과 만남에 빠지지 않으려 하며, 공부자료나 노트도 흔쾌히 공유하고 친 구가 모르면 잘 도와주는 등 전반적으로 좋은 대인관계를 유지하는 것이다. 친사회성 행동의 경우는 꼭 팀프로젝트와 연관된 것은 아니 지만 팀워크 행동과의 비교를 위해 포함시켰다. 각 요인을 구성하고 있는 구체적인 문항들은 다음과 같다.

리더십 행동

- 팀프로젝트 수행시 주로 팀 리더 역할을 한다.

- 보통 다른 팀 멤버들보다 더 열심히 한다.

- 팀프로젝트의 성공을 위해 다른 사람보다 더 많은 역할을 수행하는 편 이다.

- 결과물의 질을 높이기 위해 팀원의 분담 부분을 수합한 후, 내가 마무리

작업을 충실히 다시 한다.

팀워크 행동*

- 팀프로젝트의 주제 선정을 위해 팀 모임 전에 진지하게 고민하여 대략적인 초안을 준비한다.

- 팀프로젝트시 참신한 주제를 찾기 위해 팀원들 간의 토론에 시간을 많이 투자한다.

- 팀프로젝트에서 내가 담당하지 않은 부분이더라도 모든 부분을 알고 넘어가려고 한다.

친사회성 행동

- 친구들의 공부에 기꺼이 도움을 준다.

- 친구들과 학습관련 자료 및 정보를 공유한다.

- 학과 친구들과 좋은 관계를 유지하려고 노력한다.

- 모임에 빠지지 않고 어울리며 친구를 사귄다.

- 대체로 나는 대인관계가 원만하다.

오른쪽 그래프는 학점에 따라 리더십 행동, 팀워크 행동, 친사회성

---

* 팀 작업에서 열심히 하는 행동이기에 팀워크 행동이라고 이름 붙였지만, 사실상 최우등생들이 팀 내에서 주도권을 가지고 보다 많이 기여하는 형태의 행동이기도 하다. 이 문항에는 잘 드러나지 않지만 서울대 최우등생들 인터뷰 내용을 보면, 주제를 미리 준비해서 토론하는 것은 자신이 준비한 주제를 팀원들에게 설득하는 위한 것이고 실제로 주제가 정해진 후 프로젝트 진행 과정에서 의견 불일치가 있을 때는 토론을 피하는 경향이 있었다. 그래서 서울대의 학점이 낮은 학생들은 이 문항에 낮은 경향성을 보였다.

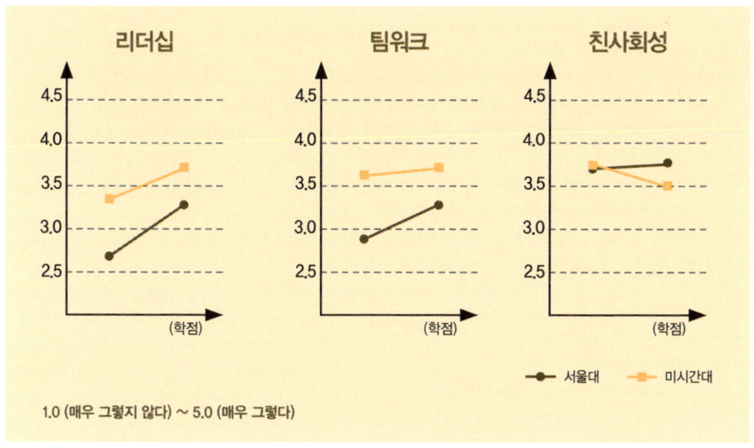

행동이 어떻게 달라지는지 나타낸 것이다. 이미 여러 번 언급했듯이, 한국인은 미국인에 비해 응답 점수를 낮게 매기는 경향이 있으므로 절대적인 점수를 비교하기보다도 학점과의 관계에 주목해야 한다. 이 그래프를 보면 서울대와 미시간대 모두 학점이 높을수록 리더십 행동을 더 많이 하는 것을 알 수 있다. 서울대 그래프의 기울기가 더 큰 것은 서울대에서 리더십 행동과 성적의 연관성이 미시간대에서보다 더 크다는 것을 뜻한다. 팀워크 행동에 대해 서울대에서는 학점이 높을수록 많이 하는 반면, 미시간대에서는 학점에 따른 차이가 없는 것으로 나타났다. 친사회성은 서울대에서도 미시간대에서도 학점에 따른 차이가 통계적으로 유의미할 만큼 두드러지게 나타나지 않았다.

여기에서 가장 먼저 주목할 점은 미시간대에서 리더십 행동은 성적이 좋은 학생들이 더 많이 하고 팀워크 행동은 성적과 무관하게 전반적으로 모든 학생들이 많이 한다는 것이다. 즉, 프로젝트 진행 과정에서 리더가 혼자 주도적으로 팀을 이끌기보다는 팀원들이 두루두루 참여한다는 사실을 짐작할 수 있다. 반면 서울대에서는 성적이 높은 학생들이 리더십 행동도 더 많이 하고 팀워크 행동도 더 많이 하는데, 이 경우 성적이 낮은 학생들은 팀 내에서 별다른 역할 없이 소외되었음을 짐작할 수 있다. 「7. 팀 안에서도 '나 혼자' 열심히」에서 살펴본 바와 같이 팀 내에 협동적 상호작용이 제대로 일어나지 않고 있다는 사실을 보여 주는 것이다.

팀프로젝트 학습은 협동collaboration과 협조cooperation라는 두 개의 개념이 조합된 상황으로 이해할 수 있다. 협동은 팀원들이 함께 고민하고 토론하고 합의에 이르는 공동작업을 하는 것이다. 협조는 각자 업무를 분담하여 수행한 후 나중에 각자의 부분을 수합해 하나로 합치는 것이다. 둘 다 혼자가 아닌 여럿의 힘으로 최종 결과물을 산출한다는 점은 같으나, 실제 작업 과정에서 협동은 여럿이 함께하고 협조는 따로 한다는 차이점이 있다.

팀프로젝트를 할 때는 협조도 협동도 잘되는 경우가 있는가 하면, 협조는 되나 협동은 안 되는 상황, 둘 다 잘 안 되는 상황도 있다. 협동과 협조가 모두 잘 이루어져야 좋은 결과가 나타날 수 있다. 비록 시간이 걸리고 힘들더라도 협동이 제대로 일어나야 학생들은 공부했다는 포만감을 갖게 된다. 그러나 협동이 되지 않고 협조만 있는 팀프로젝트 학습은 본래의 학습 목표를 성취할 수 없기 때문에 학생들은 제대로 만족감을 느끼지 못한다.

이때 팀워크의 형태가 협동 체제인지 협조 체제인지에 따라 팀이 의존하는 결정적인 역량이 달라진다. 협동 체제인 경우는 팀원 모두의 공동작업이기 때문에 팀원들의 수준이 비슷할 경우 서로 시너지를 얻을 수도 있지만 간혹 무능한 팀원 때문에 최종 결과물의 질이 떨어지고 성적이 만족스럽지 못할 수도 있다. 반면 협조 체제인 경우는 무능한 팀원이 있다 하더라도 그 부분을 다른 유능한 팀원이 주도적으로 수정하고 보완하게 되므로 최종 결과물의 질은 좋아지고 따라서 만족스러운 성적을 얻게 된다.

그러나 최종 결과물에 대한 이러한 기여를 긍정적으로만 볼 수는 없다. 구성원 모두의 보다 활발한 상호작용과 동등한 의사결정 및 참여가 중요하다는 관점에서 보면, 소수의 사람이 두드러지게 더 많이 기여하는 이러한 구조는 소수가 팀프로젝트 학습을 장악해 버리는 것이다. 즉 의사결정 과정이 소수에 의해 지배되기 때문에 팀원들 간의 원활하고 동등한 교류에 걸림돌이 된다. 이는 진정한 팀프로젝트를 방해할 수 있다.

서울대와 미시간대의 팀프로젝트 과정을 좀 더 자세히 비교해 보면 협동 체제와 협조 체제의 모습이 뚜렷하게 구분되는 것을 볼 수 있다. 서울대 학생들은 팀프로젝트 초기에 서로를 관찰해 팀원들의 성향과 관심, 의견 등을 파악한 다음, 주도권을 줄 만한 사람에게 리더 역할을 맡기고 그의 의견을 따른다. 팀 리더는 보다 주도적으로 과제를 설계하고 팀원들에게 효과적으로 업무를 분담시킨다. 마지막으로 리더가 전체적으로 정리하고 수정함으로써 과제가 완성된다.

당연히 팀원들끼리 의견을 모으기 위해 논의하는 시간은 줄어들 수밖에 없는데, 애초에 그러한 시간은 낭비로 여겨진다. 전형적으로 협동 없이 협조만 있는 체제이다. 반면 미시간대 학생들은 팀프로젝트 초기부터 상호작용이 활발하다. 리더가 있긴 하지만 각 팀원들도 균등하게 참여하며, 과제의 질을 높이기 위해 리더만 집중적으로 기여하는 경우는 별로 없다. 어떤 팀원이 부족하게 했다고 하더라도 다른 팀원이 대신 해 주지도 않는다. 이로 인해 가장 못하는 팀원에 의해 최종 결과물이 영향을 받게 되고 이는 평가에도 그대로 반영되어 종종 낮은 성적을 얻게 된다. 하지만 다소 시간이 걸리더라도, 또 최종 결과물이 똑똑한 리더가 주도적으로 한 것보다 못해도, 팀원들 모두가 참여해서 공동으로 작업하는 것 자체에 의미를 더 부여한다.

이렇게 대조적인 모습은 팀프로젝트 수업의 바람직한 리더십에 대한 기준과 기대가 서울대와 미시간대에서 많이 다르다는 것을 보여준다. 서울대에서는 뚜렷한 목표를 제시하고 명료하게 업무를 분담해서 프로젝트 진행 상황을 체계적으로 체크하고 분명한 방향을 제시하는 '디렉터형 리더'를 좋은 리더로 생각한다. 리더가 팀을 장악하여 강력한 디렉터십으로 이끌고 가는 경우 일이 빠르게 진행될 수 있기 때문에 효율적인 리더십으로 평가하는 것이다. 반면 미시간대에서는 마치 인기 MC 유재석과 같이 팀원이 고루고루 발언하고 의사결정에 참여할 수 있도록 기회를 배분하고 팀의 의견을 모아 함께 이끌어 나가는 중개자 역할의 '코디네이터형 리더'를 좋은 리더로 생각한다. 서울대에서와 같은 리더라면 미시간대에서는 팀원들의 반발이 쏟아질 것이다. 반대로 모든 팀원들의 의사를 수렴하느라 종종 프로젝트 진행이 지지부진해질 수 있는 미시간대에서의 리더십을 서울대 학생들은 비효율적인 리더십으로 여길 것이다.

설문 결과 중 이러한 관점이 그대로 반영된 것이 '팀프로젝트시 분량을 동일하게 나누는 것보다 개인이 잘할 수 있는 과제를 중심으로 한 역할 분담을 선호한다'라는 문항에 대한 응답이었다.

역량에 따라 업무를 분담한다는 것은, 역량이 뛰어난 사람이 비중이 큰 부분을 맡게 되고 역량이 부족한 사람은 비중이 낮은 부분을 맡게 된다는 것을 의미한다. 미시간대 학생들은 공부 잘하는 학생이 더 비중 있는 부분을 맡거나 더 많은 역할을 맡는 것에 대해 서울대 학생들만큼 당연하게 생각하지 않았다. 서울대 학생들은 학점과 무관하게 모든 학생들이 역량에 따른 역할 분담을 압도적으로 선호했지만, 미시간대 학생들은 학점과 무관하게 그리 선호하지 않았다. 거의 모든 문항에서 미시간대가 서울대보다 높은 평균 점수를 보였다

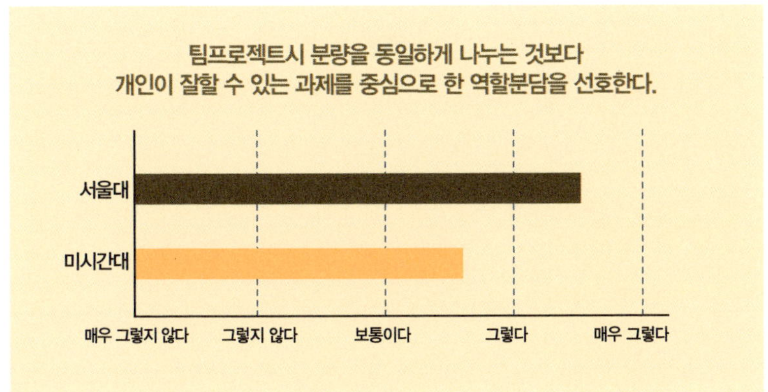

는 점을 감안하면 이렇게 서울대가 미시간대보다 높은 점수를 보인 것은 매우 주목할 만한 부분이다. 그만큼 서울대에서는 능력에 따른 역할 분담이 지극히 당연하게 여겨지는 것이다

이러한 차이가 나타나는 것은 팀프로젝트에서의 '공정fairness'에 대한 기준과 가치관이 다르기 때문이다. 서울대 학생들은 팀원들 각각의 능력에 맞게 업무가 분담되는 것이 공정하다고 생각하지만, 미시간대 학생들은 능력과 무관하게 모든 팀원이 골고루 참여하는 것이 공정하다고 생각한다. 서울대 학생들에게는 부족한 팀원에게까지 기회를 주느라 최종 결과물의 수준이 떨어지는 것이 불공정한 것이고, 미시간대 학생들에게는 뛰어난 팀원만 계속 더 많이 하고 부족한 팀원은 역할을 박탈당해 학습 기회의 빈익빈부익부가 생기는 것이 불공정한 것이다.

나 역시 서울대 학생들의 생각과 마찬가지로 팀원 각자가 역량에 맞는 역할을 하는 것이 당연하다고 인식하고 있었기 때문에 미시간대 학생들의 반응이 생소하게 느껴졌다. 하지만 공동연구자인 카라는 서울대 학생들의 답변이 의외라고 하며 오히려 이렇게 반문했다.

"능력에 따라 나누는 건 공정하지 않아요. 당연히 팀 안에선 동등하게 배분해야 하는 거 아니에요? 같은 팀인데!"

서울대에서 공정하게 여겨지는 방식의 팀프로젝트는 아시아 문화권의 집단이 서구 문화권의 집단에 비해 더 우수한 성과를 보인다는 기존 연구 결과들에 대한 근거가 된다. 팀의 성과물을 위해 리더의 더 많은 노력, 기여, 헌신이 필요하듯 기업에서도 마찬가지 방식으로

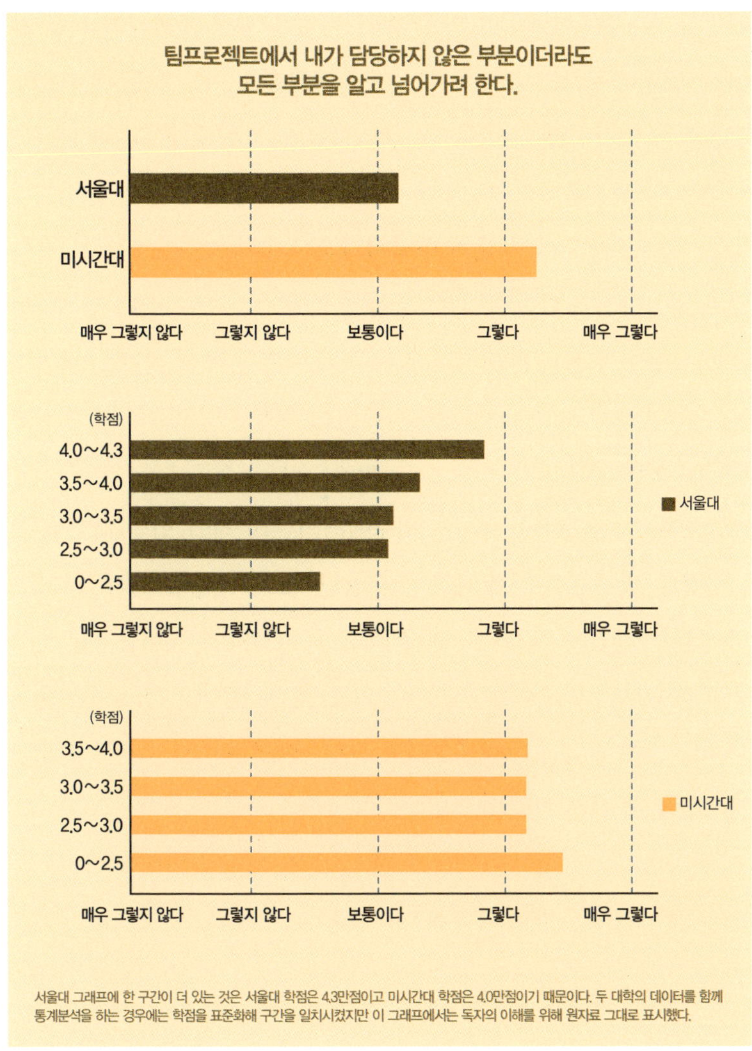

서울대 그래프에 한 구간이 더 있는 것은 서울대 학점은 4.3만점이고 미시간대 학점은 4.0만점이기 때문이다. 두 대학의 데이터를 함께 통계분석을 하는 경우에는 학점을 표준화해 구간을 일치시켰지만 이 그래프에서는 독자의 이해를 위해 원자료 그대로 표시했다.

더 좋은 산출물을 내는 것이다.

하지만 기업이 아닌 학교 안의 팀프로젝트 학습에서 무조건 효율성만을 추구하는 것이 옳은 일일까? 기업은 최종 성과물의 질을 높이는 것을 추구하고 교육에서는 협동 역량을 높이는 것도 추구한다. 협동의 목표가 다른 것이다. 교육의 관점에서 보면 미시간대 학생들의 방식이 목표를 이루는 데 더 적합할 수 있다. 예컨대 앞 페이지에 있는, '팀프로젝트에서 내가 담당하지 않은 부분이라도 모든 부분을 알고 넘어가려고 한다'에 대한 응답을 비교해 보자. 서울대에서는 성적이 낮을수록 본인이 담당하지 않는 다른 부분은 잘 모르고 넘어가는 경향이 뚜렷한 데 반해, 미시간에서는 학점에 상관없이 알고 넘어간다고 응답했다.

전형적인 미국인인 카라는 서구에서의 일반적인 인식대로 '아시아인들은 집단주의 문화 때문에 서양인들보다 협동을 월등히 더 잘한다'라는 생각을 가지고 있었다. 이는 다른 USE랩 멤버들 대부분이 공통적으로 가지고 있었던 인식이기도 했다. 하지만 카라는 서울대와 미시간대 학생들의 팀프로젝트 관련 데이터를 몇 시간 동안 같이 분석한 끝에 이런 말로 결론지었다.

"한국의 팀프로젝트는 미국과 참 많이 다르군요! 더 잘한다기보다는 무척 다르다는 말이 맞겠네요."

서울대의 친사회성, 미시간대의 팀워크

미시간대에서는 학점이 높을수록 팀프로젝트 수업에 대해 부정적으

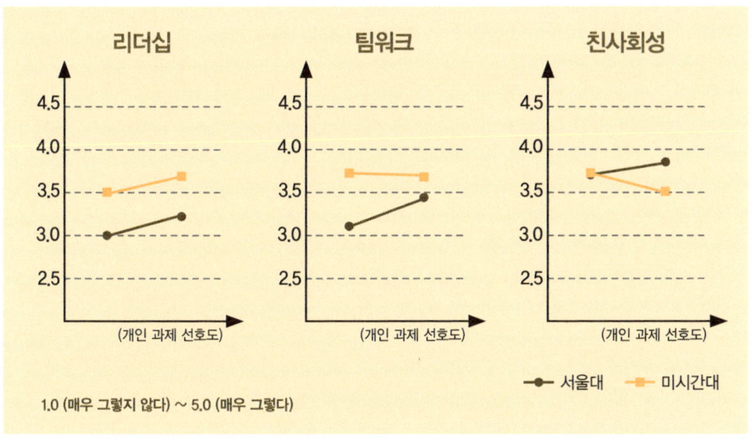

로 인식하고 개별 과제를 선호하는 경향을 보였다. 서울대에서와 달리, 실력이 낮은 팀원이 수행한 부족한 부분을 제거하거나 보완하지 않으므로 최종 결과물이 최우등생의 수준으로 나오기 어렵기 때문이다. 서울대 최우등생들 중에도 팀프로젝트를 선호하지 않는 학생들이 있었지만 미시간대 최우등생들만큼은 아니었다. 조사 결과, 미시간대에서 이러한 경향은 최우등생만이 아니라 전체 학생들도 마찬가지였다. 서울대 학생들은 약 3분의 1만 팀프로젝트보다 개인 과제를 선호했는데 미시간대 학생들은 전체의 약 3분의 2가 개인 과제를 선호했다.

위의 그래프는 두 대학 학생들의 리더십, 팀워크, 친사회성이 팀프로젝트보다 개인 과제를 선호하는 정도에 따라 어떻게 달라지는지 보여 준다. 서울대와 미시간대 모두 개인 과제를 선호하는 학생들이 리더십 행동을 더 많이 하는 것은 동일했다. 그런데 팀워크에 대한 응답에서 특이한 점을 찾을 수 있었다. 미시간대 학생들이 개인 과제 선호도와 상관없이 팀워크 활동을 하는 것은 그렇다 하더라도, 서울대 학생들은 개인 과제를 선호할수록 오히려 팀워크 활동도 열심히 했다. 또한 미시간대 학생들은 개인 과제 선호도가 클수록 친사회적 행동을 덜 하는 데 비해, 서울대 학생들은 개인 과제를 선호할수록 오히려 친사회적 행동을 더 했다. 개인 과제를 선호하면서 팀워크 행동과 친사회성 행동을 열심히 한다는 것은 서로 모순된 응답이 아닌가. 연구진들은 이 결과에 의아하다는 반응이었다. 공동 연구자인 카라도, USE랩 멤버들도 서울대 학생들을 이해할 수 없다며 고개를 저었다.

"이게 말이 되나요? 개인 과제를 선호하면 당연히 덜 친사회적인 경향이어야 하지 않나요?"

"게다가 개인 과제를 선호해도 팀워크 행동은 오히려 더 열심이라니 이상하잖아요. 미시간대 학생들은 예측할 수 있는 정직한 답을 한 것 같지만 서울대 학생들은 도저히 이해가 안 돼요!"

이것은 개인적 선호도보다 집단의 가치를 강조하는 동양 문화 특유의 규범 때문일 것이다. 친사회적 행동과 팀워크 행동은 집단의 규범에 속하므로 서울대 학생들은 집단의 규범인 사회적 기대(친사회적 행동)와 수업에서의 기대(팀워크 행동)에 맞게 행동하는 경향을 보인 것이다. 특히 개인적 과제를 선호할수록 최우등생인 경우가 많은데 이들은 사회와 학교에서 모범적이고 순응적인 태도를 가지기 때문에 집단의 규범이 개인적 선호와 다르더라도 따르는 경향을 보이는 것으로 분석된다.

학점을 고려하지 않은 전체적인 경향성을 보더라도 서울대 학생들의 친사회적 행동은 미시간대 학생들에 비해 두드러지게 높았다. 아래의 그래프가 보여 주듯이, 서울대 학생들은 팀워크 행동보다 친사회적 행동을 훨씬 더 중요시했고 반대로 미시간대 학생들은 친사회적 행동보다 팀워크 행동을 중요시했다.

이 결과는 친사회적인 사람이면 당연히 팀워크도 좋을 것이라는 일반적인 인식과 달리 친사회적 행동과 팀워크 행동을 구분하여 생각해야 한다는 것을 드러낸다. 한국 문화에서 강조하는 친사회적 가치관은 팀의 조화를 우선시하기 때문에 집단 내에서 갈등을 피하게 하고, 리더에게 순응적인 태도를 유도하고, 팀원의 의견에 반박하거나 비판하는 일을 꺼리게 만든다. 서울대 학생들이 친사회적 성향이 높음에도 불구하고 팀워크 활동이 낮은 것은 팀 내에서 튀는 것에 대

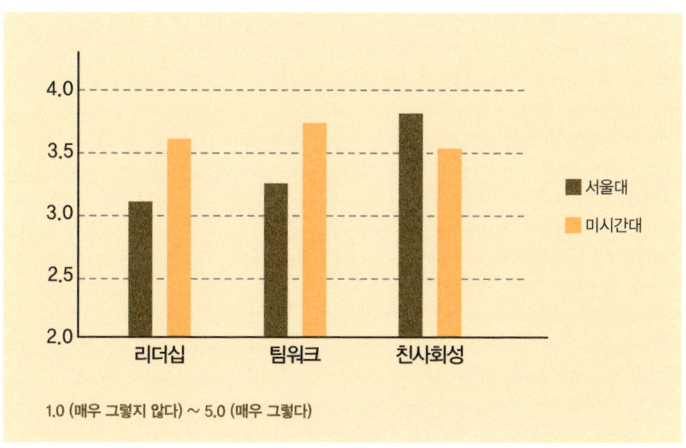

해 부정적인 심리가 있기 때문이다. 논쟁하고, 따지고, 설득하고, 반박하는 등 일련의 팀워크 활동들이 팀프로젝트에서 반드시 필요함에도 불구하고, 우리 문화에서는 적극적으로 장려되지 못하고 있는 것이다. 반면 미국에서는 논쟁과 비판이 개인의 자유로운 의견 표현으로 긍정적으로 받아들여지에 반박하고 반대하는 의견을 내도 별로 눈치가 안 보이는 것이다. 그렇기 때문에 미국 학생들은 친사회성이 덜해도 팀워크는 당당하게 참여하고, 따라서 팀워크에 대한 응답이 친사회성보다 더 높게 나타난 것으로 보인다. 이 결과를 보면 서울대의 팀프로젝트가 미시간대의 팀프로젝트에 비해 '협조cooperation'는 잘하고 있는 것처럼 보여도 '협동collaboration'에서는 실패하고 있다는 것을 알 수 있다.

미시간대에서는 아시아 유학생과 현지 학생들이 한 팀이 되어 팀프로젝트를 수행할 경우에 적지 않은 갈등이 불거진다고 한다. 내가 만난 미시간대 교수들 중 몇몇은 인종주의적 발언이라고 공격당할까 봐 공식적으로 말하지는 않지만 사적인 자리에서는 종종 푸념을 하곤 했다. 예컨대 미시간대 A학과에는 최근 중국인들이 막강한 경제력을 바탕으로 대거 유학을 와서 지난 10년 동안 아시아 유학생의 비율이 20퍼센트에서 45퍼센트로 무려 절반을 차지할 만큼 급증했다. 아시아 유학생들이 더 이상 소수가 아니라 주류이다 싶을 만큼 비중이 커진 것이다. 그런데 팀프로젝트를 할 때 아시아 유학생들끼리 또는 현지 학생들끼리 따로 팀을 이루면 별 문제가 없는데 섞여서 팀을 이루면 불만과 갈등이 심해서 교수에게 하소연하는 경우가 많다고 했다. 팀프로젝트에 대해 가진 자세가 상반되다 보니 부조화가 일어날 수밖에 없는 것이다.

물론 서울대 학생들과 미시간대 학생들의 팀프로젝트를 비교한 결과가 무조건 서구의 방식을 따라야 한다는 주장으로 이어질 필요는 없다. 하지만 이 비교가 서울대, 나아가 우리나라의 대학 교육이 개선해야 할 점을 찾는 데 매우 유의미한 시사점을 던져 주는 것은 분명하다. 그리고 그 시사점은 대학만이 아니라 우리 사회 전체를 향한 것이기도 하다.

3부

무엇이 한국의 대학을 이렇게 만들었는가

바보들은 철학을 어리석다고 생각하고, 과학은 미신이라고 생각하고,
예술은 현학이라고 생각하고, 대학을 교육이라고 생각한다.

_ 버나드 쇼

한국의 대학이 기르고 있는 인재란?

서울대에서 학점 4.0이 넘는 최우등생들은 뭐가 어떻게 다를까, 그들의 특징을 알면 다른 학생들에게도 좋은 참고가 되지 않을까 하는 마음에서 시작했던 프로젝트. 그런데 조사 결과가 드러날수록, 외국 학생들과 비교해 볼수록, 서울대가 위기에 처해 있다는 사실을 확인할 수 있었다.

서울대의 교육 목표는 우리 사회 각 분야의 리더를 기르는 것이다. 여기에 이의를 제기할 사람은 없을 것이다. 하지만 서울대가 표방하고 있는 교육 목표가 무색하게, 교수가 정한 울타리를 단 한 치도 넘어서지 않고 그럴 시도조차 하지 않으며, 뜨거운 열정과 몰입보다는 철저한 절제와 조절로 자신을 잘 관리하는 서울대 최우등생들을 보며, 서울대는 바로 그런 능력을 기르고 있음을 확인하게 되었다. 서울대가 이 사회의 진정한 리더를 기르고 있는지, 아니면 단순한 관리자를 기르고 있는지 혼란스러웠다.

리더와 관리자의 차이는 무엇일까? 관리자는 이정표를 따라가는 사람인 반면, 리더는 이정표를 세우는 사람이다. 관리자는 주어진 일을 차질 없이 해내는 사람인 반면, 리더는 집단을 이끌 수 있는 일을 찾아내는 사람이다. 관리자는 "내가 시키는 대로 해라" 하고 지시하는 사람인 반면, 리더는 "나를 보고 내가 가는 곳으로 따라와라" 하고 먼저 움직이는 사람이다. 관리자는 통제하고 조절하고 정리하는 사람인 반면, 리더는 에너지를 촉발시키고 비전을 세우는 사람이다. 그리하여 관리자는 업무와 관련된 사람들과 관계를 맺는 반면, 리더는 추구하는 가치와 이상이 맞는 사람들과 관계를 맺는다. 그래서 관리자는 "이 일만 잘 하면 당신은 곧 승진할 수 있다"라고 개인적 관심과 이득에 호소하는 반면, 리더는 "이 일은 많은 사람들의 삶과 사회 전체를 발전시킬 수 있다"라고 공동의 이익에 호소한다. 그러므로 관리자는 현재를 유지하는 반면, 리더는 세상을 바꾼다. 서울대의 교육 목표가 역사를 이끌어 갈 창의적 리더를 기르는 것이라면 서울대는 지금 엉뚱한 학생들에게 A⁺를 주고 있는 셈이다.

여러 오디션 프로그램이 인기를 끄는 것은 가능성은 있지만 아직 다듬어지지 않은 지원자들이 전문가의 트레이닝을 거쳐 일취월장하는 과정을 지켜보는 기쁨과 재미 때문일 것이다. 훌륭한 스승이란 원석을 찬란한 보석으로 가꿀 줄 아는 세공사와도 같은 사람이다. 원석이 아무리 좋아도 훌륭한 세공사를 만나지 못하면 보석이 되지 못한다. 또한 엉뚱한 세공사를 만나게 되면 아까운 원석 자체가 망가져서 볼품없게 전락하고 만다. 과연 서울대는 수많은 원석들을 뽑아 놓고 이들을 찬란한 보석으로 빚어내고 있는가? 오히려 원석을 망가뜨리고 있는 것은 아닌가?

우리 대학 교육에서는 무엇을 가르치고 있는지, 그리하여 궁극적으로 무엇을 기르고 있는지 확인하지 않는다. 이 프로젝트는 서울대를 대상으로 이루어졌지만, 이 프로젝트가 밝혀낸 현실이 비단 서울대에만 국한된 문제는 아닐 것이다. 우리나라의 대학들 중 이 문제에서 자유로울 수 있는 학교가 과연 있을까? 그동안 우리는 교육 문제에 대해 수많은 논의를 해 왔지만 초·중·고 교육이 아닌 대학 교육에 대해서는 깊이 있는 논의가 너무도 부족했다. 우리 대학 교육의 질에 대해서는 면밀하게 분석된 바가 없다. 대학의 수업에서 어떤 능력들이 평가되고 있는지, 대학생들이 어떤 종류의 능력을 가지고 사회로 배출되는지, 구체적으로 밝혀진 바가 없는 것이다.

그나마 제기되었던 문제로, 대학 교육이 기업에서 필요한 능력이 아니라 학자가 되기 위해 필요한 능력만 양성하고 있다는 비판이 있었다. 주로 기업인들 쪽에서 나온 목소리였다. 이에 대해 대학 교수들은 순수한 학문의 전당을 기업을 위한 직업학교로 만들면 안 된다고 성토했다. 그런데 어느 쪽이 옳은가는 차치하고, 사실 우리 대학 교육은 훌륭한 학자를 양성하는 교육조차 제대로 하지 못하고 있다. 학창 시절에 최우등생이었던 학생이 꼭 훌륭한 학자가 되는 것은 아니다. 박사과정에 있는 수많은 사람들이 점점 바보가 되는 것 같다는 자괴

감을 호소한다. 학창 시절에 인정받았던 수용적 사고력이 박사논문을 쓸 때는 중요한 평가 요소가 되지 않기 때문이다.

대학은 다양성을 기반으로 하는 생태계여야 한다. 다양성의 필수적 요인은 비판적 창의적 사고력이다. 그런데 대부분의 대학생들이 한 가지 능력, 그것도 수용적 학습만을 집중한다면 그 대학의 생명이 오래갈 수 있을까? 앞서 나갈 수 있을까?

올림픽에서 피겨스케이팅의 심사 기준은 육상과 달라야 하고, 수영의 심사 기준은 양궁과 달라야 한다. 쇼트트랙 선수의 능력은 투포환 선수와 달라야 하고, 레슬링 선수의 능력은 체조 선수와 달라야 한다. 그런데 피겨스케이팅 선수든, 수영 선수든, 양궁 선수든, 쇼트트랙 선수든, 투포환 선수든, 레슬링 선수든, 체조 선수든, 모두 다 100미터 달리기로 점수를 매긴다면 얼마나 우스운 꼴인가? 우리나라 대학에서 일어나고 있는 일이 바로 이것과 같다. 말로는 리더를 키운다, 다양성을 장려한다 하면서 수용적 사고력을 기준으로 학생들을 평가하고 있는 것이 피겨스케이팅 선수를 기른다며 죽어라 달리기만 시키는 어이없는 상황과 무엇이 다른가?

졸업 후의 사회는 수용적 사고력 이상을 필요로 한다. 그런데 사회에서 필요한 능력들이 대학에서 제대로 길러지지 않는다면, 그래서 대학이 배출한 인재가 사회를 살아가는 데 걸림돌이 되고 있다면, 이것은 우리 모두가 심각하게 고민해야 할 문제이다.

지금까지 이 책이 제기한 문제는 결국 '누구의 책임인가'라는 질문으로 이어진다. 학생, 교수, 대학, 정부, 사회, 모두가 이 문제와 연관이 된 주체이다. 각각의 입장을 살펴보면서 누구의 책임인지 한번 짚어 보자.

학생을 탓해서는 안 되는 이유

일단 학생의 잘못으로 볼 수는 없을 것이다. 애당초 학생들은 무엇을 배울 것인지, 어떻게 공부할 것인지에 대해 그다지 선택권이 없다. 교수가 가르쳐야 할 내용을 정하고, 무엇을 평가할지를 정하면 그에 따라 학생들의 학습 내용과 공부 방식이 정해진다. 학생들의 선택권이라고는 교수가 정한 방향에 따라 열심히 하느냐, 안 하느냐 정도일 뿐이다.

이미 이 책의 앞에서 살펴본 바와 같이, 실제로 서울대 최우등생들 역시 교수가 어떻게 가르치는지를 파악하여 공부한다. 인터뷰에서도 이러한 사실이 고스란히 드러났다.

"교수님 스타일에 맞추는 게 중요한 것 같아요. 교수님께서 어떻게 문제를 내실지 미리 안 다음에 거기에 맞춰서 하면 딱히 큰 문제는 없어요." _사회과학대 양지훈

"교수님들의 성향을 빨리 파악하려고 해요. 시험 볼 때는 교수님들의 성향에 따라 공부하는 거죠." _음악대 박정인

"교수님에 따라서 주교재가 중요한 분도 계시고 PPT가 거의 수업

의 전부인 분도 계세요. 그러니까 어떻게 공부할지는 교수님 스타일을 보고 결정해야죠."_ 자연과학대 민재호

교수가 무엇을 원하는지가 중요하다는 것은 곧 교수가 원하는 바가 바뀌거나 수업 운영 방식이 바뀌면 학생의 학습 방식 및 학습에 대한 인식도 함께 바뀌게 된다는 것을 의미한다.

나의 박사논문이 바로 이러한 주제에 관한 것이었다. 나는 같은 내용의 수업을 두 가지 다른 방식으로 진행했을 때 학생들의 학습 과정과 반응이 어떻게 다른지를 분석했다. 한 수업에서는 매우 정교하게 구조화된 강의 교재를 만들고 학생들이 매주 해야 하는 활동 및 과제를 매우 세밀하게 설계했다. 대신 교수와 학생 간의 상호작용은 최소화해서 거의 없다시피 했다. 교수가 해야 하는, 혹은 할 수 있을 법한 상호작용은 모두 강의 교재에 포함시켰다. 다른 수업에서는 도제식에 가깝도록 교수와 학생 간의 상호작용이 중심이 되게 했다. 강의 교재에 들어갈 만한 내용도 최대한 교수와의 상호작용에 포함시켰다. 즉, 전자는 정교한 강의 교재를 가지고 스스로 학습하는 방식이었고, 후자는 교재보다는 온라인 공간에서 교수와의 활발한 교류를 통해 공부하는 방식이었다. 수업을 운영하는 방법에만 차이가 있을 뿐 두 수업의 강의 내용과 수준은 동일했으며, 완전 온라인으로 한 학기 동안 진행되었다.

학기가 끝난 후 학생들이 작성한 강의평가 결과를 비교해 보니 전체 평균은 두 집단 모두 비슷했는데 만족도의 원인은 어떤 수업을 들

었느냐에 따라 둘로 나뉘었다. 교재 중심 수업을 들은 학생들은 "공부는 결국 혼자 하는 거죠. 그러니까 잘 만들어진 교재가 중요해요."라고 했고, 대화 중심 수업을 들은 학생들은 "진짜 공부는 서로 토론을 통해서 할 수 있잖아요. 수업에서 교재 내용을 가르치기보다 토론을 주로 하는 게 효과적인 것 같아요."라고 했다. 교수가 어떻게 강의를 이끌었느냐에 따라 진정한 공부에 대한 인식이 이렇게 정반대로 달라질 수 있는 것이다.

따라서 학생들이 사용하는 학습 전략을 분석하면, 특히 고학점에 결정적인 영향을 미치는 학습 전략을 분석하면, 대학이 어떤 능력을 높이 평가하고 있는지를 살펴볼 수 있는 유용한 지표가 된다. 학습 전략은 학생들이 어떻게 배우는지를 반영할 뿐만 아니라 궁극적으로 무엇을 배우는지도 포함하기 때문이다. 서울대의 고학점 전략이 수용적 사고력을 높이는 쪽에 초점이 맞추어져 있다는 점, 미국 대학에서는 학생들이 다른 학습 전략을 구사하고 있으며 더구나 서울대 학생들과 비슷한 방식으로 공부하는 아시아 유학생들의 학점이 학년이 올라갈수록 떨어진다는 점은 결국 서울대를 비롯한 우리 대학들이 무엇을 가르치고 있는지, 어떤 능력에 A+를 주고 있는지 말해 주고 있다. 학생들은 결국 교수가 평가하는 것을 향해 공부하지 않던가? 학생들의 공부법은 무엇이 평가되는지에 따라 달라진다.

물론 일방적 강의 형식의 수업을 듣고도 학생들은 얼마든지 만족할 수 있다. 일방적 강의라고 해서 무조건 나쁜 수업인 것도 아니다. 문제는, 교수의 수업 방식에 따라 종류가 다른 능력이 길러진다는 것이다. 한국 학생들은 교수가 가르친 내용과 다른 생각은 전혀 꿈도 꾸지 않고 최대한 그대로 흡수하는 반면, 미국 학생들은 교수와 다른 생각을 하거나 교수를 뛰어넘으려는 노력을 많이 하는 것도, 한국 학생들은 교수의 말을 고스란히 필기할수록 학점이 높지만 미국 학생들은 노트 필기에 별로 신경을 쓰지 않는 것도, 한국에서는 교수와 얼마나 비슷하게 이해하고 있는지를 평가하고 미국에서는 교수와 다른 자신만의 생각을 얼마나 잘 표현하는지를 평가하기 때문이다. 학생들이 수용적 사고력을 높이는 공부에 열중하고 있다는 것은 결국 그렇게 하게끔 평가하고 있는 교수들의 책임이다. 교수들이 학생들에게 비판적 창의적 사고력을 기를 기회를 주지 않은 것이다.

나는 서울대 교수학습개발센터에 있는 동안 학내의 다양한 학과에 소속되어 있는 여러 교수들과 교류했는데, 조금만 친해지면 내가 꼭 던지던 질문이 있다. 서울대가 두루두루 100점, 100점, 100점을 받는 사람을 길러야 하느냐, 아니면 50점, 50점, 200점을 받는 사람을 길러야 하느냐 라는 질문이었다. 교수들의 답은 예외 없이 동일했다.

"역사의 리더는 한 분야에서 탁월성을 보이는 사람들이에요. 두루두루 다 100점을 받는 사람이 아니라 대부분 50점을 받더라도 어느 한 분야에서만큼은 200점을 받는사람이 진짜 인재인 거죠. 이런 사람을 길러야 합니다."

하지만 답은 그렇게 하는 교수들도 자신의 수업에서는 모든 과제에서 100점, 100점, 100점을 받는 학생에게 A⁺를 주고 있지 않은가. 200점짜리 능력은 그 가치를 인정받지 못한 채 100점짜리 능력과 동일하게 취급되고 오히려 50점을 받은 과목 때문에 학점 평균이 낮아져 버려 결국 진짜 인재가 단지 공부 못하는 학생으로 취급받게 된다. 그런데도 교수들은 전공을 불문하고 이러한 모순을 깨닫지 못하고 있었다. 내가 서울대 최우등생들에 대한 연구 결과를 이야기해 주면 교수들은 하나같이 매우 놀라워하면서 그게 정말이냐고 되묻곤 했다.

대부분의 교수들은 외국 대학에서 공부한 경험을 가지고 있다. 학부나 석사과정은 국내에서 마쳤더라도 박사 학위는 미국이나 유럽 등지에서 받는 경우가 압도적이다. 그렇다면 분명 교수들은 수용적 학습이 아닌 새로운 공부를 경험했을 것이고 그 필요성과 효과를 체험했을 것이다. 그런데도 다시 국내에 돌아와 교수로서 학생들을 가르칠 때는 그 경험을 전혀 살리지 않고 원래 자신이 한국 대학 교육 시스템에서 배웠던 그 방식 그대로 가르치고 있다. 내가 너무도 아쉽게 생각하고 있는 부분이다.

유치원, 초등학교, 중학교, 고등학교, 대학교 중 가장 못 가르치는 교사들은 어디에 있을까? 다름 아닌 대학이다. 반대로 가장 잘 가르치는 교사들이 있는 곳은? 바로 유치원이다. 유치원 아이들은 매우 냉정하다. 앞에서 교사가 무슨 말을 하든 자신이 몰입되지 않으면 가차없이 고개를 돌리고 딴짓을 한다. 그냥 일어나서 다른 곳으로 가거나 아예 대놓고 다른 놀이를 한다. 그러니 유치원 교사들은 아이들의 주의를 붙잡기 위해 온갖 노력을 다해 가르치게 된다. 철이 들고 학교에 입학하면 아이들은 교사에 대한 예의상 유치원에서만큼 대놓고 딴짓을 하지는 않지만 그래도 수업이 지루하면 티를 내기 마련이다. 초·중·고 교사들은 시험과 입시라는 제도로 교사의 권위를 강제하기도 하지만, 그래도 아이들의 성적을 올리기 위해 비록 주입식 교육일지라도 최선을 다하는 교사들이 적지 않다. 유치원에서, 그리고 일선 학교에서 교사들이 잘 가르치려고 노력하는 이유는 단순하다. 잘 가르치는 것이 그들의 능력으로 평가되기 때문이고 아이가 집중을 하지 못하는 것이 교사의 책임으로 여겨지기 때문이다.

그런데 대학 교수들에게는 이런 인식조차도 없다. 대학에서는 학생이 수업을 제대로 따라오지 못하는 것도, 학생이 대학이 표방한 교육 목표와는 전혀 다른 능력을 발휘하고 있는 것도 교수의 책임이 아니라 전적으로 학생 본인의 책임인 것으로 인식되고 있다. 교수들뿐만이 아니라 학생들까지 그렇게 생각한다.

그렇다면 우리 대학 교육의 문제는 교수의 책임이라고 결론지으면 되는 것일까? 나는 이것이 일차적으로는 직접 가르치고 평가하는 교수들의 책임이지만 보다 근본적인 책임은 교수들이 그렇게 가르치고 평가하도록 만들고 있는 대학에 있다고 생각한다.

서울대 교수들의 말, 말, 말

"사실 우리 대학에서 학부생들은 버려졌잖아요."
서울대 교수학습개발센터에서 강의법 개선을 위한 교수 워크숍을

진행하던 중, 쉬는 시간에 창밖을 향한 채 커피를 홀짝이던 자연과학
대 K교수의 입에서 불쑥 튀어나온 말이었다.

"점점 더 정년 심사가 어려워져서 우리는 살인적으로 연구를 해야
하는데, 언제 학부생 가르치는 데 신경을 쓸 수 있겠어요? 학부생들
잘 가르친답시고 시간과 노력을 쏟아 봤자 업적으로 전혀 인정 안 되
잖아요. 시간 낭비죠. 대학원생들이야 어차피 논문 같이 쓰는 애들이
니까 그래도 좀 낫지만 학부생들까지 챙기라는 건, 글쎄요……."

답답했는지 담배를 꺼내 무는 K교수의 뒷모습을 보며, 잘 가르치
고 싶어도 그럴 수 없는 환경에 대한 자조 섞인 한숨이 들리는 것만
같았다.

학생들만 평가 방식에 따라 행동하는 것이 아니다. 교수 역시 마찬
가지다. K교수의 말대로 대학은 교수가 수업을 잘하는지 못하는지
크게 신경 쓰지도 않고 평가에 심각하게 반영하지도 않는다. 교수들
에게 있어 우선적으로 집중해야 하는 일은 연구 실적을 쌓는 것이지,
자신의 강의를 돌아보는 것이 아니다. 교수들은 연구와 교육의 역할
을 동시에 수행해야 함에도 현실적으로 보다 많은 보상이 있는 연구
에 자연스레 집중하게 된다. 수업을 최신 내용으로 업데이트하거나,
학생들이 보다 잘 이해할 수 있도록 교재를 새롭게 설계하거나, 학생
들의 과제에 대해 자세한 피드백을 주는 등 교육과 관련된 일들은 연
구와 맞먹는, 혹은 그 이상의 시간을 요하지만, 현재의 교수평가 방식
에서는 이를 제대로 인정해 주지 않는다. 교수들이 수업을 조교들에
게 맡기고 등한시하게 되는 것이 당연한 구조다. 교수들에게 학생들

을 가르치는 일이란 '잘하면 좋겠지만 그냥 지금까지처럼 해도 큰 문제가 생기지는 않는, 굳이 내가 개혁하지 않아도 아무도 별 문제 삼지 않는, 그리고 심지어 그게 문제라고도 별로 생각해 본 적이 없는 일'이 될 수밖에 없다.

학생들에 대한 평가 방식이 학생들 자신의 의지와 상관없이 결정되듯, 교수들에 대한 평가 방식도 교수들 자신의 의지와 상관없이 결정되기 마련이다. 교수들도 학생들처럼 자신의 일 중에서 무엇이 우선적으로 평가되는지를 보고 그 평가 기준에 의해 행동의 우선순위를 정하게 된다. 그러니 교수들을 이렇게 행동하도록 만든 것은 결국 그렇게 교수평가 방식을 정해 놓은 대학 당국의 책임이 아니고 무엇이겠는가?

서울대 교수들을 대상으로 교육의 질을 제고하기 위한 정책 및 지원에 대한 의견을 조사한 적이 있다. 모두 314명이 응답을 했는데, 가장 많은 수의 교수가 지적한 문제도 바로 K교수의 한탄과 같았다. 수업에서 더 잘 가르치기 위해 기울이는 시간과 노력들이 교수로서의 업적에 전혀 반영되지 않기 때문에 소홀히 취급하게 될 수 밖에 없다는 것이다. 다시 말해, 잘 가르치기 위한 노력을 연구 업적과 동일한 비중으로, 혹은 적어도 중요한 비중으로 교수평가에 반영하는 구조가 갖추어져야만 교수들이 강의의 질을 높이는 데 관심을 갖게 할 수 있다는 것이다. 교수들이 직접 작성한 답변에서 어느 단과대 소속이든 상관없이 교수들 스스로도 답답해하는 마음이 느껴졌다.

"교육의 질을 제고하기 위해서는 물리적, 시간적으로 많은 노력이 소요됩니다. 예컨대 한 학기에 수백 편에 달하는 학생들의 리포트를 점검하는 일은 논문 몇 편을 쓰는 것과 맞먹습니다. 그러나 현재 교수가 교육의 질을 제고하기 위해 들이는 노력은 업적 평가에 전혀 반영되지 않고 있습니다. 교수들이 교육에 전력할 수 있도록 제도적인 장치가 마련되어야 합니다."_인문대 M교수

"교수평가가 연구 업적(논문) 중심으로 이루어지는 것이 문제입니다. 교육에 대한 열정과 강의 내용의 충실도를 평가에 반영하는 것이 교육의 질을 높이는 데 중요한 전제 조건입니다."_의과대 L교수

"교수의 능력을 평가하는 데 있어서 너무 연구 위주인 현재의 평가 시스템에서는 교육의 질을 제고하기 어렵습니다. 교육에 대한 평가가 적절하게 있어야 합니다."_자연과학대 A교수

"첫째, 자신의 수업을 향상시키려고 노력하는 모든 교수에게(특히 젊은 교수들에게) 적절한 보상을 제공해야 합니다. 둘째, 교육 방법 향상에 대한 연구 펀드를 조성해서 교수가 자신의 강의 질을 향상시키는 것도 연구 논문 쓰는 것처럼 하게 해야 합니다. 셋째, 교수학습개발센터에 더욱 전문적인 인력을 고용해야 합니다."_공과대 E교수

많은 교수가 강의평가를 철저히 시행하고, 그 결과를 교수평가에 반영하자는 의견을 제시했다. 즉, 교육과 관련된 노력이나 성과를 승진이나 재임용을 결정할 때 실질적인 평가 자료로 활용하자는 것이다. 현재도 대다수의 대학에서 강의평가가 이루어지고는 있지만 그

결과가 교수평가에 반영되는 정도는 학교에 따라 조금씩 차이는 있어도 대개 형식적인 수준에 그치고 있다.

실제로 미시간대에서는 학생들의 강의평가 결과가 교수평가의 중요한 기준 중 하나다. 정년이 보장된 정교수라고 하더라도 강의평가에서 자유롭지 않다. 강의평가 점수가 학과 평균 이하인 경우 학과장이나 학장과 면담을 해야 하기 때문이다. 그래서 예외 없이 모든 교수가 매 학기마다 강의에 매우 신경을 쓰지 않을 수가 없다.

그런데 사실 이 방법만으로 대학 교육의 문제점을 다 개선하기는 역부족이다. 학생들의 강의평가 자체가 한계를 지니고 있는 탓이다. 지식을 일방적으로 전달하는 수업이라 해도 교수가 말을 유창하게 잘하면 학생은 수용적 사고력이 향상되었는지, 비판적 창의적 사고력이 향상되었는지 생각조차 못 하고 그냥 높은 강의평가 점수를 주게 된다. 그러니 강의평가 점수가 높다고 해서, 강의평가 결과를 교수평가에 반영한다고 해서, 그 수업에 문제가 없다고 단언할 수 있는 것은 아니다. 따라서 강의평가를 교수평가에 반영하되, 다른 방안들도 함께 마련되어야 한다.

한편 시간 부족을 호소하는 교수들의 목소리도 있었다. 교육에 신경 쓰기 위해서는 교수평가 방식 개선도 필요하지만, 물리적 시간도 확보할 수 있어야 한다는 주장이다. 현재 상태에서 수업의 질을 높여야 한다는 과제까지 추가된다면 교수 한 명에게 주어지는 업무 부담이 너무 과중해지기 때문이다.

"수업 준비와 관리에 보다 많은 시간을 투자할 수 있는 여건이 마련되었으면 좋겠습니다. 연구, 논문, 대외활동 때문에 시간이 부족합니다."_생활과학대 K교수

"교수들이 자신의 강의와 교육의 질을 개선하기 위해 시간을 충분히 가질 수 있도록 하는 시스템이 갖춰져야 합니다. 예를 들면, 강의 개선을 위해 교수가 신청하면 2~3개월의 준비 기간을 갖도록 하는 것이 좋겠습니다. 현실적으로 방학 때는 논문을 써야 하므로 시간 내는 것이 거의 불가능합니다."_자연과학대 D교수

이에 대한 방안으로 강의에 집중하는 교수teaching faculty와 연구에 집중하는 교수research faculty를 구분하자는 의견도 제시되었다. 현실적으로 강의와 연구에 동시에 전력을 다하기는 힘드니 아예 한쪽을 선택하도록 하고 이들을 대등하게 대우하자는 것이다.

"교수 개개인의 연령, 역량, 전공 등을 고려하여 강의중심 교수와 연구중심 교수로 구분하여 원하는 분야를 선택할 수 있도록 하는 제도 마련을 건의합니다. 상대적으로 젊은 교수는 연구에 치중하도록 하고 정년에 가까운 교수는 강의에 치중하도록 하는 것이 교수들의 역량 발휘를 위해 바람직할 것으로 판단됩니다."_농업생명과학대 J교수

"강의중심 교수가 지금처럼 거의 시간강사와 다름없는 수준의 대우를 받는 시스템에서는 강의의 질을 높이려는 노력이 제대로 빛을 볼 수 없습니다."_인문대 C교수

“교육에 대한 업적 평가도 연구에 대한 업적 평가처럼 비중 있게 평가받을 수 있는 체계를 만들고 교수가 어디에 더 가중치를 두어 업적 심사를 받을 것인지 선택할 수 있도록 합시다.” _의과대 S교수

이는 싱가포르국립대나 맨체스터대 등 외국의 여러 대학에서 이미 시행하고 있는 제도이다(두 대학의 사례에 대해서는 5부에서 자세히 설명한다). 이 경우, 강의 담당 교수와 연구 담당 교수의 지위는 동등해야 한다. 현재 서울대를 비롯한 국내 대부분의 대학에도 강의 전담 교수가 있긴 하지만 일종의 비정규직으로, 급여나 연구실 환경 등 모든 면에서 일반 교수들과 현격하게 차이가 있어 그 효과가 떨어진다.

교수가 강의실 안에서뿐만 아니라 강의실 밖에서도 학생들과 상호작용을 활발히 하도록 장려해야 한다는 의견도 많았다. 대학 교육의 기능은 단순히 지식의 전달이 아니다. 교수와 학생 간의 긴밀한 학문적 교류 역시 대학의 중요한 기능에 속하며 학생들의 학문적 성장과 인격적 성장에 큰 영향을 미친다. 그러한 상호작용은 수업 시간 내에만 국한되지 않으며, 수업 이외의 시간에 보다 활발히 일어날 수도 있다. 그럼에도 이러한 노력을 인정하고 유도하는 구조가 존재하지 않는다.

“강의실 내에서는 물론이고 강의실 밖에서도 교수가 학생들에게 제공하는 멘토링을 격려하고 인정해 주는 제도를 마련하는 것이 필요합니다.” _사범대 C교수

　　"교육의 주체는 현장의 담당 교수와 수강 학생이 아닌가요? 교수와 학생 사이에 원활한 소통이 이루어지도록 해서 글자 그대로 배우고 묻는 학문이 구현되도록 하는 것이 중요합니다. 서울대는 그와 같은 풀뿌리 교육 정신을 갖추고 있을까요?"_인문대 U교수

　　결국 어떤 방식으로 표현되든 간에 서울대 교수들의 답변은 학생들을 가르치는 것이 그들의 우선순위에 들지 못하고 있다는 고백인 셈이다. K교수가 자조적으로 던진 '학부생들은 버려졌다'라는 말은 우리 대학 교육에서 부정할 수 없는 사실이다.

　　"교수들에게 근본적으로 교육에 대한 관심을 증가시키는 계기를 마련하여 주시면 좋겠습니다."_의과대 P교수

　　"교육에 대한 노력이 연구만큼의 가치가 있다고 교수들 스스로 생각할 수 있도록 해 주는 시스템 마련이 절실합니다."_사범대 Y교수

　　이 외에도 수업 시간을 단축해야 한다, 수업당 학생 수를 줄여야 한다, 연구 실적이 많으면 강의 의무를 면제해 주어야 한다, 강의 수준 향상을 위한 전문 인력을 확충해야 한다 등의 의견들이 제기되었다. 그러나 근본적으로 교수들이 수업에 관심을 기울일 수 있는 분위기가 마련되지 않는 한 다른 부분들을 보완해도 모두 미봉책에 불과할 것이다.

　　EBS 다큐프라임 「왜 우리는 대학에 가는가」에서 연세대 법학과 김

영철 교수가 한 말이 기억에 남는다.

"우리나라 대학의 가장 큰 문제점은 학생들이 방치되고 있다는 것입니다. 소통이 부재하는 캠퍼스는 죽은 곳입니다. 교수는 학생이 없으면 존재 가치가 없습니다."

그렇다. 대학에서는 어디까지나 학생의 성장이 가장 중요하며, 그 일을 해내는 주체는 교수여야 한다. 그리고 대학은 교수가 학생들을 성장시키도록 최대한 뒷받침해야 한다. 대학 교육의 책무는 미래를 이끌 리더가 무슨 능력을 길러야 하는지 시대의 패러다임을 읽는 것에서 시작한다. 그리고 그러한 시대의 패러다임을 구현하기 위해 어떤 개혁과 지원을 해야 하는지, 대학 정책 차원과 커리큘럼 차원과 개별 수업 차원에서 각기 다른 전문적인 접근을 해야 한다. 결국 가장 중요한 책임은 학생이나 교수가 아닌, 대학의 리더십과 시스템에 있음을 깨달아야 한다.

대학 교육의 문제는 곧 교육 전체의 문제

그런데 대학에만 책임을 돌리면 그만일까? 대학 교육의 문제를 논하는 데 있어서 대학에 학생을 입학시키는 대한민국의 초·중·고등학교 교육을 언급하지 않을 수 없다. 결국 현재 서울대 최우등생들은 고등학교 때까지 했던 방식의 공부를 대학에서도 지속하고 있는 셈이기 때문이다.

"저는 저학년 때는 대학 시험에 대해 약간 잘못된 생각을 했던 것 같아요. 창의적인 답을 해야지 싶어서 제 의견을 독창적으로 썼다가 학점이 망가졌거든요. 그게 아니라 고등학교 때처럼 암기를 주로 해야 한다는 걸 알게 됐습니다." _사회과학대 권혁준

"제가 공부했던 방식을 보면 고등학교 때와 대학교 때가 그렇게 크

게 다르진 않은 것 같아요. 고등학교 때도 선생님 수업을 듣고 정리한 필기랑 교과서를 가지고 공부를 했는데, 대학교 와서도 교수님들이 강의하시는 내용을 필기하고 교재와 함께 반복적으로 보면서 잘 외우는 게 제 방식이니까요."_법과대 김호진

"고등학교 공부와 대학교 공부가 저한테는 거의 비슷해요. 강의계획서들을 보면 기본적으로 토론이 10퍼센트 이상의 비율을 차지하고 있긴 하지만, 사실 실질적 반영은 잘 모르겠어요. 결국 토론보다는 시험과 과제가 결정적인 것 같아요."_사범대 장예은

상황이 이러하니 서울대에 입학했다고 잔뜩 기대를 하고 있다가 정작 수업을 듣고는 실망하는 학생들도 있다. 서울대는 진정한 인재를 양성하는 기관이 아니라 거대한 취업기관이요 고시원일 뿐이라는 학생들의 자조 섞인 비아냥도 이러한 맥락과 무관하지 않을 것이다.

"막상 대학에 들어오니까 제가 원하는 그런 커리큘럼이 부족한 거예요. 저는 대학 수업에서 좀 전문적인 지식 혹은 제 머리를 깨워 줄 수 있는 지식들을 정말 너무나 배우고 싶었는데, 학부생들이라고 해도 좀 고되게 다뤄 줬으면 좋겠는데, 그냥 출석만 잘하고 교수님 가르쳐 주신 대로 잘 외워서 시험만 보면 성적이 잘 나오는 거예요. 대학 생활에 회의도 느껴져요."_사범대 곽동호

수년 전에 하버드에 다니던 재미교포 학생이 서울대에 교환학생으

로 와서 한 학기를 공부한 후 『하버드 VS 서울대』라는 책을 냈다. 그 주요 내용도 서울대 수업이 치열한 하버드 수업에 비해 너무 느슨하다는 것이었다. 이 책은 당시 서울대 총장을 비롯한 교수들 사이에서 화제가 되었다. 하지만 그 뒤로도 서울대는 여전히 초·중·고등학교와 크게 다르지 않은 수업을 반복하고 있다.

우리나라의 교육열이 세계 어느 나라 못지않다는 것은 익히 알려져 있다. 미국에서는 방과후 사교육을 위해 아이들을 여기저기 태우고 다니느라 직장을 그만두고 전업으로 아이에게만 매달리는 풀타임 맘full-time mom이 유태인과 한국인뿐이라는 말도 있다. 하지만 교육열만큼이나 교육에 대한 불안과 우려의 목소리도 크다. 대한민국 국민치고 우리 교육이 심각한 문제라고 생각하지 않는 사람은 없을 것이다. 특히 자식을 키워서 공부시켜 본 학부모는 누구나 교육 문제에 대해 성토를 하게 된다.

예전에는 입시 지옥 하면 고등학교를 떠올렸지만 이제는 고등학교에만 한정되는 것이 아니라 중학교에서도 다르지 않다. 요즘은 고3병이라는 말보다 중2병이라는 말이 유행이다. 오죽하면 북한이 남한의 중2들이 무서워 쳐들어오지 못한다는 농담까지 있을까. 명문대를 가려면 먼저 특목고에 진학해야만 한다는 중압감에 고등학교의 입시 스트레스가 중학교로 내려온 탓이다. 그런가 하면 최근에는 국제중 열풍이 불어서 초등학교 때부터 입시에 내몰리는 학생들이 태반이다. 초등학생이 고등학교 교육과정을 선행하는 기이한 현상이 더 이상 낯설지 않게 되고 있다.

　나 역시 아이를 키우는 학부모로서 이러한 현실을 여러 번 경험했다. 큰아이가 어릴 때부터 디즈니 채널에 빠져 살아서 영어로 소통은 어느 정도 하길래 나는 좀 더 체계적으로 영어 공부를 시켜야겠다 싶어서 학원을 다니게 해 보았다. 그런데 그렇게도 영어를 좋아하고 재미있어하던 아이가 정작 영어 학원은 힘들어했다. 학원을 바꿔 보기도 했지만 아이의 반응은 여전했다. 도대체 뭐가 문제인지 알아내기 위해 나는 학원을 직접 찾아가 아이들에게 가르치는 내용을 확인해 보았다. 그런데 세상에 이럴 수가! 초등학교 4학년에게 가르치는 영어 지문이 애덤 스미스의 『국부론』이었다! 내가 가르치던 서울대 학생들도 『국부론』을 원서로 읽는 것이 버거울 텐데, 대학원생들을 대상으로 수차례 영어 강의를 한 나도 『국부론』이 어렵게 느껴지는데, 그것을 초등학생들에게 읽게 하다니! 내가 그동안 영어를 잘못 배운 것인지 이 사회가 잘못된 것인지 순간 너무나 어지러웠다. 황당해하는 내게 학원 원장이 하는 말이 더욱 가관이었다.

　"국제중 지원하려면 이 정도는 해야 합니다. 어머니께서 너무 세상 물정을 모르는 말씀을 하시네요."

　큰아이의 중학교 입학 후 첫 학부모 총회는 또 어떠했던가. 평범한 공립 중학교의 평범한 학부모 총회였음에도 불구하고 두 시간 내내 전시 상황 같은 위협적인 분위기가 펼쳐졌던 것을 나는 잊지 못하고 있다. 학교 측의 설명은 온통 특목고 입시에 맞추어져 있어 나처럼 특목고를 생각하지 않던 학부모라도 위기 의식을 느끼게 만들었다. 갓 초등학교를 졸업하자마자 전쟁터로 내몰린 기분이란.

그런데 학교가 입시전쟁 분위기를 조성한다고 해서 모든 아이들이 학교에서 공부에 전념하고 있는 것도 아니다. 어느 날, 큰아이가 깜빡하고 챙겨가지 않은 준비물을 가져다주기 위해 출근길에 학교에 들른 적이 있다. 교실이 조용하지 않고 웅성웅성하길래 나는 수업 시간이 아닌가 보다 하고 뒷문을 살짝 열었다. 그런데 교실 앞에서 선생님이 수업을 하고 있는 것이 아닌가. 깜짝 놀라 얼른 문을 닫았다. 그 잠깐의 시간 동안 내가 본 장면은 도저히 수업 시간이라고 믿어지지가 않았다. 40명 정도 있음직한 교실에서 선생님은 마이크를 들고 교과서의 한 부분을 매우 빠른 말로 설명하고 있었고, 과장 없이 30명 정도는 책상에 엎드려 자고 있거나 주변 친구와 떠들고 있거나 심지어는 언뜻 봐도 교과서가 아닌 것이 분명한 다른 책을 꺼내 놓고 공부하고 있었다. 마이크가 없었다면 그나마도 선생님 목소리를 들을 수가 없을 지경이었다.

그날 저녁 나는 큰아이에게 수업 분위기가 평소에도 그런지를 물었다. 큰아이는 별일 아니라는 듯 대답했다.

"늘 그래요. 어떤 애들은 수업 시간에 학원 숙제를 하고 어떤 애들은 집에서 밤늦게까지 학원 숙제를 하다가 수업 시간에는 피곤해서 자요."

놀라운 사실은, 내가 어렸을 때는 수업 시간에 잘 집중을 해야만 좋은 성적을 받을 수 있었는데, 요즘에는 그렇게 딴짓을 하는 아이들 중에도 성적이 좋은 경우가 상당히 많다는 것이었다.

한국의 교육 문화에 익숙하지 않은 외국인에게는 이러한 모습이 더욱더 괴상하게 보일 것이다. 지난 해 방영된 피디수첩 「조기영어교육 열풍, 신음하는 아이들」에서 한국의 영어 학원 강사였던 외국인이 한국의 영어교육이 이상하다고 지적하며 자신의 경험을 들려주었다.

"우리는 《이코노미스트》라는 잡지를 사용해서 초등학생들을 가르쳐야 했는데, 솔직히 말하면 전 그걸 별로 좋아하지 않았어요. 제가 그 잡지 내용을 굉장히 간단하게 설명하고 심지어는 한국말로 설명해도 아이들이 그걸 잘 이해를 못 하더라고요."

한국 교육과 핀란드 교육, 폴란드 교육 그리고 미국 교육을 비교한 아만다 리플리의 책 『무엇이 이 나라 학생들을 똑똑하게 만드는가』에서는 한국 고등학교에 다니게 된 미국인 학생이 본 수업 풍경이 이렇게 묘사되어 있다.

선생님이 수업을 진행하는 동안 뒤쪽에 앉은 몇몇 아이들은 자기들끼리 상당히 큰 소리로 떠들어 댔다. 에릭은 깜짝 놀랐다. (……) 몇 분 후, 그는 자기 뒤쪽에 앉은 아이들을 슬쩍 둘러봤다. 그러고는 눈을 크게 뜨고 다시 봤다. 반 아이들의 3분의 1이 잠들어 있었다. 그냥 꾸벅꾸벅 조는 것이 아니라 머리를 책상에 박고 잘못을 저지르고 있다는 기색이 전혀 없이 푹 자고 있는 것이 아닌가. (……) 다음 시간은 과학이었다. 다시 한 번 학급의 3분의 1은 잠을 잤다. 거의 코미디를 보는 느낌이었다.

열렬한 교육열에 걸맞게 우리의 교육 환경이 풍족하고 다양한 편인가 하면 그런 것도 아니다. 나의 큰아이는 1년 반 동안 캐나다에서 학교를 다닌 적이 있다. 큰아이를 다시 한국 초등학교에 보내며 나는 문예창작 학원을 알아보았다. 『해리포터』를 쓴 조앤 롤링 같은 작가가 되겠다는 큰아이의 재능을 키워 주고 싶었다. 하지만 눈을 씻고 찾아봐도 찾을 수가 없었다. 영어, 수학, 과학 등을 배울 수 있는 학원은 넘쳐나는 것과 대조적이었다. 심지어 개인 과외 선생님도 쉽게 구할 수가 없었다. 뿐만 아니라 학교에서 원하는 글쓰기는 문예창작이 아니라 논술이기 때문에 큰아이의 글쓰기 성향은 오히려 방해가 된다는 의견을 교사들로부터 듣기까지 했다.

큰아이는 자신의 서사능력과 감수성 예민한 표현력을 죽이고 어떻게든 건조하고 객관적인 논술 방식을 단련해야 했다. 상상력보다는 객관적 근거를 기반으로, 다채로운 표현보다는 간결한 표현을 이용하여, 자신의 생각보다는 평가 기준을 생각하며, 그렇게 스스로의 성향과 다른 글을 써야 학교에서 좋은 점수를 받을 수 있었다. 즉, 한국에서 명문대를 가고자 한다면 큰아이가 원하는 방식의 글쓰기는 하면 안 되는 것이었다. 큰아이가 한국 교육 시스템에서 자신의 재능을 억지로 덮어야 하는 상황을 나는 속절없이 지켜보아야 했다. 전 세계에서 따라올 곳 없는 사교육의 메카이지만 오로지 대학 입시에만 맞추어진 획일화된 사교육만 있을 뿐, 다양성을 길러 줄 수 있는 사교육은 없는 것이다.

그 무렵 갖게 된 또 다른 고민은 '학교에서는 가르치지 않는다'는 것이었다. 내가 대학원 다니던 시절, 초등교사 출신으로 박사 공부를 계속해서 교수가 된 선배가 "우리나라 공교육의 가장 큰 문제는 교사가 가르치지 않는 것이다"라고 말했던 기억이 난다. 그때는 아직 학부모가 아니었기에 그 말이 무슨 뜻인지 이해할 수 없었다. 학교에서 교사가 가르치지 않는다니? 그럼 도대체 수업 시간에는 무엇을 한단 말인가? 그 말이 현실이라는 것을 시간이 흘러 큰아이를 키우면서 알게 되었다. 나는 한국 초등학교에 복학하는 큰아이에게 초등학교 수준에서는 남들처럼 선행학습을 하지 않아도 수업 시간에 집중하면 잘 따라갈 수 있을 거라고 안심시켰다. 그런데 얼마 후 큰아이가 "엄마, 학교 수업만 잘 따라가면 된다면서요? 그런데 선생님이 안 가르쳐 주시는데 어떡해요?"라고 했다. 자초지종을 들어보니, 선생님은 이미 모든 아이들이 선행학습을 해서 교과서 내용을 다 알고 있는 상황을 감안해 수업을 진행한다는 것이었다. 특히 수학 수업이 그렇다고 했다.

예를 들면 이런 식이었다. "23페이지 1번 문제 풀어 보세요. (잠시 후) 자, 다 풀었죠? 답 아는 사람 손들어 봐요. (대부분이 손을 든다) 영민이가 답 말해 보세요. (영민이가 답을 맞힌다). 맞아요. 자, 다들 어떻게 푸는지 알죠? 그럼 그다음 문제로 넘어갑시다. 2번 문제 풀어 보세요." 선생님이 설명을 해 주지 않으니 답이 나온 과정을 알 도리가 없는 큰아이는 캐나다 학교에서 했던 것처럼 손을 들어 질문했다. 그러자 반 아이들 모두 황당하게 쳐다보았고 선생님도 "학원 안 다니니?" 하고 어이없어 했다. 큰아이가 그래도 굴하지 않고 계속 질문을 하자

급기야 선생님은 "진도 나가야 하니 개인적인 질문은 그만해라" 하며 큰아이의 입을 막았다.

할 수 없이 큰아이는 학원을 보내 달라고 했는데, 이것도 역시 문제였다. 6학년인 큰아이가 6학년 진도를 처음 배울 수 있는 학원이 존재하지 않았다. 6학년들은 이미 모두 중학교나 고등학교 선행수업을 하기 때문에 6학년 진도를 처음 배우려면 4학년 학생들 사이에 껴서 학원을 다녀야 한다는 것이었다.

요즘은 그 수많은 수시입학전형을 도저히 알 수가 없어 입시컨설팅이 성행한다고 한다. 대학입시 방식이 다양화된 것은 학생들의 다양성을 제대로 평가하기 위해서일 것이다. 하지만 이러한 초·중·고 교육을 경험한 아이들 중에서 과연 창의적인 인재를 찾을 수 있을지 의문이다. 애초에 대학 교육만 탓할 수 없는 이유가 바로 여기에 있다. 이토록 심각한 교육 문제의 근본적인 원인은 무엇인가? 그동안 수많은 교육 전문가들이 입시 정책과 교육과정을 수도 없이 바꿔 왔건만 왜 여전히 아무것도 해결하지 못하고 조금도 진전이 없는 것일까? 상황이 더 좋아지기는커녕 갈수록 악화되는 느낌이 드는 것은 왜일까?

나 역시 교육계에 몸담고 있는 한 사람으로서 그동안 많은 고민을 해 왔다. 그러면서 그 원인도 해결책도 교사에게 있다는 생각에 이르렀다. 우리는 지금 교사의 교육권에 주목해야 한다.

교육권을 다시 교사에게

몇 년 전 서울대에서의 내 수업에서 선생과 제자로서 처음 인연이 닿은 정재민 교사. 서울대 졸업 후 모교인 외고를 거쳐 현재는 제주국제학교에서 학생들을 가르치고 있다. 교사로서 한국의 교육과정과 외국의 교육과정 양쪽을 경험한 것이다. 정재민 교사는 두 학교에서의 경험을 이렇게 비교했다.

"저도 예전에는 몰랐습니다. 실제로 열린 교육을 한다는 게 무엇인지, 자유롭고 창의적이며 비판적인 사고를 지향하는 게 무엇인지 말입니다. 저 스스로도 살면서 제대로 경험해 보지 못했으니까요. 자유와 창의를 체험해보지 못한 교사로서 학생을 창의적으로 가르치는 게 얼마나 어려운 일인지 매일 깨닫고 있습니다. 정말 제가 공부해온 방법 반대로만 하면 창의적 수업이 이루어지는 기적을 종종 목격합니다. 하던 대로 설명하던 걸 멈추고, 학생에게 물어볼 때 비로소 새로운 이야기가 시작됩니다.

저는 모교인 유명 외고에서 1년 동안 국어를 가르쳤는데요, 그때는 그런 교육을 하고 싶어도 해서는 안 되었습니다. 열린 답안이 나올 수 있는 문제가 시험에 출제되었다가는 학생과 학부모들로부터 '왜 내 답은 정답이 될 수 없느냐'라는 항의를 받을 수 있기 때문에 조심해야 했습니다. 상대평가에 등수에 근거한 내신점수가 산출되기 때문에 어떻게든 변별력 있는 문제를 내야 하는 것입니다. 그래서 평가 때 누군가는 맞고 누군가는 틀려 등수 차이가 나게 하려면 문제는 어떻게 내야 하고, 그러기 위해서는 수업은 어떻게 진행해야 하며, 학습 활동의 '정답'은 이렇게 정하자. 이런 식으로 주객이 전도된 교육설계를 하게 됩니다. 그래서 참 힘들었습니다. 학생들에게 말로는 '정답은 없다, 해답이 있을 뿐이다', '언어는 머리보다 가슴으로 느껴라' 하고 강조하면서도 그것이 실제로 일어날 수 있는 교육 현장을 만들어 내지는 못했습니다. 이렇게 멋지고 뛰어난 아이들과 함께 있으면서 고작 이것밖에 해 줄 수 없는 것일까 생각했습니다.

지금 제가 있는 국제학교의 교육과정은 사실 문서상으로는우리나라 교육과정과 큰 차이가 없습니다. '다음 글을 읽고 이 글을 쓴 작가의 의도가 무엇인지 생각해 보자' 하는 식으로 비슷한 학습 활동도 합니다. 하지만 그것이 진행되는 방식은 너무도 다릅니다. 아이들은 마음껏 질문하고 의견을 펼칩니다. 저는 하나의 답안을 향해 아이들을 몰지 않고 아이들의 생각이 뻗어 나가는 것을 격려해 줍니다. 수업 시간에 시를 쓰면 윤동주 같은 시인이 나오기도 합니다. 수업 시간에 연극을 하면 손숙 뺨치는 배우가 나오기도 합니다. 수업 시간에 에세이를 쓰면 제가 대학 때 쓴 것보다 뛰어난 소논문이 나오기도 합니다.

제가 하고 있는 수업은 충분히 공교육 현장에서도 이루어질 수 있는 것입니다. 그런데도 왜 이곳 제주 한구석의 사립 국제학교 교실에 와서야 겨우 가능할까요? 저는 종종 모교의 제자들과도 이러한 수업을 하는 풍경을 머릿속에 그립니다."

교사로서 가진 지식의 양은 그대로인데도 학교에 따라 전혀 다른 종류의 수업을 하게 되었다는 고백. 정재민 교사의 경험이 우리에게 시사하는 바는 무엇일까? 그동안 우리 사회는 교사들의 교육권을 너무 제한해 왔던 것이 아닐까?

"교육은 교사의 질을 넘을 수가 없다"는 말이 있다. 우리나라 교사들의 능력은, 물론 개별적인 차이는 있을 수 있겠지만 전반적으로 매우 우수하다. 전통적으로도 교대나 사범대의 커트라인은 항상 높은 수준이고 교원임용시험은 '고시' 수준이 된 지 오래라 무한경쟁을 통과한 인재들이 교사가 되고 있다. 그럼에도 왜 우리 교사들은 잘 가르친다고 인정받지 못할까? 왜 우리 학생들은 교사의 수업만으로는 충분하지 않다며 사교육을 받고 있을까?

나는 그 주요한 이유 중의 하나가 국가가 학교에서 무엇을 어떻게 가르쳐야 하는지 너무도 세세하게 정해 놓고 교사에게 이를 따르도록 강제하고 있는 구조 때문이라고 본다. 우리나라에서는 국가가 짜 놓은 일치된 교육과정에 의해 수업이 이루어지고 있어 전국 어느 학교에서도 학생들은 같은 내용을 같은 방법으로 같은 진도에 맞추어 배운다. 교사 재량으로 할 수 있는 활동 과제나 그룹 수업도 엇비슷하다. 준비물도 똑같으니 학교 앞 문방구에서는 항상 맞춤형으로 구비되어 있다. 이때쯤이면 어떤 준비물이 필요하다는 것을 문방구도 빤히 알 수 있기 때문이다.

국가교육과정이 정해 놓은 '진도'라는 것이 있다는 사실, 이는 정말 많은 것을 야기한다. 우선, 통일된 진도는 가르치는 내용과 방법이 일치해야만 가능하다. 또한 그 진도를 맞추어 나가야 하기 때문에 진도에 방해될 것 같은 학생들의 수많은 창의적 질문들이 "진도 나가야 하니 쓸데없는 질문은 하지 마라"라는 말로 일축되어 묻혀 버리고 만다. 학생들은 자신의 질문이 진도에 방해되는 쓸데없는 질문이면 어떡하나 라는 걱정에 감히 질문할 엄두도 못 낸다. 일방적인 수업이 끝나고 쉬는 시간을 알리는 종이 치기 직전에야 교사들은 "질문 없나?" 하고 묻는다. 이것이야말로 가장 나쁜 질문이다. 그 상황에서 어떤 학생이 마음 놓고 질문을 하겠는가? 아마 쉬는 시간 잡아먹는다고 친구들로부터 공공의 적이 되기 십상일 것이다. 이때 교사들이 기대하는 질문이란 학생들이 자유롭게 생각을 펼칠 수 있는 질문이 아니라 곧바로 정답을 말해 줄 수 있는 단답형 질문일 것이다. 그러나 아이들은 한두 마디로 정답을 말해 줄 수 없는 무수한 복잡한 질문들을 아주 어릴 때부터 자연스레 가지고 있다. 이러한 호기심들이 대한민국에서는 국가가 정한 진도에 의해서 죽어 가고 있는 것이다. 질문하는 머리가 더욱 개발되기는커녕 서서히 퇴보되고 있는 것이다.

그런데 우리나라에서는 지극히 당연한 것으로 여겨지는 '진도'가 실은 그리 당연한 것이 아니다. 선진국에서는 대부분 국가적으로 통일된 진도가 없다. 미국은 물론이고 공교육이 미국보다 우수하다고 평가받는 캐나다도 마찬가지다. 내가 학부모로서 미국과 캐나다의 교육을 지켜보니 대략 무슨 역량을 길러야 하는지에 대한 굵직한 가이드라인 정도만 있을 뿐 구체적으로 가르치는 소재와 진도는 개개의 교사들마다 다르고 진도를 정하는 주체도 교사 자신이었다.

우리나라의 많은 영어 학원들이 미국 교과서를 교재로 수업을 한다고 선전한다. 하지만 우리나라의 교과서가 국가의 검증을 거친 몇 종으로 한정되어 있는 데 반해, 실제로 미국에서 교과서로 쓰이는 교재의 수는 무수히 많다. 한국에서 미국 교과서를 가지고 수업을 했다고 해도 정작 미국에 가서는 전혀 다른 교과서를 배우게 되는 경우가 태반이다. 또한 어차피 미국 학교에서 교과서는 그저 수업 중에 참고하는 학습자료일 뿐이다. 수업 자체가 교과서 위주로 이루어지는 것이 아니기 때문이다. 학생들은 교과서를 후벼 파듯이 샅샅이 외우는 방식의 공부를 할 필요도 없고, 교과서를 보면서 시험 공부를 할 필요도 없다. 심지어 교과서를 집에 가져가는 것마저 금지되어 있다! 학생 개개인이 교과서를 개별적으로 소장하는 개념이 아니고 도서관의 책처럼 해당 학년 동안 학교에서 참고자료로 보다가 학년이 끝나면 다음 학년으로 물려주는 개념이다.

캐나다에서는 국가가 학생들이 길러야 할 역량에 대한 거시적인 가이드라인을 제공할 뿐, 그 역량을 어떤 내용으로 어떻게 기를지는 전적으로 교사의 재량이고 책임이다. 교사에 따라 어느 학생은 첫 번째 학기에 과학을 배울 수도 있고 어느 학생은 마지막 학기에 과학을 배울 수도 있다. 과학의 어느 부분을 어떻게 배우는지도 교사에 따라 다르다. 당연히 교과서도 학교마다 다르고 교사마다 다르다.

이렇게 교사에게 교육권을 보장해 주면 창의적 수업이 가능해진다. 큰아이가 캐나다 초등학교에서 받은 과학 수업을 예로 들어 보자.

이 수업에서는 '인간의 신체가 외부 자연 현상에 따라 영향받는 사례들'이라는 주제에 따라 학생들이 각자 연구 주제를 잡고, 실험을 설계해 실행하고, 실험 결과를 분석 및 해석하고, 마지막으로 교실에서 발표하는 과정을 한 학기에 걸쳐서 진행했다. 교사는 각 단계별로 학생들을 도와주고 조언해 주는 역할을 했지만 연구를 주체적으로 이끌어 가는 것은 어디까지나 학생들의 몫이었다. 학생들은 모두 자기만의 프로젝트에 빠져들었다.

큰아이는 언젠가 매우 큰 음악소리가 나오는 스피커 옆을 지나다가 덩달아 자신의 심장도 쿵쾅거리는 느낌을 받은 적이 있었다. 그래서 강한 비트의 음악이 심장 박동수에 영향을 미치는가 하는 것을 연구 주제로 잡았다. 큰아이는 음악 소리가 점점 커짐에 따라 심장 박동수가 어떻게 변하는지, 익숙한 장르의 음악인지 생소한 장르의 음악인지 여부도 심장 박동수에 영향을 미치는지 실험했다. 그리고 마치 전문 학술대회에서 박사들이 하는 것처럼 연구의 모든 과정을 커다란 종이에 요약해 친구들 앞에서 프레젠테이션하고 토론을 나누었다. 큰아이뿐만 아니라 다른 학생들도 이 모든 과정을 성공적으로 해냈다.

교과서에 나오지도 않는 주제를 연구하기 위해 학생들은 한 학기라는 시간을 보냈다. 그러면 이들은 무엇을 배운 것인가? 나는 이들이 과학적으로 사고하는 방법을 배웠다고 생각한다. 교육심리학자이자 하버드대 교수인 제롬 브루너가 강조한 "초등학교 학생들에게도 물리학자가 물리학 실험실에서 하는 것과 같은 '사고방식'을 가르치자”는 말을 캐나다 학교의 수업은 그대로 실천하고 있는 셈이다.

우리 학교에서 이루어지는 수업은 어떤가? 각자의 생각에 따라 실험을 유도하는 연습 문제들이 있기는 하지만 그것이 수업의 주가 되지는 않는다. 어디까지나 수업에서는 교과서에 제시된 개념과 원리를 익히는 것이 더 중요하고 이를 얼마나 잘 받아들이는지가 평가 기준이 된다. 평가되는 내용 이외의 공부는 시간 낭비로 간주된다. 자신이 가진 호기심을 어떻게 과학적인 방법으로 풀었는지, 그 결과가 어떤 의미를 지니는지는 평가 대상이 되지 않는다. 그러니 학생들이 호기심을 가질 만한 기회가 억압된다.

창의적 과제가 가능한 수업, 교사가 창의적 운영을 할 수 있는 수업, 창의적 과정에 대한 평가가 가능한 수업, 이것이 바로 우리나라보다 인구가 훨씬 적은 캐나다(3,500만)가 노벨상 수상자를 20명 이상 배출할 수 있었던 근본적인 원동력이 아닐까? 이러한 수업이 가능하게끔 만든 것이 캐나다의 교육 시스템이고 그 핵심은 교사의 교육권에 있다. 캐나다에서는 교사가 이 모든 수업을 디자인하고 평가하고 운영할 수 있는 재량권이 있다. 그러나 우리나라에서는 아무리 교사가 능력이 뛰어나도 가르치는 내용과 방법을 선택할 수 있는 권한이 없다. 교사가 많은 부분을 스스로 설계하고 결정해야 하기 때문에 캐나다에서는 대학을 막 졸업해서 곧바로 교사로 일하기가 쉽지 않다. 그래서 대부분은 기본적으로 1년의 인턴십에 더하여 석사과정을 거친다. 학부 때 겨우 한 달간 교생실습을 하는 것으로 임상연습을 때우는 우리의 사범대와 크게 다른 부분이다.

만약 우리나라 교사들에게 캐나다 교사만큼의 권한이 갑자기 주어지면 어떨까? 아마도 교사들은 뭘 어떻게 하라는 거냐며 반발하고 학부모들은 객관성과 평가 기준이 모호하다며 비판해 학교가 큰 혼란에 빠질 것이다.

이것은 우화 속 원숭이의 신발을 떠올리게 한다. 어느 날부터 한 신발 장수가 원숭이들에게 신발을 공짜로 주기 시작했다. 원숭이들은 처음에는 신발을 불편해했지만 공짜라는 이유로 자꾸 신게 되었다. 그러다 보니 발에서 굳은살이 다 벗겨져 이제는 신발이 없이는 전혀 다닐 수 없게 되었다. 그러자 신발 장수는 더 이상 신발을 공짜로 주지 않고 그 대가로 도토리를 달라고 요구했다. 원숭이들은 신발 값이 너무 비싸다고 투덜댔지만 어쩔 수 없었다. 신발을 신고 신발 장수에게 도토리를 따다 바치는 삶을 살게 된 것이다. 나는 우리 학교에서 '진도'라는 존재가 원숭이의 신발 같다는 느낌을 지울 수가 없다.

교육의 기원을 거슬러 올라가 보면, 근대 이전에는 동서양을 막론하고 가르치는 사람들이 저마다 교육의 내용과 방법을 정했다. 교사들의 질적 수준이 전반적으로 낮을 경우에는 표준화된 교육과정이 분명 필요하고 유용하다. 근대 이후 공교육 체제가 도입되면서 국가 전체의 교육과정이 확립된 것도 그 때문이다. 그러나 현재의 우리나라와 같이 교사의 전문성이 충분히 뛰어난 경우라면 교사들에게 자율성을 더 많이 부여해야만 교육의 질을 높일 수 있다. 그런데 국가가 정해 놓은 진도가 마치 원숭이의 신발처럼 익숙해져 버려 이제 교사들은 자세히 제시된 교육과정이 없으면 수업을 진행할 수 없게 되었다. 굳은살이 벗겨진 원숭이들처럼 신발이 없으면 다닐 수가 없는 것이다.

그러면 이를 해결할 방법은 무엇일까? 고통스럽겠지만 원숭이들의 신발을 과감하게 벗기는 것이다. 그리고 한동안 신발 없이 다니게 하는 것이다. 결국 원숭이들은 다시 발에 굳은 살이 생겨 원래대로 신발 없이 살게 된다. 교육에서도 이와 같다. 진도가 사라지면 교사들도 처음에는 너무나 불편하고 패닉에 빠지다시피 할 것이다. 하지만 결국에는 오히려 현재와 같은 수준으로 제약을 받는 것이 매우 불편하게 느껴질 날이 올 것이다.

교사들이 모두 자신의 자율적인 재량으로 수업을 설계한다면 전국에 천편일률적으로 유통되고 있는 학교 '준비물'이라는 것이 있을 수 없을 것이다. 또한 각각의 선생님마다 각각의 학생마다 다른 내용의 프로젝트를 한다면 여러 학생을 모아 놓고 일괄적으로 선행학습을 시키는 학원도 유명무실해질 것이다. 못 가르치는 것이 없을 듯한 대한민국의 학원들도 사실 그 속을 들여다보면 학교에서 미처 다루지 못하는 다양한 내용들을 가르치는 것이 아니라 학교의 진도와 평가 기준에 맞추어진 내용들로 한정되어 있기 때문이다.

우리의 교육 문제를 해결하기 위해서는 교육부가 몇 년의 기간 동안 학생들에게 양성해야 할 역량에 대해 거시적으로 가이드라인만 제시하고, 그 외의 모든 교육 내용과 방법은 교사에게 일임해야 한다. 교사의 질적 수준이 낮은 나라에서는 가능하지 않지만 우리나라 교사들의 수준은 세계 어느 나라와 비교해 봐도 절대 떨어지지 않는다. 그러니 우리 교사들을 믿어 보자. 교사가 입시 위주의 수업을 해야만 하는 상황에서 벗어나 자유롭게 수업과 평가 기준을 설계할 수 있어야 한다. 교육권을 국가에서 교사에게로 돌려주어야 한다.

동양의 공부,
서양의 공부

동양의 문화가 낳은 공부 방식

"문화권에 따라 생각하는 방식, 중요하게 생각하는 가치관, 선호하는 경향성, 공부하는 방식, 그런 게 모두 다른 것 같아요. 그래서 백인은 백인끼리, 중국인은 중국인끼리, 한국인은 한국인끼리, 한국인 중에서도 교포는 교포끼리, 유학생은 유학생끼리, 그렇게들 서로 자연스럽게 그룹이 형성되더라고요. 미국을 흔히들 다양함이 섞여 있는 용광로melting pot라고 하잖아요? 그런데 정작 미국에 사는 사람들은 '섞이지 않는다never melted'라는 말을 하기도 해요. 결코 진정으로 섞인 적이 없다는 거죠. 모든 재료가 다 녹아서 섞인 스튜가 아니라 그냥 다 따로따로 존재하는 샐러드 같다고나 할까요?"

미국에서 아이들을 키우는 한국인 엄마들이 내게 한 말이다. 처음에는 동양인 친구들하고만 어울리지 않고 모두와 잘 어울리도록 아이를 유도하지만 아이가 점점 크면서 결국 비슷한 가치관을 가진 동양인 친구들끼리 어울리게 되더라는 고백이다. 그만큼 문화의 차이는 우리 생각 이상으로 크다.

교육 문제를 논하기 위해서는 문화의 영향, 특히 우리가 속해 있는 동양의 문화도 살펴볼 필요가 있다. 결국 교육도 문화의 한 부분이기 때문이다. 서울대 학생들과 미시간대 학생들의 비교분석은 동양과 서양 각각의 문화에서 공부가 어떻게 달라지는지에 대해 유의미한 시사점을 제공한다.

흔히 동양의 문화는 집단주의로 대표되고 서양의 문화는 개인주의로 대표된다. 집단주의는 집단의 목적과 이익 그리고 사회적 규범을 개인적 가치보다 중시한다. 이에 반해 개인주의는 개인의 가치관과 행복을 집단의 규범이나 가치보다 중시한다. 그래서 동양은 가족이나 조직 중심으로 생활이 이루어지는 반면, 서양은 개인의 생활을 우선시하기 때문에 우리와 같은 잦은 가족 모임이나 직장 회식을 찾기 힘들다.

각 개인에게 기회를 균등하게 주는 것이 공정하다는 미시간대 학생들의 생각과 팀의 성과를 위해 잘하는 사람이 더 많이 기여하는 것이 공정하다는 서울대 학생들의 생각 역시 개인주의와 집단주의의 모습을 드러내고 있다. 개인주의에서는 개인에게 주어지는 기회의 균등이 더 소중한 것이고, 집단주의에서는 개인에게 기회가 덜 주어지는 한이 있더라도 집단의 목표로 삼고 있는 최종 성과물의 질이 더 중요한 것이다.

이러한 인식의 차이 때문인지 초등학생들을 대상으로 하는 각종 경시대회의 성격도 서로 다르다. 한국은 개인전이 많은 데 비해, 미국은 단체전이 많아서 개인이 잘해도 다른 팀원들 탓에 상을 못 타거나 혹은 반대로 개인이 못해도 다른 팀원들 덕분에 상을 타는 경우가 부지기수다. 또한 내가 본 미국 초등학교 학예회에서 미국 아이들의 공연 수준은 한국에서 본 것보다 형편없이 낮았다. 미국에서는 그저 아이들이 모두 참여해서 공동 경험을 한다는 것에 의미를 두기 때문이었다.

여러 사람들 앞에서 의견을 내거나 질문을 할 때는 또 어떤가. 한국에서 회의를 할 때는 대부분의 사람들이 별로 중요하지 않을 것 같은 발언은 안 하는 것이 낫다는 인식을 하고 있다. 다소 엉뚱한 발언을 하면 튄다고 부정적으로 보는 경향마저 있다. 그러니 쉽게 말을 꺼내지 못하는 것이 당연하다. 이와 대조적으로 미국에서 회의를 하면 모두에게 균등한 발언 기회가 주어져야 한다고 생각하는지 모두가 돌아가면서 한마디씩을 한다. 듣기만 하고 싶은 사람에게도 굳이 꼭 발언의 기회를 줘서 말을 하게끔 한다. 내가 미시간대에서 관찰한 수업들에서 인상적이었던 사실도 한마디로 학생들이 참 말을 많이 한다는 것이었다. 질문하라고 하면 어색한 침묵이 흐르곤 하던 서울대의 교실과 달리 미시간대에서는 교수가 질문하라는 말을 채 끝내기도 전에 한꺼번에 여러 명이 손을 드는 경우가 아주 흔했다. 때로는 왜 저런 말까지 하나 싶을 만큼 별것 아닌 이야기도 거리낌 없이 시시콜콜 하는 것을 볼 수 있었다.

무임승차에 대해 우리나라보다 훨씬 더 예민하게 따지는 것도 이러한 문화 때문이다. 우리나라에서는 논문을 쓸 때 기여도가 거의 없거나 중간에 줄어든 사람이라도 처음부터 같이 하기로 되어 있었다거나 지위가 높은 경우 그냥 공동저자로 끼워 주는 경우가 허다했다. 하지만 미시간대에서는 아무리 지도교수이거나 시작을 같이한 동료라고 하더라도 마지막까지 뚜렷한 기여가 없을 경우 가차없이 공동저자에서 제외했다.

실제로 내가 미시간대 교수들 및 대학원생과 함께 공동연구를 할 때 한 교수가 마지막에 제대로 기여를 하지 못했다는 이유로 저자에서 빠지게 되었다. 그런데 그 교수를 빼야 한다고 학생이 먼저 거리낌 없이 문제를 제기하는 것을 보고 놀랐던 기억이 생생하다. 심지어 그 교수는 그 학생의 논문 심사위원이었다. 물론 두 사람은 이후에도 다른 프로젝트를 같이하면서 매우 잘 지냈다. 집단주의 문화에 속하는 내게는 무척 생소한 광경이었다. 개개인의 기여와 책무를 강조하는 문화가 팀에서 모두의 동등한 참여를 자연스럽게 당연시하는 배경이 된 것인지도 모르겠다.

집단주의와 개인주의에 따른 차이는 모르는 것이 있을 때 도움을 구하는 방식에서도 드러난다. 서울대 학생들은 모르는 문제가 생기면 일단 친구에게 물어보고, 그다음에 자기가 혼자 해결해 보려고 한다. 반면 미국 학생들은 모르는 문제가 생기면 일단 스스로 해결해 보고, 정 안 되면 그다음에 친구에게 물어본다. 도움을 구하기보다 자신이 먼저 해결해 보고자 하는 개인주의적 성향에 따른 행동인 셈이다. 이 차이는 노트를 빌리는 경우에도 발견할 수 있다. 서울대 학생들은 시험을 볼 때 다른 학생의 노트를 잘 빌려 보는 경향이 있지만 미시간대 학생들은 다른 학생들에게 자신의 노트를 잘 빌려 주지 않고 빌려 달라고 부탁하지도 않는다. 대단히 개인주의적으로 보이는 이러한 문화가 미시간대 학생들의 관점에서는 정의인 것이다. 나의 노력으로 작성하지 않은 남의 노트를 보고 공부하는 것은 일종의 커닝 같은 부정행위처럼 인식되기 때문이었다.

네덜란드의 문화심리학자 게흐트 호프스테드Geert Hofstede는 '불확실성 회피성'으로 동양 문화와 서양 문화의 차이를 설명했다. 불확실성 회피성이란 확실한 것을 선호하고 불확실한 것을 피하고 싶어 하는 성향을 말한다. 이를 수업에 적용해 보면, 불확실성 회피성이 높은 학생들은 구조화된 학습, 분명한 학습 목표, 자세하고 구체적인 과제, 엄격한 스케줄을 선호하고 스스로 생각해서 해결해야 하는 과제를 싫어한다. 즉, 수업에서 교수가 학생들에게, 또는 팀프로젝트에서 리더가 팀원들에게 각자 해야 할 일을 명확히 제시해 주기를 바라고, 알아서 하라고 하면 무엇을 어떻게 해야 할지 몰라 우왕좌왕한다.

호프스테드가 여러 국가를 조사한 결과에 의하면 미국은 불확실성 회피성이 가장 낮은 나라들에 속하고, 한국은 일본과 함께 불확실성 회피성이 가장 높은 나라들에 속한다. 서울대 학생들은 정확하게 방향을 잡아 주는 것이 좋은 리더십이라고 생각하고, 역량 있는 리더를 따라 팀원들이 일사불란하게 움직이는 것이 좋은 팀워크라고 생각하

는 경향이 있는데, 이 또한 불확실성 회피성이 높기 때문이라고 풀이
할 수 있다. 불확실성 회피성에 따른 차이는 교수들에게서도 비슷하
게 나타난다. 내가 수년간 경험한 서울대 교수들의 워크숍에서도, 교
수들은 참여자의 의견이나 상황에 따라 유동적으로 변화하는 워크숍
보다는, 주최자의 뚜렷한 방향에 따라 체계적으로 계획되고 모든 것
이 확실한 워크숍을 선호하는 경향이 강했다. 반면, 미시간대의 교수
워크숍은 도대체 주최자는 뭘 준비한 건가 싶을 만큼 참여자들끼리
대화를 나누고 의견을 공유하다 끝나는 경우도 많았다. 무언가 체계
적으로 잘 짜인 내용이 나오겠지 하고 기다리던 나에게는 이러한 워
크숍이 이상해 보였지만, 미국 교수들은 서로의 경험과 어려움을 공
유하는 그 자체로 의미 있는 시간이라고 생각했다.

동양 문화와 서양 문화의 차이는 그룹 내의 '참여 다이내믹스
dynamics' 성향에 의해서도 설명된다. 동서양의 참여 다이내믹스를 살
펴보면 시간에 따라 팀에 대한 공헌도가 달라진다. 연구에 의하면, 팀
이 구성되었을 때 서양 사람들은 처음부터 바로 자신의 의견을 발언
하고 남의 의견에 피드백을 보태며 주저 없이 참여하는 반면, 동양
사람들은 처음에는 일단 다른 사람의 눈치도 보고 분위기도 파악하
면서 관망의 자세를 유지하다가 나중에 충분히 친해지고 때가 무르
익었다 싶으면 헌신적으로 참여한다. 즉, 서양 사람들이 처음부터 끝
까지 5, 6만큼의 적당한 참여도를 보인다면, 동양 사람들은 처음에는
0이나 1정도의 참여도를 보이다가 시간이 지나고 나서야 7, 8 혹은

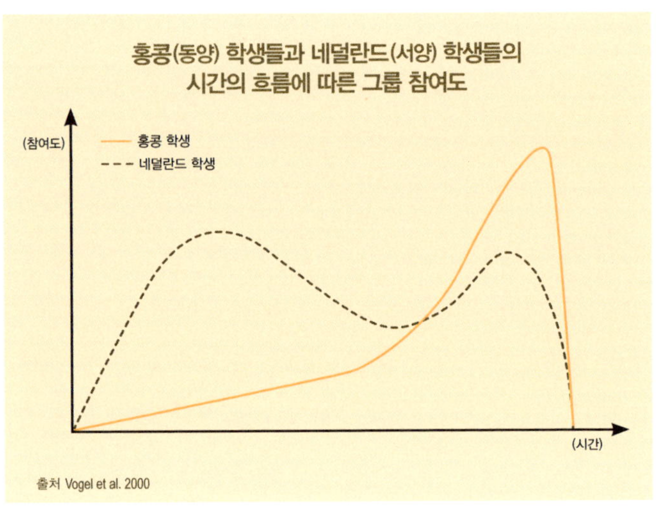

10만큼의 높은 참여도를 보이는 것이다. 위의 그래프는 홍콩 학생들과 네덜란드 학생들을 대상으로 참여 다이내믹스 성향 차이를 조사한 결과를 보여 준다.

내가 경험한 교수 워크숍이나 학부모 모임 등에서도 마찬가지였다. 미시간에 머물 때 둘째 아이의 학교에서 '인터내셔널 나이트'라는 행사를 맞아 각국 출신의 학부모들이 모여서 행사에 올릴 작품을 준비하게 되었다. 한국인 학부모 모임에 참석해 보니, 다른 나라들에 뒤쳐지고 싶지 않은 마음이 있었음에도 아무도 적극적으로 나서지 않고 다들 조심스러워했다. 다른 사람들 눈치를 보느라 쭈뼛쭈뼛하고 누구 하나 나서지 않았다. 하지만 최종 성과물을 내야 할 때가 점점 다가오자 몇몇 사람이 팔을 걷어붙여서 결국 멋진 작품이 완성되었다. 반면 미국인들이 주로 있는 학부모 모임은 서로 모르는 사람들이더라도 첫 만남에서부터 활발하게 대화를 하고 의견을 공유했다. 처음부터 모두가 적극 참여하는 것이다. 막바지에 다다랐다고 해서 한두 명이 두드러지게 헌신하는 모습도 없었다. 시작부터 끝까지 모두가 두루두루 참여하는 식이었다.

팀프로젝트뿐만 아니라 개인의 공부 방식에서도 동양 문화와 서양 문화는 현격한 차이를 보인다. 「10. 정반대의 고학점 전략」에서 보았듯 미시간대에서 아시아 유학생들의 수업 전략은 다른 미시간대 학생들보다 서울대 학생들의 경향에 가까웠다. 거의 모든 요인에서 아시아 유학생들은 미시간대 학생들보다 서울대 학생들의 응답 경향에 가까웠는데, 그중에서도 특히 수업 전략이 매우 비슷했다. 이 결과를 보더라도 동양 문화의 영향이 공부 방식에 강하게 작용하고 있음을 알 수 있다. 이는 서울대에서 통하는 수업 전략이 전 세계 어디서나 통하는 것이 아니라 동양이라는 특정 문화 내에서만 유효하다는 것을 보여 준다.

동서양의 생각과 행동의 차이를 명쾌하게 설명한 책『생각의 지도』. 이 책의 저자인 미시간대 심리학과 석좌교수 리처드 니스벳 Richard Nisbett도 미국 교수들이 매우 성실하며 똑똑하다고 믿고 선발했던 동양 학생들의 논문을 읽고 나서 대개는 크게 실망한다는 점을 기술하고 있다. 단순히 학생들의 영어가 서툴기 때문이라기보다도 논문에 논리적 구조가 빈약하기 때문이라는 것이다. 니스벳은 동양 학생들의 그러한 문제가 근본적인 능력이 떨어지기 때문이 아니라 서양식 사고방식과 수사법에 익숙하지 않기 때문이라는 사실을 대다수 미국 교수들이 깨닫지 못하고 있다고 지적한다.

이렇게 동양과 서양이 사고방식부터 아예 다르다고 주장한 학자는 니스벳 이외에도 여럿이다. 홍콩 링난대 교수 비비안 룬Vivian Lun과 그의 동료들이 쓴 논문 「비판적 사고에서의 문화 차이 탐색: 내 사고방식의 문제인가? 언어의 문제인가?」(2010)를 들여다보자. 비비안 룬은 동양 학생들이 교실에서 비판적 사고 학습을 위한 기술이 부족한 것인지 아니면 정말로 비판적 사고력 자체가 부족한 것인지를 확인하기 위해 뉴질랜드 소재 학교에서 현지 학생들과 아시아 유학생들을 비교해 보았다. 단순히 교실에서 참여에 소극적인 태도를 보인다고 해서 비판적 사고력이 낮다고 단정해서는 안 되며, 겉으로 보이는 말과 행동 이외에 학생의 머릿속에서 일어나는 사고 과정까지를 고려해야 한다는 것이 비비안 룬의 주장이다. 이 논문에서 비비안 룬은 동양 학생들이 비판적 사고력이 떨어지는 것처럼 보이는 우선적인 원인은 서툰 언어이며, 언어의 효과를 통제하면 결국 진짜 원인은 그들이 서양 학생들과 다른 방식으로 생각하고 비판적 사고를 위한 기술을 훨씬 덜 사용하는 것이라는 점을 밝혀냈다.

비비안 룬은 특히 동양 학생들이 서양 학생들과 사고하는 방식이 다르다는 점에 주목했다. 비판적 사고를 할 때 서양 학생들은 형식논리적 사고를 하는데 동양 학생들은 변증법적 사고를 한다는 것이다. 형식논리적 사고는 대상이 변하지 않는다는 가정을 전제한다. 그러나 변증법적 사고는 대상이 끊임없이 변한다는 가정을 전제한다. 이분법이나 삼단논법과 같은 사고방식은 서양 학생들의 형식논리적 사고방식에서만 가능하다. 형식논리적 사고 체계의 서양에서 수학과 과학 같은 영역이 발달했다면, 변증법적 사고 체계의 동양에서는 한쪽 극단보다는 중간 타협을 선호하는 중용의 철학이 발달했다. 하다못해 설문에서도 극단보다는 중간으로 수렴하는 경향을 보이지 않았던가.

비비안 룬의 연구에서 서양 학생들은 형식논리적 사고와 연관된 스킬을 많이 사용할수록 비판적 사고력이 높고 성적도 좋았지만 변증법적 사고와 연관된 스킬을 많이 쓰면 오히려 비판적 사고력이 떨어지는 것으로 나타났다. 변증법적 사고가 형식논리적 사고와 서로 반대되는 사고방식이라 잘 맞지 않기 때문이다. 반면, 동양 학생들은 오히려 변증법적 사고와 연관된 스킬을 많이 쓸수록 비판적 사고력이 높아지는 경향을 보였다. 즉, 문화에 따라 사고의 체계와 방식이 다르다는 점을 확인할 수 있다. 그러므로 학생이 적극적으로 토론하고 질문하고 참여하며 비판적 사고력을 사용해야 하는 서양식 수업에서는 동양 학생들의 성적이 실제 능력보다 낮게 나오게 된다.

그런데 비비안 룬이 밝혀낸 동양 문화와 서양 문화의 차이도 서울대 학생들이 수용적 사고력에 치중된 학습 전략을 구사할수록 성적이 높다는 사실까지 설명해 주지는 못한다. 비비안 룬의 논리는 동양 학생들이 다른 방식의 비판적 사고를 한다는 것이지, 서양 학생들보다 수용적 사고를 한다는 것이 아니기 때문이다.

공부는 역사와 문화의 산물인가?

대학 교육의 책임을 대학에 묻게 되면 아마도 대학에서는 우선 사회의 평계를 댈 것이다. 이미 고착화되어 있는 이 교육 현실을 어떻게 바꾸느냐며 엄두를 못 낼 것이다. 물론 2012년 우리나라 주요 대기업의 대졸 신입사원 평균 학점이 3.74라는 기사에서 보듯이 사회에 나와서도 학점이 중요한 비중을 차지한다는 것은 부정할 수 없을 것이다. 그런데 기업들은 이러한 학점이 무엇을 평가한 것인지는 사실 잘 모른다. 성실도를 보는 기준이라고 할 수는 있겠지만, 무엇을 성실하게 했는지는 정확히 알 수가 없다. 그러니 대학은 학점을 중시하는 사회 현실에 평계를 돌릴 수 없다. 무엇에 높은 학점을 매길 것인지는 전적으로 대학이 결정하는 문제이기 때문이다.

이에 대해 개혁을 주저하는 이들은 또다시 역사적으로 내려온 유교 문화권에 평계를 돌릴 것이다. 우리의 문화에서는 공부가 오래전부터 이런 방식이었으므로 이 거대한 문화의 소산을 바꾸기는 거의 불가능하다고 주장할 것이다.

그런데 서울대에서와 같이 학생들의 수용적 학습을 유도하는 교육 시스템이 동양 문화에 따른 것이라면 예로부터 대대로 우리의 교육은 언제나 이와 같은 모습이었어야 한다. 과연 그럴까?

물론 우리 전통 사회에서 초등 수준의 기본 교육은 어느 정도의 암기가 바탕이 되었을 것이다. 지금 우리가 한글을 익혀야 하듯이 한자 문화권에서는 한자를 암기하는 것이 기본적으로 꼭 필요할 수밖에 없다. 서당에서 천자문을 외우고 수많은 경전을 암송하는 공부도 분명 중요했다. 하지만 고등 교육에서까지 지식의 일방적 수용이나 암기력을 중시한 것은 아니다. 조선 시대의 과거 시험을 떠올려 보자. 응시생들은 주어진 시제에 따라 글짓기를 하지 않았던가? 사안을 꿰뚫어보는 통찰을 바탕으로 창의적 능력을 발휘해야 했다. 성균관에서의 수업이나 왕의 경연을 떠올려 보자. 질의응답의 토론으로 이루어지지 않았던가? 스승의 말을 모두 받아 적거나 그것을 2차 필기해서 암기하는 방식으로 공부하는 모습은 찾아볼 수 없었다. 우리 전통 문화에서도 최고 엘리트를 위한 고등 교육에서는 일방적인 지식의 수용만을 평가하지 않았었다. 철저하게 비판적 사고력과 창의적 사고력을 요구했던 것이다.

꼭 조선만이 아니다. 동아시아의 교육 방식에 지대한 영향을 미쳐온 유교 문화. 남아 있는 기록을 통해서 유교 문화의 시조인 공자의 교육 방식을 살펴보면 수용적 학습과는 거리가 멀었다. 공자는 끊임없이 제자들에게 질문했고, 또한 제자들의 질문에 대해 하나의 정답만을 말한 것이 아니라 각 제자마다 적절히 다른 답을 주었다. 오늘날 우리 교육에서는 찾아보기 힘든 '개별화 맞춤형 교육'을 몸소 실행했음을 엿볼 수 있다.

오늘날 수동적이고 순응적이기만 한 우리의 공부는 과거의 비판적 창의적 공부가 시간이 흐르면서 평가에 용이한 지식의 습득에만 치중하는 모습으로 변형된 것이다. 도대체 이러한 공부 방식은 어디서 비롯된 것일까? 공자도 모르는 현재 유교문화권의 교육 방식이라는 것이 언제부터 생겨난 것일까? 전체를 중시하는 집단주의 문화, 어른과 스승을 공경하는 유교 문화가 전 국민을 교육하는 근대 대중교육 체제와 만나게 되면서부터일 것이다. 한마디로, 역사나 문화가 아니라 현재의 학교 교육이 원인이라는 것이다.

미국의 심리학자 로버트 스턴버그Robert Sternberg와 웨이후아 니우Weihua Niu는 중국 학생들과 미국 학생들의 창의력을 비교연구한 결과, 중국 학생들은 수학과 과학 실력을 겨루는 국제학력평가에서는 미국 학생들보다 압도적으로 우수하지만 창의력 면에서는 떨어진다는 점을 지적하면서, 중국 학교의 교육 방식을 그 원인으로 꼽았다. 미국 학교는 자기 중심의 사고에 따라 스스로를 표현하는 훈련을 강조하는 반면, 중국 학교는 기본 지식을 암기하고 분석하는 기술을 강조하는 경향이 있다. 또한 중국과 미국 모두 대학 입시에서 국가 차원의 표준화된 시험이 있는데, 미국에서는 그 시험 점수와 상관없이 창의력을 발휘해 사회적 성공을 이룰 수 있는 기회가 훨씬 더 많은 반면, 중국에서는 그 시험이 인생에 미치는 영향이 압도적인데도 창의력은 시험에서 주요한 평가 기준이 아니다. 스턴버그와 니우가 문화적 영향보다 학교의 영향을 더 결정적인 원인으로 분석한 것은 미국 내에서 나고 자란 중국계 미국인 학생들의 경우 가정 내에서 기존의 문화적 영향을 받고 있음에도 불구하고 중국 현지 학생보다 미국 학생들의 패턴에 더 가까웠기 때문이다. 즉, 중국 학생이 미국 학생보다 창의력이 떨어지는 것은 학교가 창의력 발휘를 저해하는 환경이기 때문이라는 것이다.

스턴버그와 니우에 의하면, 학생의 창의력을 향상시키는 방법은 간단하다. 학교에서 창의력을 허용하면 된다. 스턴버그와 니우는 창의적으로 하라고 간단히 지시만 해도 중국 학생들이 보다 창의적으로 행동하고 사고한다는 사실을 확인했다. 이에 더하여, 어떻게 하면 창의적으로 할 수 있는지 조금만 자세히 설명해 주자 중국 학생들의 창의력은 더욱 향상되었다. 학생들은 창의적이 되도록 허용되면 자연스럽게 창의적이 되었다.

이는 니스벳의 주장과도 일치한다. 니스벳은 교육이 사고에 미치는 영향에 대한 다양한 실험 연구를 통해 아주 짧은 시간의 훈련을 통해서도 사람들의 추론 방법과 실제 행동이 바뀔 수 있다는 것을 확인했다. 동서양의 사고방식 차이도 결국은 그렇게 교육되었기 때문이라는 것이다. 즉, 학생들이 창의적이지 않은 이유는 그들이 창의적이 되도록 허용하지 않았기 때문인 것이다.

이러한 연구들은 서울대 최우등생들이 스스로를 비판적 창의적 사고력과는 거리가 먼 수용적 학습자로 인식하는 원인이 무엇인지 다시 한 번 확인시켜 준다. 국가가 창의적 인재를 양성해야 한다고 아무리 외쳐도 정작 학생들은 대학 수업에서 창의적이 되도록 허용되지 않았던 것이다. 우리 대학 수업은 수용적인 학습자가 우수한 성적을 받도록 허용하고, 비판적 창의적 학습자는 좋은 성적을 받도록 허용하지 않는 시스템을 운영하고 있었던 것이다.

미국의 여러 명문 사립 고등학교 중에서도 가장 대표적인 학교로 손꼽히는 필립스 엑시터 아카데미. 이 학교를 유명하게 만든 것은

‘하크네스 테이블’이라는 이름을 가진 토론 수업이다. 학생들 누구나 의견을 말해야 하고 참여해야 하는 수업, 그래서 토론할 내용을 준비해야 하는 예습이 절대적으로 중요한 수업, 심지어 토론이 어울릴 것 같지 않은 수학이나 음악 과목에도 토론 방식을 적용하는 수업을 통해 필립스 엑시터 아카데미는 여러 창의적 인재를 배출하고 있다. 페이스북 CEO 마크 주커버그도 그중 한 명이다.

이렇게 수준 높은 수업이 우리나라에서는 고등학교는 고사하고 최고 명문대라는 서울대에서조차 이루어지지 않고 있다는 사실. 우리나라 최고 명문대라는 서울대에서조차 이루어지지 않고 있다는 사실. 그것도 서울대 안에서 최고 학점을 받는 최우등생들의 공부조차 이와는 거리가 멀다는 사실. 이제는 반드시 바뀌어야 하지 않을까?

공부 문화, 바꿀 수 있다!

사회 전반에 고착되어 있어 쉽게 바꿀 수 없을 것 같은 우리의 학교 교육 시스템. 그러나 그렇게 엄두도 못 낼 것 같은 이 시스템은 알고 보면 그 역사가 그리 길지 않다. 학교를 가리키는 영어 단어 ‘school’의 어원을 따져 보면 그리스어로 ‘여가’라는 뜻이다. 고대에는 생업으로부터 자유로운 소수의 사람들만이 일상으로부터 격리되어 학업에 몰두할 수 있었던 것이다. 전 국민이 모두 학교에 가는 오늘날과 같은 국가적 차원의 공교육은 18세기 말이 되어서야 처음으로 지구상에 나타났다. 근대적 공교육이 뒤늦게 도입된 우리나라에서는 반만년 역사 속에서 겨우 몇 십 년의 역사를 가지고 있다. 우리에게 대학 교육이 대중화된 것도 기껏해야 40년이 채 되지 않았다. 우리나라의 오래된 대학들이래 봐야 겨우 100년 남짓이고, 대부분의 대학은 한국전쟁 이후에 설립되어 운영되어 왔다. 교육 제도가 너무 고착화되어 바꾸기 어려울 것 같이 느껴지지만 사실은 고작 얼마 되지 않은 제도일 뿐인 것이다.

서울대 조동성 명예교수는 관악초청강연에서 규모가 너무 커서 변화하지 못한다고 변명할 수 있는 시대는 지났다고 일갈하며 문화도 바뀔 수 있다고 강조했다. 얼마 전까지만 해도 문화는 한 조직 안에서 구성원들이 장기간에 걸쳐 형성한 사고방식과 행동 양태이므로 변화시킬 수 없는 것이라는 생각이 지배적이었으나, 최근에는 문화를 바꾸는 것도 얼마든지 가능하다는 생각이 이론적으로도 현실적으로도 증명되고 있다는 것이다. 또한 케임브리지대 장하준 교수도 『나쁜 사마리아인들』에서 100년 전만 해도 일본 사람들은 게으르다, 독일 사람들은 도둑질을 잘한다는 평을 받았던 것을 예로 들며, 문화나 민족성도 바뀔 수 있다고 주장한다.

문화가 바뀔 수 있다면 당연히 공부 문화도 바뀔 수 있지 않겠는가? 이미 많은 연구들이 공부 문화가 얼마든지 바뀔 수 있다고 증언하고 있다. 그동안의 PISA 점수를 봐도 짧은 기간 동안 특정 나라 학생들의 학습 능력이 드라마틱하게 상승하거나 갑자기 뚝 하락한 것을 확인할 수 있다. 『무엇이 이 나라 학생들을 똑똑하게 만드는가』의 저자 아만다 리플리 역시 어떤 나라의 교육이든 변화가 가능하다는 점을 역설한다.

공부 문화, 바꿀 수 있다. 바꿀 수 없는 것이 결코 아니다. 변화를 주저하는 이들은 그저 절실하게 바꾸고 싶지 않은 것뿐이다.

내가 하와이의 동서문화센터에 초청받아 미래의 대학 교육을 위한 리더십 연수를 받았을 때 매우 인상 깊었던 수업이 있다. 수업을 이끌던 교수는 필리핀 출신으로 유네스코 기초교육국에 몸담고 있던 빅토르 오르도네즈Victor Ordonez. 한눈에 봐도 세계의 교육에 대한 열정과 전문성이 느껴지는 학자이자 실천가였다. 그의 강연 내용 중에 흥미로웠던 한 부분을 소개하고자 한다. '죽은 말Dead horse'이라는 제목의 이야기로, 죽은 말을 일으켜 세우기 위해 각 분야의 전문가들이 등장해서 갖가지 방법들을 동원하는 내용이다. 원래는 만화처럼 모두 그림으로 이루어져 있는데 이 책에 그 많은 장면들을 실을 수 없어 대신 글로 묘사하겠다.

장면 1　학교 건물 앞에서 어떤 신사가 말 위에 올라타 있다. 학교 울타리 한쪽 뒤에서는 한 꼬마가 이 장면을 엿보고 있다.

장면 2　신사가 타고 있던 말이 갑자기 주저앉는다. 죽었는지 눈을 뜨지 못한다.

장면 3　한 사람이 "말이 일어나지 않으니 좀 더 큰 채찍이 필요할까요?"라며 채찍을 가지고 온다. 말은 여전히 눈을 못 뜬다.

장면 4　다른 사람이 "말이 좋아하는 먹이인 당근을 가져왔어요"라며 말에게 당근을 먹이려 한다. 말은 꼼짝도 하지 않는다.

장면 5　또 다른 사람이 "성공적으로 말을 일으켜 세운 다른 학교들을 방문해서 벤치마킹 하는 것이 어떨까요?"라고 제안한다. 말은 여전히 엎드려 있다.

장면 6　또 다른 사람이 "좀 더 경험 많은 기수를 데려옵시다"라고 한다. 말은 변화가 없다.

장면 7　또 다른 사람이 "죽은 말을 어떻게 일으킬지 연구할 위원회를 소집합시다"라고 한다. 말은 전혀 움직이지 않는다.

장면 8　또 다른 사람이 "제 생각에는 죽은 말을 어떻게 타는지 표준 가이드라인을 만들어야 할 것 같아요"라고 한다. 말의 눈은 계속 감겨 있다.

장면 9　또 다른 사람이 "말의 평판을 평가하는 것이 어떨까요?"라고 한다. 말은 그대로이다.

장면 10　또 다른 사람이 "컨소시엄을 구성하여 공동으로 대응하도록 합시다"라고 한다. 말은 변화 없이 똑같은 자세다.

장면 11　또 다른 사람이 "면밀한 조사 결과, 말에는 아무런 문제가 없다는 진단 결과가 나왔습니다"라고 한다. 말은 그대로 굳어 있다.

장면 12　또 다른 사람이 "근본적인 문제는 이렇게 말이 일어나지 못하도록 만든 어릴 때의 영양부실이에요"라면서 과거를 문제 삼는다. 말은 전혀 반응이 없다.

장면 13   또 다른 사람이 "이 문제는 사실 예산 부족 때문입니다. 여기에 보다 더 많은 예산을 투입합시다"라고 하면서 돈가방을 들고 온다. 말은 요지부동이다.

장면 14   또 다른 사람이 "말이 제대로 일어나지 못하는 것은 말을 모는 기수의 역량이 모자라서입니다. 기수들의 역량 평가를 시행합시다"라고 하면서 평가 서류 더미를 들고 온다. 말은 깨어날 기미를 보이지 않는다.

장면 15   또 다른 사람이 "제 생각에 이 말에게는 정부 차원의 보조가 절실합니다. 필요하면 국제 공조도 요청할 수 있어요"라고 하면서 정부지원금을 양손 가득 들고 온다. 말은 조금의 움직임도 없다.

장면 16   그때 처음부터 이 장면을 울타리 뒤에서 엿보고 있던 꼬마가 "저는 어떻게 해야 할지 알아요! 말을 탔는데 그 말이 죽었으면 그냥 내리면 되잖아요! 그리고 다른 새로운 탈것을 구하면 되잖아요!"라고 소리친다.

장면 17   마침내 신사는 죽은 말에서 내려 자동차에 새로 올라탄다.

장면 18   죽은 말은 관에 넣어져 장례식이 치러진다.

만약 당신이 말을 타려고 하는데 말이 죽었다면 어떻게 하겠는가? 지혜로운 해결책은 죽은 말에서 내려 새로운 말이든 아니면 자동차처럼 다른 새로운 탈것을 찾는 것이다. 그런데 안타깝게도 너무나 많은 사람들이 이처럼 죽은 말을 살리려고 헛된 노력들을 종종 한다.

물론 선의의 의도겠지만 현실적인 해결이 나오지 않는 방법으로는 앞으로 한 걸음도 나갈 수가 없다.

오늘날 국가 차원의 학교 시스템에서는 이런 식으로 죽은 말을 타려는 시도가 계속되고 있다. 이와 같은 말도 안 되는 개혁에 가장 고통받고 피해를 보는 사람들은 결국 학생과 교사이다. 그러므로 이야기 속의 저 꼬마가 했듯이 우리는 다른 탈것을 찾으라고 외쳐야 한다. 언제까지 죽은 말을 계속 일으키려는 시도만 하고 있을 것인가?

Part

II

대학의 공부,

어디로 가야 하는가

교육의 주요 목표는 다른 세대가 했던 것을
그대로 반복할 수 있는 인간을 만드는 것이 아니라
새로운 것을 할 수 있는 인간을 창조하는 것이어야 한다.

_장 피아제

교육의 목적, 내용, 방법을 점검하라

이 책의 앞에서 우리가 만난 서울대 최우등생들은 절대 수업에 빠지거나 늦지 않고, 교수의 말을 하나도 빠짐없이 필기하고, 교실에서는 앞자리에 앉아 수업에 최대한 집중하고, 과제와 시험을 미리미리 준비하며 여러 번 수정을 거쳐 완성도를 높이고, 팀프로젝트도 혼자 주도하여 최고의 결과물을 뽑아내고, 평소 체력관리와 시간관리, 감정관리에도 신경 썼다. 이러한 특징은 정도의 차이는 있지만 서울대 최우등생들만의 특징이라기보다는 치열한 대학입시를 뚫고 우리나라 최고 명문대인 서울대에 들어온 거의 모든 학생들에게 어느 정도 공통된 특징이며, 대학과 초·중·고를 막론하여 어느 학교에서든 성적이 높은 학생들의 특징이라고 해도 될 것이다. 공부 잘하는 학생들의 학습 전략, 생활태도, 자세 등을 소개하는 다양한 TV프로그램, 신문

기사, 책에 나오는 내용도 이와 비슷비슷하다.

그러나 그렇게 많은 TV프로그램, 신문기사, 책 중에서 그 어디서도 그 학생들이 도대체 어떤 종류의 공부를 하느냐의 문제는 다루지 않는다. 분명 매우 치열하게 열심히 공부하고 있기는 한데, 시간적으로는 불과 몇 백 년 전 조선 시대의 최고 학생들과도 다른 공부를 하고 있고, 공간적으로는 서구 선진국들의 최고 학생들과도 다른 공부를 하고 있다. 단지 교과과정이 다르다는 것이 아니라 궁극적으로 무슨 능력을 기르는 공부인지가 다르다는 것이다. 1부에서 분명히 확인한 것은 우리 학생들이 비판적 창의적 학습보다는 수용적 학습을 해야 더 좋은 학점을 받을 수 있다는 사실이다. 수용적 학습과 비판적 창의적 학습은 단순히 학습 방법의 문제가 아니라 질적으로 다른 철학에 기반한 다른 종류의 활동이다.

교육과정은 목적, 내용, 방법, 이렇게 세 가지의 기준에서 점검해야 하고, 이 세 가지의 기준들이 서로 일관성 있게 잘 맞는지를 따져 보아야 한다. 교육 목적은 적절하게 잡혀 있는지, 교육 내용은 교육 목적에 부합하며 계획대로 교육 목적을 달성하고 있는지, 교육 방법은 교육 내용과 교육 목적에 맞는 최적의 수단인지 우리는 확인해 보아야 하는 것이다. 이와 관련해 내가 얼마 전 홍콩중문대The Chinese University of Hong Kong의 초청강연에서 '세계적인 연구중심대학에서 대학 교육과정을 어떻게 혁신할 것인가?'라는 제목으로 발표한 내용을 중심으로 논의를 풀어 가고자 한다.

216

먼저 교육의 목적을 살펴보자. 우리는 왜 대학 교육을 받는가? 우리는 대학에서 양성해 배출하는 졸업생들이 어떤 능력을 가진 인재가 되기를 기대하는가? 이러한 질문에 대한 답이 우리 대학 교육의 목적이다.

현재 우리는 거대한 변화의 한가운데에 놓여 있다. 과학기술의 급속한 발달로, 중국과 인도를 중심으로 한 인구의 팽창으로, 그리고 물리적 거리를 무색하게 하는 디지털 산업의 성장으로 산업화 시대의 기존 직업을 대비하기 위한 기존 지식의 습득은 점점 무의미해져 가고 있다. 이러한 역사적 시점에서 우리의 대학 교육은 현재를 준비하는 것이 아니라 미래를 대비하는 교육이어야 한다. 이 점에는 누구도 이의를 제기하지 않을 것이다. 그리고 실제로 대학들이 표방하는 목적에는 미래를 대비하기 위한 취지가 이미 다 담겨 있다. 그 목적을 이루는 문장에서 미사여구를 다 빼고 간단히 요약하면, 비판적 창의적 사고력을 함양하고 협력의 리더십을 갖춘 미래의 리더를 양성하고자 한다는 공통점을 가진다.

그렇다면 대학의 교육 내용은 이러한 교육 목적을 달성하고 있는가? 우리는 이미 그 답을 확인했다. 비판적 창의적 사고력을 줄이고 수용적 사고력을 고도로 발휘해야만 고학점을 받을 수 있다는 서울대 최우등생들의 고백에서 알 수 있듯이, 우리 대학들의 교육 목적과 교육 내용은 완전히 어긋나 있다.

교육 방법은 또 어떠한가? 교육 내용이 비판적 창의적 사고력보다 수용적 사고력을 판단하는 것이다 보니 교육 방법도 같은 성격일 수

밖에 없다. 제한된 시간 내에 최대한 많은 정보를 전달해 이를 정신 없이 받아 적고 외워야만 고학점을 받을 수 있는 일방향 강의가 가장 효과적인 교육 방법으로 자리하고 있다. 학생들의 비판적 창의적 사고력을 꺼낼 수 있는 혁신적인 교육 방법을 도입하는 것은 시간 낭비로 간주된다.

그런데 과연 대학에서는 이렇게 교육 목적과 교육 내용 그리고 교육 방법이 서로 맞지 않다는 것을 점검하고 확인하고 있을까? 이 문제점을 개선하는 시스템을 갖추고 있을까? 안타깝게도 별로 그렇지 않다. 서울대뿐만 아니라 국내의 어떤 대학들도 마찬가지다.

실제로 내가 서울대 교수들을 대상으로 강의의 질을 높이기 위한 교수법 워크숍을 진행할 때 이러한 반응들이 자주 나왔다.

"수업 시간 중에 토론할 시간이 어디 있어요? 진도 나가기만도 바쁜데……."

"대학원생 지도하기도 빠듯한데 학부 학생들까지 어떻게……."

"학생들이 창의적이면 안 돼요. 애들이 창의적이면 실험하다가 사고만 쳐요."

"토론이든 자기만의 생각이든 일단 뭘 좀 알아야 그다음에 할 수 있는 거잖아요. 그런데 학부생들은 아는 게 없으니 그게 되겠어요?"

"학부생 애들이 무슨 비판적 사고를 해요? 먼저 외워야 할 게 산더미인데."

이들의 말 속에 무슨 패러다임이 은연중에 자리하고 있는가? 비판적 창의적 사고력은 수용적 사고력과 동시에 길러질 수 있는 종류의 능력이 아니라는 편견이 있지 않은가? 더구나 이들은 토론할 시간이 없다는 이유로 진도를 나가야 한다는 것을 강조했는데 그 '진도'란 무엇인가? 어차피 대학 교육은 국가교육과정에 따라 정해진 것이 아니기 때문에 수업의 내용은 전적으로 담당교수 본인에게 달려 있다. 그렇다면 이들에게 있어 '진도'란 학생들에게 어떤 능력을 길러 주어야겠다는 생각보다는 어떤 정보를 최대한 빨리 전달해야겠다는 일념과 그 정보들의 분량이 아니겠는가?

한번은 교수법 워크숍에서 수업 시간에 약초 이름을 다 외워야 하기 때문에 시간이 부족하다는 이유로 토론을 할 수 없다는 약학과 교수가 있었다. 나는 그 교수에게 질문을 던졌다.

"교수님, 모든 약사들이 모든 종류의 약을 완벽히 외워야만 약을 잘 짓게 되는 건가요?"

"뭐, 꼭 그렇다고 볼 수는 없겠죠. 학교 때 배웠다고 해서 졸업하고 나서까지도 다 완전히 외우고 있는 것도 아니고. 그러나 어느 정도는 알고 있어야죠."

"요즘 그럼 약학과를 졸업한 학생들이 가장 갖춰야 할 능력은 무엇인가요? 약을 효능에 맞게 잘 지을 수 있는 것 아닌가요?"

"그게 다는 아닐 수 있지만 적어도 그건 기본이죠."

"그렇다면 누구라도 약전만 달달 외우면 약을 효능에 맞춰 잘 지을 수 있나요?"

"꼭 그런 건 아니죠."

"요즘 신약들도 많이 나오는데 필요한 약 성분에 대한 정보는 컴퓨터로 즉시즉시 검색할 수 있지 않나요?”

“그렇긴 하죠.”

“그럼 왜 그렇게 다 외워야 하는 거죠?”

“그야…… 이제까지 그렇게 해 왔으니까…….”

많은 교수들이 자신이 아는 것을 학생들도 다 알아야 한다는 강박을 가지고 있는 것 같다. 아마도 교수들 본인이 그렇게 공부했기 때문에, 또 이전 수업에서도 그렇게 가르쳤기 때문에 관성적으로 학생들에게 교과서의 정보와 이론을 빨리 많이 외우기를 요구하고 있는지도 모른다. 하지만 우리는 이러한 수용적 학습으로 대학 교육이 진정으로 목표로 하는 창의적 인재를 길러 낼 수 있는지를 다시 한번 진지하게 반성해 보아야 한다.

수용적 학습이 위력을 갖게 된 현재의 대학 교육에서 본질적인 문제점은 지식을 생성하는 ‘과정’을 학습하는 것이 아니라 생성된 지식의 ‘결과’만을 학습하는 것이다. 우리 교육의 궁극적인 목적은 지식생산자를 배출하고자 하는 것이 아닌가? 지식생산자가 되려면 지식이 생산되는 과정을 거쳐야지, 지식의 결과만을 흡수해서는 불가능한 것이 당연한 이치다.

과정에 주목하는 ‘문제기반학습’

여전히 부족하긴 하지만, 대학 교육에서 결과보다 과정에 주목하고

자 하는 시도가 전혀 없었던 것은 아니다. 내가 대학원에 다니던 90년대, '문제기반학습Problem-based learning'이라는 새로운 교수법이 각광을 받고 우리나라에서도 여기저기 도입되기 시작했다.

문제기반학습은 미국의 의과대학에서 출발한 교수법이다. 의학교과서를 아무리 완벽하게 암기하더라도 실제로 환자를 진단하고 치료하는 것까지 잘하는 것은 아니더라는 문제의식에서 태동이 되었다. 의과대학의 교육 목적이 무엇이겠는가? 환자를 잘 진단하고 병을 잘 치료하는 유능한 의사를 기르는 것이다. 그런 목적을 위해 의과대학은 엄청난 정보가 담긴 교육과정을 짜고 교과서를 만들어 열심히 가르쳐 왔다. 그래서 세계 어느 의과대학도 공부량이 어마어마하게 많다는 것이 공통적인 특징이다. 그런데 유능한 의사가 되기 위해 필요하다고 생각되는 의학 지식을 모두 가르쳤건만, 막상 학생들은 실제로 환자를 진단하고 병을 치료하는 일을 잘하지 못하는 문제가 계속해서 생겨났다. 목적을 달성하기 위해 교육과정을 짰을 텐데 그 교육과정을 충실히 이수해도 목적을 달성하지 못하는 것이었다.

이는 결과를 먼저 가르치고 과정을 가르치지 않았기 때문이다. 그간 의과대학의 교육 방법은 병명을 먼저 가르치고 그에 대한 증상과 치료책을 암기하게 하는 것이었다. 그런데 사실 병원에서 환자를 처음 보면 제일 먼저 복잡한 증상부터 대하게 된다. 환자의 여러 증상으로부터 무엇을 검사해야 할지 결정하고, 검사 결과에 따라 병의 종류가 무엇인지를 판단해야 한다. 학교에서 병명을 먼저 알고 그에 따른 증상과 치료책을 외웠던 것과 정반대의 순서로, 증상을 먼저 보고 병명을 파악해 내야 하는 것이다. 더구나 환자의 증상이라는 것은 시험 문제처럼 분명하게 제시되는 것도 아니다. 따라서 환자가 말하는 증상들 중에서 진짜로 증상인 것과 아닌 것을 구분해야 하고, 환자가 미처 인식하지 못하는 증상까지도 분별해 내야 한다. 주어진 문제에 따라 병명을 기술하는 것과는 완전히 다른 과제다.

문제기반학습은 병명과 증상과 치료법을 연역적으로 외우게 하는 대신, 제시된 여러 증상들로부터 무슨 검사를 할지, 검사 결과로부터 어떤 병을 진단할지를 귀납적으로 추론하게 하는 탐색적 학습 방법이다. 수업 시간에 다루는 문제들은 기존 환자들의 기록들을 바탕으로 구성된다. 비록 실제 의사들처럼 실제 환자를 가지고 추론하는 것은 아니지만, 증상으로부터 진단에 이르는 '과정'을 공부한다는 점에서 기존의 '결과' 중심 학습과 뚜렷한 차이점을 보인다.

당시 서울 삼성의료원이 막 성균관대 의과대학 부속병원이 되었는데 이를 알리는 신문 전면 광고가 아직도 선명하게 나의 뇌리에 남아 있다. 바로 의과대학 6년 전 과정의 수업이 문제기반학습으로 이루어진다는 내용이었다. 문제기반학습 도입은 당시 성균관대 의과대학을 이끌던 서정돈 전 총장이 주도한 것으로, 교수와 학생들에게서 모두 호응을 얻었다고 한다.

그 무렵 서울대 의과대학에도 부분적으로 문제기반학습을 도입한 수업들이 있어서, 한창 문제기반학습에 관심을 가지고 있던 나는 그 수업들을 참관하고 분석하기도 했다. 내가 가장 궁금했던 점은 문제기반학습에서 가장 결정적인 관건이라 할 수 있는 '문제'의 설계를 누가 어떻게 하는가였다. 그때 담당교수에게 들은 바에 따르면, 국내에는 오랜 기간 누적된 자료에 의한 체계적인 문제 개발이 이루어지지 않았기 때문에 하버드 의과대학에서 문제를 전량 수입해 온다는 것이었다. 이후 국내의 다른 의과대학들에서도 의학교육전문가를 교수로 임용하거나 의학교육실을 따로 두는 등 문제기반학습을 도입하고 적용하려 노력해 왔으니 이제는 문제 설계도 어느 정도 이루어지고 있을 것이라 기대된다.

국내 공과대학들에서도 혁신적인 공학 교육에 대한 관심과 요구를 반영하려는 시도를 하고 있다. 서울대의 경우 다른 단과대와 달리 공과대학에서만큼은 교수가 정년보장을 받기 위해서 의무적으로 강의법 분석을 받아야 한다. 강의법 분석은 강의법 전문가가 교수의 실제 강의를 녹화하여 분석하고 학생들로부터 피드백을 받아 교수가 자신의 강의를 되돌아보고 개선할 수 있도록 컨설팅해 주는 것이다. 또한 공과대학은 '공학교육인증'이라는 제도와 연계되어 있다. 국내뿐만 아니라 세계적으로 일정한 수준 이상의 커리큘럼을 운영하고 교육의 질을 관리해야만 공학교육기관으로서 인증받는 시스템이다. 그래서 많은 대학들이 본부 차원에서 교수학습개발센터가 있더라도 별도로 공과대학 산하에 공학교육센터를 설립하고 있다.

이러한 시도들은 그동안 결과만을 가르쳤더니 그 결과가 나오기까지의 과정을 경험해 보지 못한 학생들이 실제 현장에서 결과를 산출하지 못하더라는 뼈아픈 자각에서 시작된 것이다. 생각해 보라. 교과서에 실린 이론이나 아이디어는 모두 '결과'들이다. 이론가들이나 발명가들이 시행착오 끝에 산출해 낸 '결과'들이다. 이러한 결과들을 도출하게 된 보이지 않는 수많은 '과정'들은 교과서에 거의 없다. 교과서에서 과정을 보여 주더라도 이는 결코 실제 과정이 아니다. 지식을 생성하는 과정은 결과를 전달하는 방식으로는 결코 가르칠 수 있는 것이 아니기 때문이다.

우리가 책에서 배우는 지식이 어떤 과정을 통해 만들어졌을까? 뉴턴이 발견한 만유인력 법칙을 예로 들어 보자. 일단 뉴턴은 아마도 어떤 계기를 통해 물체가 땅으로 떨어지는 현상의 원인이 무엇인지 궁금해했을 것이다. 그다음에는 그것을 알아낼 방법에 대해 고민하고 연구했을 것이다. 그런 집중과 몰입의 시간이 한참 지나고 나서야 사과나무에서 떨어지는 사과를 보고 "아하!" 하게 되는 순간이 뉴턴에게 찾아왔을 것이다. 사과나무에서 사과는 수천 수만 년 동안 수도 없이 떨어졌지만 그 모습을 보고 만유인력의 법칙을 발견한 사람이 뉴턴뿐이었던 이유는 뉴턴 같은 천재라도 먼저 이러한 과정을 겪었기 때문이다. 물론 어떤 문제에 대해 고민하는 모든 사람들이 항상 명쾌한 답을 얻는 것은 아니지만, 적어도 고민해 본 적이 없는 사람들에게는 절대로 답이 주어지지 않을 뿐만 아니라 같은 상황에 놓이더라도 "아하!" 하는 깨우침을 결코 얻지 못한다. 그런데 우리의 교과서는 뉴튼처럼 생각하는 과정은 모두 삭제한 채, 만유인력의 법칙이라는 결과 하나만 암기하게 한다. 과정을 배우는 것이 아니라 결과만을 배우게 하는 것이다.

이렇게 오늘날 우리의 학교 교육은 학생들에게 궁금한 문제를 발견할 기회를 주지 않는다. 학생들이 먼저 스스로 궁금해하기 전에 학교에서 먼저 '이런 것을 궁금해해야 한다'고 알려 준다. 궁금한 문제를 해결하기 위해 이것저것 시도해 보고 실패해 보는 과정을 거칠 기회도 주지 않는다. 바로 답을 알려 줘 버린다. 비판적으로 토를 달거나 창의적으로 변경해 볼 대상으로서가 아니라 그냥 수용적으로 숙지해야 할 대상으로서 전달한다. 생각하는 방법, 생각하는 능력을 기르는 것이 아니라 다른 사람들이 생각한 결과를 숙지하는 것이 오늘날의 대학을 포함한 우리의 학교 교육이다.

그런데 문제는 이렇게 결과를 숙지하는 방식으로는 그 지식을 생성한 학자들처럼 생각하는 능력을 도저히 기를 수가 없다는 것이다. 과정 없이 어떻게 결과를 산출할 수 있겠는가? 지식생산자들의 시행착오와 같은 경험이 없이 어떻게 그들과 같은 이론과 발명을 생각해 낼 수 있겠는가? 결과를 산출할 수 있는 과정을 경험하지 못하게 하는 교육 패러다임 속에서 우리가 목표로 하는 인재를 어떻게 기를 수 있겠는가?

예컨대 어떤 이론가가 P라는 원리를 발견하기까지의 과정을 생각해 보자. 그 과정에서 시작점을 A라고 한다면, 그 이론가는 A의 단계에서는 P를 목적으로 했을 수도 있고, P가 나올 것을 꿈에도 몰랐을 수도 있다. 비아그라가 심장병 치료제를 연구하다 우연히 개발되었고, 간염치료제가 에이즈치료제를 연구하다 우연히 발견되었듯이 말이다. 어느 쪽이든 그 이론가는 A라는 시작점에서 궁금한 문제를 해결하기 위해 A1, A2, A3, A4, A5…… 무수히 많은 길을 좌충우돌하면서 시도하는 과정을 거쳐 P에 도달했을 것이다.

우리가 결과만을 공부할 때의 결정적인 패착은 A라는 시작점이 주어졌을 때 어디로 가야 하는지, 어떻게 P라는 결과를 산출하는지에 대해 현실에서 전혀 감을 잡지 못한다는 것이다. 게다가 실상 현실에서는 A라는 시작점을 발견하지조차 못한다. 무엇이 문제인지조차 모른다는 것이다. 자연은 수천 년 전이나 지금이나 늘 변함없이 진화하면서 존재해 왔고, 사회도 끊임없이 진화하면서 이어져 왔다. 그 속에서 무엇을 문제로 발견해야 하는지부터가 가장 중요한 능력이다. 그런데 이것을 기르는 교육이 과연 우리의 대학 교육에서는 이루어지고 있는가? 또한 문제를 발견했다면 이것은 곧 A라는 시작점이 될 텐데 여기서 출발해 문제를 해결하기까지의 과정을 우리 교육과정에서는 배울 수 있는가?

결과를 중시하는 교육 패러다임에서는 교수가 지식의 결과를 미리 알고 있는 권위자이기 때문에 학생들의 다양한 생각은 별로 중요하지 않다. 따라서 교수의 입에서 나오는 모든 말을 정신없이 받아 적고 흡수해야만 하는 서울대 최우등생들의 공부법이 유효할 수밖에 없다. 또한 기존에 알려진 모든 정보, 이론, 원리, 개념들을 다 숙지해야 한다는 생각이 지배적이기 때문에 수용하고 암기해야 할 분량이 엄청나게 많아질 수밖에 없다. 그러나 과정을 중시하는 교육 패러다임에서는 교수가 책에 나오는 이론가가 했던 것처럼 학생들이 과정을 경험하도록 해야 하므로 학생들 개개인의 생각과 의견을 존중하지 않을 수 없다. 따라서 학생들은 주어진 지식을 어떻게 비판적으로 보는지, 어떻게 창의적으로 다르게 만들어 낼 수 있는지에 대해 더 많은 시간을 쏟을 수밖에 없다.

교육에 있어서의 선형성linearity, 심각한 문제이다. 삶의 문제들은 360도 다차원의 무수히 많은 방향으로 각기 다른 접근 방식과 해결책이 있을 텐데, 그 다양성을 전부 무시하고 단 하나의 기준으로만 한 줄을 세워서 그 줄에서 앞서 있지 않으면 낙오자와 실패자로 만드는 시스템, 이것이 오늘날의 학교 교육이라는 것 더 이상 새삼스럽지도 않다.

지식의 결과를 가르치는 것이 목표인 교육 패러다임에서는 그 결과가 소속된 학문의 정체성이 두드러지게 되고 따라서 각 학문의 분과가 뚜렷하게 구분된다. 그 결과 자연스럽게 따로따로 떨어진 학과de-partment 기반의 커리큘럼이 형성이 된다. 그러나 과정을 중시하는 교육 패러다임에서는 하나의 이슈를 해결하는 방법은 무수히 많기 때문에 학과 중심의 커리큘럼이 아닌 이슈 중심의 융합 커리큘럼이 형성된다. 결과를 중시하는 교육 커리큘럼에서는 각 분과 학문의 기존 이론과 정보를 수용하고 암기하는 능력이 중요한 기준으로 평가받을 수밖에 없다. 그러나 과정을 중시하는 교육 커리큘럼에서는 어느 분과 학문 영역의 지식과 접근 방식을 활용을 하든 간에 얼마나 이슈를 비판적으로 분석하고 창의적으로 해결해 내느냐가 더 중요한 역량으로 간주될 수밖에 없다.

『새로운 미래가 온다』의 저자 대니얼 핑크Daniel Pink는 산업화 시대에는 대학입학 성적과 명문대 졸업장, 그리고 단 하나의 정답을 골라

내기 위한 논리와 분석에 기반한 테스트들이 인간의 성공과 실패를 갈랐지만, 이제는 이러한 능력이 특별한 것이 못 된다고 지적한다. 오늘날에는 수많은 지식들이 핸드폰에서 검색만 하면 바로 나오기 때문에 세상은 더 이상 지식을 많이 아는 자에게 관심이 없으며, 대신 그 지식으로 무엇을 할 수 있는지를 보려고 한다. 우리가 살아갈 세상은 당면한 과제들이 단 하나의 증명 가능한 답으로 해결되지 않는다. 끊임없이 변화하는 환경을 읽어 낼 수 있는 창조와 공감이 필요하다. 그러므로 이미 생산된 지식의 결과가 아니라, 자신이 직접 지식을 생산하는 과정을 배워야 한다.

다시 한 번 우리 스스로에게 자문해 보자. 우리의 대학 교육에서는 산출된 지식의 결과를 가르쳐야 하는가? 아니면 지식을 생성하는 과정을 가르쳐야 하는가?

마이크로소프트가 감사해할 한국의 컴퓨터 교육?

나는 2000년대 초반부터 중반까지 6년 동안 고려대 컴퓨터교육과에서 3, 4학년들의 전공과목을 가르쳤다. 당시에 컴퓨터교육과는 전국적으로 막 생기기 시작한 신생학과였기 때문에 학생들에게 컴퓨터교육을 가르칠 수 있는 교수도 연구자도 없었다. 컴퓨터공학을 전공한 사람도 애매하고 일반 교육학을 전공한 사람도 애매해서, 교육학 중에서도 컴퓨터를 활용하는 교육을 많이 다루는 교육공학을 전공한 사람이 가르치는 경우가 종종 있었다. 나 역시 그런 경우였다. 처음에 강의를 의뢰받고 무엇을 가르쳐야 하나 난감했지만, 졸업 후 단순히 컴퓨터 교사가 될 사람들을 기른다기보다 향후 우리나라 컴퓨터 교육의 미래를 이끌고 컴퓨터 교육과정을 설계할 수 있는 능력을 갖춘 인재들을 기르는 것을 목표로 수업을 진행하기로 했다.

학생들은 먼저 팀을 구성해서 그간의 국가교육과정들을 분석했다. 그리고 팀별로 현재의 대한민국에 필요한 전체 국가교육과정을 설계한 다음, 그 속에 컴퓨터 교육이 어떻게 스며들어야 하는지 초·중·고등학교 각각의 수준에서 설계하는 프로젝트를 수행했다. 정해진 정답이 있는 수업이 아니라 어떻게든 더 나은 교육과정을 설계해야만 하는 프로젝트였다. 이 프로젝트를 수행하는 과정에서 "왜 가르치는가", "무엇을 가르칠 것인가", "어떻게 가르칠 것인가"에 대한 토론이 집요하고 치열하게 펼쳐졌다. 학생들은 다른 팀이 설계한 교육과정의 문제점들을 찾아내 비판하고 자신들이 설계한 교육과정을 방어하면서 교육과정의 논리와 내용을 다듬어 나갔다. 처음에는 도저히 기존 교육과정과 다른 팀들의 교육과정에서 문제점을 찾아내지 못하다가 토론에 토론을 거듭할수록, 논의의 열기가 뜨거워질수록, 학생들은 신랄하게 문제점을 찾아내고 반론을 제기하는 수업을 치열하게 전개했다.

그런데 매번 학생들의 의견이 첨예하게 대립되는 결정적인 부분이 있었다. 바로 국가교육과정에서의 컴퓨터 교육과정은 무엇을 목적으로 해야 하는가에 관한 질문이었다. 목적이 무엇인지에 따라 무엇을 가르칠 것인가, 즉 교과 내용을 어떻게 선정할 것인가로 이어지므로 이 질문이 갖는 함의는 그만큼 컸다.

당시 우리나라 컴퓨터 교육과정의 목표는 컴퓨터 문해(文解, literacy) 교육, 즉 컴퓨터를 사용할 줄 알도록 가르치는 것이었다. 정부가 컴퓨터 과목을 국가교육과정에 포함시키기로 결정했을 때 컴퓨터 교육과정의 목표와 내용을 결정하는 위원회에서 이에 관한 논박이 있었다. 결국 컴퓨터 문해 교육으로 결정된 논리의 기반은 "전 국민이 자동차를 잘 운전할 수 있으면 되지 자동차 정비공이 될 필요가 있는가"라는 것이었다. 컴퓨터 사용법을 익히는 수준이 목표였던 관계로 당연히 프로그래밍은 교육과정에 들어가지 않았다. 컴퓨터 과목에서 배우는 내용들은 타자 치기, 파워포인트 자료 만들기, 엑셀 활용하기, 워드 사용하기 등이었다.

그 무렵 초등학교를 다니고 있었던 나의 큰아이도 컴퓨터 과목을 배우고 있었다. 큰아이는 타자를 수행평가로 보는가 하면 시험에서는 워드프로세서의 단축키를 묻는 질문을 풀어야 했다. 어이가 없었다. 고작 이것이 대한민국 정규 교육과정의 컴퓨터 수업에서 배우는 내용이란 말인가? 나는 큰아이의 컴퓨터 교과서를 보고 정말 깜짝 놀랐다.

나 역시 평생 컴퓨터를 사용해 왔지만, 컴퓨터가 필요해서 하다 보니 자연스럽게 타자가 익숙해진 것이지, 한 번도 별도로 배우지 않았다. 그런데 나보다 더 컴퓨터에 익숙한 세대에게 타자 연습이라니. 더구나 파워포인트나 엑셀 등 특정 회사의 소프트웨어 사용법을 학교에서 배우고 시험 본다는 것은 아무리 생각해도 황당한 일이었다. 그 회사가 망하면? 그 소프트웨어가 단종되면? 다른 혁신적인 소프트웨어가 새롭게 출시되면? 그때마다 교과서를 바꿀 것인가? 마이크로소프트는 대한민국 컴퓨터 교과과정을 결정한 사람들에게 후하게 사례해야겠다는 생각이 들었다. 전 국민이 자사의 소프트웨어 사용법을 정규 교과시간에 배우고 시험보고 있으니 얼마나 많은 고객을 손쉽게 확보한 것인가?

나의 수업에서 학생들은 국가교육과정 전체를 직접 설계해 보면서 세상에는 가르치고 싶은 내용이 무척이나 많다는 사실, 그러나 물리적 시간이 부족해서 그 내용을 모두 가르칠 수 없다는 사실을 실감하며 안타까워했다. 그 소중하고 귀중한 수업 시간에 사실상 별도로 배울 필요도 거의 없는, 설령 배워야 한다고 하더라도 동네 주민센터나 백화점 문화센터에서 몇 주만 배우면 되는 내용이 초·중·고등학교 정규 교육과정에 포함되어 있다니. 마치 'TV'라는 분야를 정규 교과로 편성을 하는데 교과서 내용이 특정 회사 TV의 리모컨 사용법 매뉴얼인 것과 마찬가지였다. 만약에 'TV'라는 과목이 생긴다면 그 교과서에는 무슨 내용이 들어갈까? TV가 어떤 원리로 만들어지는지, 좀 더 혁신적인 TV 테크놀로지는 무엇이 있는지, TV가 우리 생활과 심리에 어떠한 영향을 미치는지, TV에 방영되는 프로그램은 어떻게 제작되는지, 우리는 앞으로 TV를 어떻게 활용하고 개발해 나가야 하는지 등등 향후 TV 기술과 문화를 선도할 인재를 양성할 수 있는 내용들일 것이다. 그런데 겨우 특정 브랜드 TV의 리모컨 사용법을 학교의 정규 교육과정에서 수년간 배운다고 하면 이게 말이 되는가?

나는 큰아이에게 타자 연습을 별도로 하지 않아도 불편하지 않게 살 것이니 걱정 말라고 했다. 또한 교과서에 나오는 소프트웨어는 곧 업그레이드되어 그 단축키가 별로 필요 없게 될 것이니 그 많은 단축키를 다 외울 필요도 없다고 했다. 큰아이는 컴퓨터 과목 시험과 수행평가에서 형편없는 성적을 받았지만, 그리고 이후 단 한 번도 그것을 연습하거나 공부하지 않았지만, 고등학생인 지금 큰아이의 타자 실력은 말하는 속도보다 빠를 지경이다. 디지털 네이티브답게 당연히 각종 소프트웨어 또한 자유자재로 다룬다. 초등학교 때 단축키를 외우지 않았다고 해서 지금 불편한 점도 전혀 없다. 당시 학교에서 배우던 버전의 소프트웨어들은 이제는 모두 사라졌으니까.

교육에는 '지식생산자 교육'과 '지식소비자 교육'이 있다. 지식생산자 교육은 원천 지식과 기술을 생산해서 다른 사람들이 사용하게끔 하는 인재를 양성하는 교육이다. 지식소비자 교육은 지식생산자들의 지식을 기반으로 개발된 제품과 서비스를 사용하고 활용하는 사람을 키우는 교육이다. 컴퓨터 문해 수준의 교육, 특정 소프트웨어의 사용법 매뉴얼 수준의 교육은 남들이 개발한 컴퓨터를 쓸 수는 있게 되지만 자신이 컴퓨터를 개발할 수는 없게 된다는 태생적인 한계를 지닌다. 남들이 새로운 컴퓨터 소프트웨어를 만들면 그걸 배우느라고 또 교과서를 개정해야 한다. 이는 지식과 기술을 종속시키는 교육과정으로, 전형적인 지식소비자 교육이다.

지식의 네 가지 종류

지식의 종류를 좀 더 구체적으로 살펴보자. 첫 번째 종류는 생성적 지식generating knowledge이다. 이전에 아무도 생각하지 못했던 세상을 새롭게 이해하고 설명해 내는 지식으로, 주로 이론적이기 때문에 추상적이고 개념적이다. 예를 들자면 뉴턴의 고전역학법칙, 열역학법칙 등을 꼽을 수 있다. 노벨상을 타는 학자들은 주로 생성적 지식을 만든 사람들이다. 이 범주의 지식은 가장 깊고 본질적인 창의력이 요구되며, 인류 역사의 획을 긋는 위업인 경우가 많고, 실생활의 수많은 응용으로 연결될 수 있는 무한한 산업의 원천이기도 하다.

두 번째 종류의 지식은 응용적 지식applied knowledge이다. 이것은 첫 번째 종류인 생성적 지식을 활용하여 무언가를 만들어 내는 것이다. 응용적 지식의 예로는 뉴턴의 고전역학법칙을 잘 적용하여 롤러코스터를 만드는 경우를 들 수 있다. 물론 고전역학법칙이 곧 롤러코스터는 아니기 때문에 그 이론을 활용하여 롤러코스터라는 구체적 결과물을 만들어 내는 것에도 매우 깊은 비판적 창의적 사고력이 필요하다. 그러나 응용적 지식은 어디까지나 생성적 지식이 없으면 불가능한 지식이다.

세 번째 종류의 지식은 제조적 지식manufacturing knowledge이다. 앞의 두 종류의 지식을 통해 개발된 롤러코스터를 똑같이 여러 개 만들 수 있도록 그 제작방법을 익히는 것이라 표현할 수 있다. 산업사회의 공장들에서 똑같은 제품을 반복 생산하는 데 필요한 지식이 여기에 속한다. 이 지식은 효율을 추구하기 위해 비판적 창의적 사고력이 다소 필요할 수는 있겠지만, 근본적으로는 생성적 지식과 응용적 지식에서 이미 만들어진 기술을 숙달하는 것이기 때문에 수용적 사고력이 더 효과적이다.

네 번째 종류의 지식은 매뉴얼적 지식manual knowledge이다. 이 지식은 이렇게 대량 생산된 롤러코스터를 사다가 놀이동산에 설치해서 가동시키고 유지보수하는 데 필요하다. 제품 설명서와 같은 지식이라고 볼 수 있다. 단순 기술이 여기에 해당되는데 사실상 지식이 소비되는 종착점이다. 비판적 창의적 사고력이 필요 없고 심지어 수용적 사고력도 별로 필요 없다. 그저 단순히 제품 설명서를 보고 거기에 쓰여 있는 지시를 그대로 받아들여 제품을 가동할 줄 알면 되는 수준의 지식이기 때문이다. 물론 새로운 롤러코스터가 도입되면 작동법은 새로 익혀야 하겠지만, 최근에는 자동화에 따라 사실상 시간에 맞춰 버튼을 누르는 정도만 하면 될 뿐이다.

이러한 네 가지 종류의 지식을 국가의 발전 정도와 연결 지어 생각해 보자. 첫 번째 종류인 생성적 지식은 주로 초강대 선진국에서 비중을 둔다. 추상적인 이론이기에 생성되기에도 오래 걸리고 또 생성된다 하더라도 바로 경제적 산출로 이어지지는 않는 것처럼 보이지만, 생성적 지식은 지적재산권이나 특허 등을 통해 무한하게 응용되며 문명의 최첨단에 서서 인류가 향후 어디로 갈지에 대한 방향을 제시한다. 특히 응용적 지식이나 제조적 지식, 매뉴얼적 지식 등 모든 종류의 지식의 기본이요 근간이 된다. 그래서 선진국들은 장기적인 안목으로 생성적 지식에 매년 어마어마한 예산을 쏟아붓고 있다. 생성적 지식을 생산할 수 있는 인재를 양성하기 위한 엘리트 교육은 대중을 상대로 한 공교육과는 뚜렷하게 다른 방식으로 이루어지고 있기도 하다. 이러한 나라들에서는 다른 누구의 것을 잘 따라 할 줄 아는 사람보다는 자신만의 독창적인 무엇을 창조해 낼 수 있는 사람을 진정한 인재로 추구하며, 그렇기 때문에 스승을 그대로 따르는 것보다 스승과 다른 무엇을 해내는 것을 훨씬 인정한다.

두 번째 종류인 응용적 지식은 주로 중진국에서 선진국으로 도약하고 있는 나라들에서 이루어지고 있다. 이 나라들은 바로 성과가 나오기 어려운 생성적 지식에 투자하기에는 당장의 경제성장이 더 조급하기 때문에 보다 단기간에 가시적인 성과를 보일 수 있는 응용적 지식에 더 투자를 한다. 따라서 노벨상 수상자가 나오기는 어렵지만 대신 지금까지 빠른 경제성장을 이룩해 왔다. 자체적으로 생성적 지식을 생산할 수 없기 때문에 기초학문의 종주국인 선진국으로 유학 가는 것을 이상적으로 생각한다. 실용적이지 않는 기초학문을 전공하면 사회에서 마땅한 직업을 구할 수 없기 때문에 생성적 지식의 추구를 사회적으로는 장려하지도 않는다. 이 나라들에서 요구하는 창의력은 어디까지나 응용적 지식을 위한 창의력으로, 생성적 지식을 위한 창의력과는 차이가 있다.

세 번째 종류인 제조적 지식은 주로 중진국들의 사회경제를 지탱하고 있는 지식이다. 이렇게 제조적 지식에 의존하고 있는 나라들은 경제성으로 이어지는 기간이 상대적으로 길다는 이유로 생성적 지식은 고사하고 응용적 지식의 생산에 투자하는 것조차 버거워한다. 제조적 지식을 이용해 매우 짧은 시간 안에 대량으로 제조해야만 경제가 유지되는 사회 구조인 것이다. 이러한 나라들에서는 비판적 창의적 사고력이 효율성을 방해하는 요소가 된다. 따라서 주어진 지식을 얼마나 잘 수용하고 소화해 내느냐가 인재의 기준이 되고, 고도의 수용적 사고력이라는 한 가지 기준으로 극심한 경쟁이 이루어진다.

네 번째 종류인 매뉴얼적 지식은 주로 후진국의 경제를 유지하는 기반이 된다. 이러한 나라들에서는 제품이나 기계의 사용법을 잘 알고 있기만 해도 유능한 인재로 인정받으므로 매뉴얼적 기술 하나만 있으면 충분히 먹고살 수 있다는 인식이 강하다. 전형적인 지식소비 집단의 모습으로, 이 나라들의 생계는 전적으로 앞선 종류의 지식을 생산하는 나라들에 종속되어 있다. 분명한 것은 롤러코스터를 작동하는 기술, 입장료를 계산하는 기술과 같이 매뉴얼적 지식을 가르치는 수준의 교육으로는 영원히 이 단계를 벗어나지 못한다는 것이다.

물론 어느 나라도 한 종류의 지식에만 의존하지는 않는다. 한 나라 내에서도 각기 다른 종류의 지식이 나름의 위치에서 역할을 수행한다. 그러나 이는 상위 수준의 지식까지 갖춘 나라들에 해당하는 것이다. 지식은 뚜렷한 위계와 서열이 있기 때문에, 물이 언제나 높은 곳에서 낮은 곳으로 흐르듯이 지식의 종류도 상위 수준의 지식에서 하위 수준의 지식으로만 흐르게 되어 있다. 따라서 하위 수준의 지식에 의존하는 나라에는 상위 수준의 지식에 대한 사회적 인식과 구조가 존재하지 않는다.

우리나라는 현재 어느 종류의 지식에 의존하고 있는가? 한강의 기적이라는 경제 발전을 이룩하기까지 우리나라는 세 번째인 제조적 지식과 네 번째인 매뉴얼적 지식에 의존했다. 그러다가 대략 1990년대 이후부터 두 번째인 응용적 지식에 비중을 두기 시작하면서 선진국의 대열에 입문하는 위치에까지 이르게 되었다.

이제 다음 차례로는 첫 번째인 생성적 지식에 중점을 두어야 할 것이다. 그런데 현실은 어떤가. 우리나라 국가교육과정의 컴퓨터 교육이 외국 특정 회사 소프트웨어의 매뉴얼 수준이라는 것은 국민들에게 그 회사에서 생산되는 지식과 기술을 영원히 소비만 하라는 것이다. 그들처럼 소프트웨어를 개발해서 세계에 배포할 지식은 생산할 필요가 없다고 국가적으로 단정해 버리는 것이다.

아이러니하게도 대부분의 학교 교육은 최종 목표가 지식소비자보다는 지식생산자를 기르고자 하는 것이라 선언되고 있다. 과학을 공부하면 뉴턴 같은 과학자가, 음악을 공부하면 베토벤이나 모차르트 같은 음악가가 꿈이 된다. 그런데 달걀을 낳는 닭이 되기를 꿈꾼다면서 다른 닭이 낳은 달걀을 먹기만 해서야 되겠는가? 달걀을 낳으려면 스스로 닭이 되어야 하고 달걀을 낳는 과정을 거쳐야만 한다.

고려대 컴퓨터교육과 수업에서 학생들과 함께 세계 각국의 컴퓨터 교과과정을 분석한 적이 있다. 그러다 우연히 북한도 분석하게 되었다. 북한은 전 국민이 체계적으로 컴퓨터 교육을 받는 것은 아니었지만, 그래도 중·고등학교 컴퓨터 과목의 교과서는 철저하게 프로그래밍 위주의 내용이었다. 파워포인트나 엑셀 같은 소프트웨어 사용법은 전혀 없었다. 미국 회사의 제품이라서 또는 저작권 비용을 지불할 여력이 없어서 그런 것이라고 보기에는, 다른 특정 소프트웨어 사용법도 전혀 없었다. 북한의 컴퓨터 교육과정을 제대로 거친 학생은 비록 처음 접하는 파워포인트나 엑셀 같은 소프트웨어가 낯설지는 몰라도 그 사용법 정도야 하루면 배울 수 있을 것이고, 나아가 그런 소프트웨어를 개발할 수 있는 지식생산자로서의 능력을 가질 수 있을 것이다.

북한의 정치경제적 현실에서 인재들이 과연 제대로 능력을 발휘할 수 있는가는 논외로 하고, 적어도 북한에서 컴퓨터 교육과정을 설계한 이들은 지금과 같은 디지털 시대에 국가의 컴퓨터 교육이 어떠해야 하는지, 그리하여 어떤 능력을 가진 인재를 양성해야 하는지에 대해 분명 우리와는 다른 시각을 갖고 있는 것만은 분명하다. 북한이 전 세계 해커들의 중심지라는 소문은 우연이 아니지 않을까? 물론 윤리적으로 해커를 옹호하자는 것이 결코 아니다. 그러나 최고의 해커가 될 수 있는 능력이 있는 자만이 최고의 해커를 막을 수 있지 않겠는가? 나는 최고 수준의 지식을 기르는 문제를 말하고자 하는 것이다.

세계 어느 나라에서도 온라인 결제를 할 때 우리나라만큼 공인인증서 등 각종 복잡한 절차가 필요하지는 않을 것이다. 나는 미국 사이트에서 수없이 결제를 하면서 단 한 번도 특정 프로그램을 설치해야 했던 적이 없는데 유독 우리나라만 너무나 많은 것을 요구해서 결제 자체를 포기한 적이 한두 번이 아니다. 그렇게 소프트웨어 보안 문제에 엄격한 것 같은 우리나라이건만 공기관이나 대기업 서버가 해킹당해서 개인정보가 대량 유출되고 시스템에 문제가 생기는 경우가 빈번하다. 바이러스 하나가 돌면 수천 대의 컴퓨터가 동시에 먹통이 되고 각종 업무들은 속수무책이 된다. 지식생산자가 아닌 지식소비자를 키우는 컴퓨터 교육 때문이 아니겠는가?

컴퓨터 교육만이 아니다. 대학 교육을 포함한 우리 교육 전체가, 그렇게 치열하게 공부한 결과가, 결국 지식소비자 교육이 아니고 무엇인가?

어떤 지식을 가르칠 것인가

세상에는 배우면 유익할 지식, 가르치면 좋을 지식이 너무나 많다. 그래서 그 많은 지식들 중에서도, 가르치는 그 시점에서 가장 중요하고 가치 있다고 생각되는 지식을 선택하여 가르쳐야 한다. 국가별로, 시대별로 가장 중요하고 가치 있다고 생각되는 지식이 다르고 그에 따라 교육의 종류와 분량과 수준도 달라진다. 지식을 선택하는 기준은 학문의 깊이와 가치보다도 그 시대의 요구와 상황에 따라 결정된다. 예컨대 공자의 『논어』는 불과 200년 전 우리나라 최고 고등교육기관인 성균관에서는 필수과목이었지만, 현재는 비중 있게 다루어지지 않는다. 프랑스처럼 대학입학시험에서 철학이 유난히 강조되는 나라도 있고, 핀란드처럼 국어(핀란드어)가 다른 어떤 과목보다 강조되는 나라도 있다. 내가 어렸을 때는 거의 모든 아이들이 피아노 학원과 미술 학원을 다닌 경험이 있었는데 요즘은 동네에서 피아노 학원과 미술 학원은 사라진 지 오래고 그 자리를 영어 학원과 수학 학원들이 차지했으니, 지금 우리나라 교육에서 가장 비중 있게 다루어 지고 있는 지식은 영어와 수학인 셈이다.

학교에서 무엇을 가르칠 것인가의 문제는 국가가 이 시대에 전 국민이 갖추어야 하는 핵심 역량이 무엇인가를 결정하는 교육 철학과 맞물려 논의되어야 한다. 국가가 어떤 지식을 체계적으로 가르치고 양성하면 그 나라는 그 분야의 강국이 된다. 예전에 헝가리, 루마니아, 불가리아 같은 동구 유럽 국가들은 한결같이 올림픽에서 체조를 잘했다. 그들이 특이한 체질을 가지고 태어난 인종이기 때문이 아니라 국가 차원에서 어릴 때부터 체조를 장려했기 때문이다. 우리나라도 마찬가지다. 체육에 대한 인식이 일천했던 우리나라는 88서울올림픽 유치를 계기로 국가적으로 체육 꿈나무를 육성하면서 체계적인 체육 교육에 돌입하게 되었다. 그 결과 자연히 우리나라 체육 선수들이 올림픽과 같은 세계적인 대회에서 두각을 드러내기 시작했다.

수학 분야를 보자. PISA 성적을 보면 대한민국 학생들은 세계 어느 국가보다 수학을 잘한다. 반면 미국은 우리에 비해 수학 실력이 형편 없다. 미국 고등학생들 상당수가 거스름돈조차 계산하지 못한다는 보고는 새로운 소식도 아니다. 이러한 현상에 대한 이유는 간단하다. 우리나라는 국가가 수학을 매우 비중 있게 다루고 있고 미국은 그렇지 않은 것이다. 미국이 수학 교육에 대해 우리와 얼마나 다른 인식을 가지고 있는지는 2013년 12월 《워싱턴포스트》의 한 기사를 봐도 쉽게 알 수 있다. 이 기사에 따르면, 지금껏 미국에서는 초등학교 2학년 이전의 어린아이는 두 자릿수 이상의 숫자를 이해하기 힘들 것이라고 생각해 왔으나, 최근의 연구에 의하면 3세부터 두 자릿수 이상의 숫자를 이해할 수 있고 기본적인 산수의 개념에 대해 배울 능력이 있다고 밝혀졌으며, 따라서 초등학교 2학년보다 유치원 때부터 수학에 대한 개념을 자연스럽게 익히는 방안을 생각해 볼 필요가 있다는 것이다. 유치원에 들어가기 이전부터 이미 갖가지 교구를 동원하여 수학을 가르치는 우리나라에서 보면 실소가 터지는 기사이다.

그렇다면 현재의 우리나라는 어떤 능력을 가져야 성공적인 인재로 판단하고 있는가? 말로는 비판적 사고력, 창의적 사고력, 리더십이 뛰어난 사람이라고 하나, 실제로는 철저한 절제와 자기 조절을 통해 주어진 지식을 잘 암기하는, 그것도 많은 분량을 제한된 시간 내에 최대한 완벽하게 흡수하는 사람을 인재로 판단하는 것이 아닌가? 즉, 우리는 주어진 내용을 최대한 빨리 최대한 정확히 흡수하도록 자기 자신을 잘 조절하고 잘 견디는 능력을 현재 대한민국에서 최고의 인재가 가장 갖추어야 하는 능력으로 기르고 있는 것이다.

10여 년 전 고려대 컴퓨터교육과 학생들과 나는 특정 소프트웨어 사용법 위주의 컴퓨터 교육 프레임에 머무는 한, 전문적인 컴퓨터 교사들을 양성할 필요가 없다고 판단했다. 다른 과목 교사가 몇 주 연수만 받아도 쉽게 가르칠 수 있는 내용이었기 때문이다. 따라서 컴퓨터교육과는 명맥을 유지하기 힘들다는 것이 우리의 예측이었다. 그 예측대로 결국 국내의 몇 안 되는 컴퓨터교육과들은 생겨난 지 얼마 되지도 않아 폐지되기 시작했다. 고려대와 한양대에서도, 그 외 지방 대학들에서도 문을 닫았다. 소속 교수들은 컴퓨터공학과나 교육 관련 학과로 흡수되었다. 예상된 수순이었다.

최근 미국, 영국, 일본 등 여러 선진국에서는 소프트웨어 인력을 양성하기 위해 프로그래밍 과목을 초·중등 전 학년에서 필수과목으로 지정했다. 이에 따라 뒤늦게 우리나라에서도 프로그래밍을 정규 교과로 편성하려는 움직임이 일고 있고, 구글과 같은 대기업이 관련 교육 사업에 뛰어들고 있다. 그런데 정작 전문적으로 프로그래밍을 가르칠 교사가 없어서 곤란을 겪고 있다고 한다. 그동안 국가적으로 컴퓨터 교육을 위한 지식생산자 교육을 하지 못하고 세월을 허비한 탓이 아니겠는가? 진통을 거치더라도 올바른 방향으로 컴퓨터 교육과정이 정착될지 지켜볼 일이다.

지금이라도 우리 대학들은 스스로를 돌아보아야 한다. 과연 대한민국을 이끌 지식생산자 교육을 하고 있는가? 아니면 지식생산국에 영원히 종속될 지식소비자 교육을 하고 있는가?

17 '문제해결력'에서 '문제발견력'으로

21세기 디지털 사회에서 필요한 능력

많은 사람들이 흔히 착각하는 오류 중의 하나가 교육은 가치중립적이라는 것이다. 일부 대단히 가치지향적인 학문을 제외하고 대부분의 학문들은 가치중립적일지 몰라도 교육은 언제 어느 시대를 막론하고 가치중립적인 적이 없다. 항상 매우 특정한 가치를 지향하며 상황과 시대에 따라 우선시되는 가치가 변한다.

석기시대 때는 자연적인 위협에 대항해 이겨 낼 수 있는 생존 능력이 가장 추앙받는 능력이었을 것이다. 그러다 청동기 철기 문화에서는 무기와 같은 도구를 활용하여 생존할 수 있는 능력이 인정받기 시작했다. 이후 신분이라는 개념과 체제가 도입되기 시작하면서 고대 국가들이 형성되었다. 강해야 지배자가 될 수 있었고 약하면 종속되어야 했다. 이 무렵부터 강력한 무기와 군대를 보유할 수 있는 신분도 능력의 일부로 개념화되기 시작했을 것으로 짐작된다. 서양의 중세와 우리나라의 고려 및 조선 시대는 철저한 신분사회로서 개인의 능력보다 신분이 우선적으로 인정받던 시기였다. 이 시기에는 개인의 능력이 아무리 뛰어나도 신분이 미천하면 능력을 제대로 발휘하기가 어려웠다. 또한 신분이 우월해도 여성들은 제약을 받아야만 했다.

산업화와 함께 근대국가들이 등장하면서 모든 국민이 교육받고 능력에 따라 직업을 선택하는 사회가 나타났다. 이 사회의 교육은 산업화를 통해 국가를 발전시킬 산업역군을 양성하는 것에 초점이 맞추어져 있었고, 이에 따라 교육의 내용은 산업화의 충실한 일꾼이 되는 데 필요한 지식을 획득하고 주어진 문제를 해결하는 것이 되었다. 이때부터 강조된 것이 바로 문제해결력이다.

산업 사회를 지나 디지털 사회로 넘어가고 있는 현재에는 과연 어떤 능력이 가치 있을까? 우리가 그동안 그렇게도 강조해 왔던 문제해결력만 앞으로도 여전히 중요할까? 이제 대신 부각되고 있는 것이 문제발견력이다. 타자기를 만든다고 가정해 보자. 문제해결력에 집착하면 타자기 전문가를 기를 수는 있겠지만 그렇다 해도 조금 더 나은 타자기를 만들 수 있을 뿐이다. 하지만 문제발견력으로는 조금 더 나은 타자기가 아니라, 타자기의 기능을 모두 수행할 수 있으면서도 더 많은 다른 기능까지 가능한, 차원이 다른 결과물을 창조하게 된다.

현대는 천재적인 한 개인의 힘보다도 다양한 전문가 그룹의 힘이 더 중요하다. 기아, 환경, 먹거리, 우주, 생명, 질병, 경제 등 인류가 처한 어려움들은 단순히 어느 한 분야의 전문가가 해결할 수 있는 영역이 아니다. 패러다임 이동은 항상 경계에서 일어난다. 경계에서 혁신이 일어날 수 있도록, 이를 위해 자유롭게 경계를 넘나들도록, 다양한 분야의 전문가들이 분업이 아니라 융합을 해야 한다. 그래서 문제발견력에서는 우리가 남들과 어떻게 다른지를 파악하는 것이 아니라, 우리가 남들을 위해, 서로를 위해, 우리의 다름을 어떻게 최선으로 조합할 수 있는지에 초점을 맞춘다.

미래에 다가올 문제를 해결하는 것도 구체적인 핵심 문제를 발견하는 능력을 기반으로 한다. 얼마 전《이코노미스트》에서는 구글이 거대 로봇 회사들을 인수해서 상용화하려고 한다면서 앞으로 20년 내에 현재 직업의 47퍼센트가 사라질 것이라 보도했다. 또한 현재의 복지정책은 이러한 실업문제와 빈부격차를 해소하는 데 한계가 있다면서 해결책은 문제발견력을 키우는 교육, 즉 비판적 창의적 사고력을 향상시키는 교육밖에 없다고 제시했다.

단순하게 생각해 보자. 기하급수적인 속도로 발전하고 있는 현대사회에서, 게다가 평균수명이 80세 이상을 훌쩍 뛰어넘은 고령화 사회에서, 20대의 대학 교육이 어떻게 나머지 60년을 보장해 줄 수 있겠는가? 같은 행위를 반복하는 단순작업은 언젠가 무조건 로봇이 대치할 것이라 단언해도 좋다. 그렇다면 인간이 할 일은 무엇이겠는가? 당연히 로봇이 못 하는 일. 바로 반복적이지 않은 일이다. 비판적 창의적 사고력을 기반으로 하는 문제발견력은 로봇이 하지 못하는 일을 하기 위한 능력이다. 주어진 지식의 습득을 기반으로 하는 일은 그냥 로봇이 처리하게 두면 될 일이다. 우리의 대학 교육은 지금 혹은 머지않아 로봇이 할 수 있는 일을 가르치고 있는가? 아니면 로봇이 할 수 없는 영역을 발굴하고 개척할 수 있는 문제발견력을 기르고 있는가?

몇 년 전 예일대 에이미 추아Amy Chua 교수의 타이거맘 열풍이 미국 교육계를 강타했다. 에이미 추아 교수는 아이의 흥미를 존중해서 아이가 잘하는 것을 시켜야 한다는 보통 미국인들의 인식을 반박한다. 아이가 무엇을 잘하고 무엇을 좋아하는지 어릴 때 자연스럽게 알게 되는 경우는 거의 없으며, 배우고 연습해서 잘하게 되면 좋아하게 되는 경우가 훨씬 많다는 것이다. 그러므로 잘하게 되기 전까지 아이가 중간에 연습을 게을리하면 부모가 벌을 주고 야단치고 재촉하는 것이 당연하다는 것이다. 사실 우리에게는 너무 당연한 주장처럼 느껴지지만, 미국 교육은 워낙 아동 중심적이다 보니 에이미 추아 교수의 주장이 큰 화제를 일으켰다.

그런데 타이거맘은 철저히 아이의 문제해결력에 초점을 맞추고 있다. 이런 양육 프레임에서 성장한 아이들의 문제는 시키는 것, 주어지는 것을 열심히 하는 데는 능숙해지지만, 아무도 무언가를 시키는 상황이 아닐 때, 무엇을 해야 할지 주어지지 않을 때, 그래서 스스로 무엇을 할지 어디로 가야 할지 정해야 할 때는 결정을 내리지 못해 곤혹스러워한다는 것이다.

문제발견력은 누구를 따라가는 것이 아니라 내가 가야 할 길을 정해야 할 때, 주어진 문제를 해결하는 것이 아니라 무엇이 문제인지부터 찾아야 할 때 힘을 발휘한다. 우리의 교육은 얼마나 이를 대비하고 있는가? 지식을 주입하느라 너무 바쁜 뇌에서는 문제발견력의 성장이 불가능하다.

우리는 수많은 벤처 창업이 활황을 이루고 있는 실리콘밸리를 부러워하지만 정작 우리나라에서는 젊은이들이 벤처 창업에 많이 도전하지도 않고 설령 도전했다 하더라도 거의 성공하지 못한다. 물론 벤처가 성공하기 어려울 수밖에 없는 비즈니스계의 구조적인 문제, 벤처에 대한 투자가 활성화되지 않는 분위기 등도 실패의 한 원인이겠지만, 나의 소견으로는 초·중·고등학교를 지나 대학에서도 여전히 비판적 창의적 사고력을 기르지 못하고 수용적 학습만을 하는 우리나라의 전반적인 교육 성향도 한 몫을 하고 있는 듯하다. 학창 시절부터 남의 지식을 끊임없이 받아들이기만 하는 것이 아니라 자신만의 아이디어를 지속적으로 꺼내 보고 수도 없이 담금질하는 문제발견력을 길러야 하는데, 이러한 기회가 제대로 없다 보니 막상 졸업후 의욕이 앞서서 벤처 창업을 해도 성공에 이르기에는 역부족인 것이다. 그렇게 실패의 확률이 크기에 투자도 소극적이 될 수밖에 없고그 결과 구조적으로 벤처 창업자들이 실패를 딛고 재도전할 기회를 갖지 못하게 되는 악순환이 계속되고 있다.

한국인 최초의 미국 대학교(UC머시드) 총장으로 재직하다 2013년 카이스트에 부임한 강성모 총장은 우리 교육의 문제점에 대해 이렇게 지적했다.

"우리나라는 정답 맞히기식 교육이 문제인 것 같다. 법관이나 공무원에게는 적합할지 모르나 과학기술 분야는 정답이 없다. 창의성이 좌우한다. 창의성이란 문제를 푸는 것이 아니라 문제를 만드는 것이다. 언젠가 MIT 교수에게 동양 학생의 약점을 물었더니 '문제 푸는 기계 같다'고 하더라. 정답을 찾는 트레이닝만 받았다는 것이다. 얼마 전 병무청장이 병역특례를 받는 우리 학교 학생들을 면담했는데 대답을 제대로 못했다. 이유를 물으니 '정답을 모르겠다'고 했다. 생각한 대로 대답하면 될 것을 없는 정답을 찾으려니 말문이 막혔던 것이다." (세계일보, 2013. 9. 13)

과학기술 분야에는 정답이 없고 창의성이 좌우한다는 카이스트 총장의 지적. 반면 과학기술 분야는 정답이 정해져 있기 때문에 비판적이나 창의적일 필요 없이 교수의 강의 내용을 수용할 수 밖에 없다는 서울대 공과대와 자연과학대 최우등생들의 응답. 이러한 인식의 차이를 어떻게 봐야 하는가?

몰입 이론의 거장 미하이 칙센트미하이는 저널리스트 안희경과의 인터뷰에서 한국 정부로부터 국가적 창의력 센터를 맡아달라는 요청을 받았지만 거절했다는 일화를 전하면서, 창의력이란 사회에서 수요가 있어야 생겨날 수 있는데 개인의 창의적 아이디어를 받아들이지 않는 사회에서는 국가 차원의 기관이 있어도 큰 효과가 없다고 지적했다.

"역사를 보면 특정 시기에 한 도시에서 느닷없이 창의성이 번성합니다. 그리스의 아테네, 이탈리아의 피렌체, 프랑스의 파리 등이 그랬죠. 갑자기 수많은 창의적 기운이 과학, 예술, 철학, 인문 등에서 일어났어요. 르네상스도 1400년부터 1425년까지 단 25년 사이에 피렌체에서 불었던 기운입니다. 이 시대의 생산물은 오늘날 위대한 예술로 인정받고 있어요. 이는 사람이 갑자기 알약을 먹고 창의적으로 변해서 만들어 낸 것이 아닙니다. 사람은 그 전이나 후나 똑같은데 다만 그 시기에 도시 전체가 뭔가 창조적인 결과물을 원했을 뿐이죠. 대다수의 부자들이 새로운 예술, 좋은 예술을 가지려 했고, 주교와 정부의 지도자, 은행가들이 새로운 기술, 새로운 아이디어, 새로운 예술, 새로운 시각을 원했던 겁니다. 좋은 작가에게 기꺼이 돈을 지불하며 모든 도구와 원조를 제공했어요. 창의력은 그렇게 해서 세상에 나오게 됐습니다."(『하나의 생각이 세상을 바꾼다』, 오마이북, 2013)

인류 역사는 생존, 삶의 유지, 혁신과 발전의 범주에서 진화해 왔다. 혁신에 의한 발전은 결국 창의력이 바탕이 되었다. 창의력을 기르는 것은 답이 하나라고 가르치는 교육을 멈추는 데서부터 시작한다. 교수의 답을 하나의 정답으로 받아들이도록 만드는 분위기에서는 창의력을 발휘할 필요도, 발휘할 수도 없게 된다. 그래서 우리 교육은 문제해결력에서 문제발견력으로의 패러다임 전환이 필요한 것이다.

너무 다른 세 졸업생들의 모습

얼마 전 오랜만에 예전에 가르쳤던 졸업생들과 연락이 닿아 만나게 되었다. 그들은 모두 각기 다른 학기에 내 수업을 수강하긴 했지만 모두 내가 일방적 강의 중심에서 학생들의 질문 중심으로 수업 방법을 바꾼 후에 수강했다는 공통점을 가졌다. 그런데 수업에서 이들의 모습은 각기 매우 달랐다. 그들의 현재의 모습을 보니 그때의 성향과 연결되면서 흥미로운 점을 발견하게 되었다.

내가 서울대에서 처음으로 수업 방법을 바꾼 학기의 첫날, 학생들은 나의 이전 수업을 참고하지도 못하고 선배들로부터 들은 바도 없었기에 새로운 수업 방법을 매우 낯설어했다. 첫 수업을 시작하며 나는 앞으로의 수업은 모두 학생들이 만들어 오는 질문으로부터 시작하고 평가는 내가 말한 것을 얼마나 완벽하게 외웠느냐가 아니라 학생이 어떤 질문을 만들어 오는지 그 질문의 수준을 평가하는 방식으로 바꾼다고 선언했다. 그러자 놀랍게도 3분의 1의 학생들이 수강을 취소했다. 남은 학생들 중의 반은 호기심 반 신선함 반으로 어디 한번 보자 하는 심정이었던 것 같고, 나머지 반은 시간표상 다른 과목을 들을 수 없어서 어쩔 수 없이 남아 있었던 것 같다.

J는 어쩔 수 없이 남은 학생이었는지 나의 수업 방법을 매우 힘들어했다. 당연히 공부를 잘해서 서울대에 들어왔고 서울대에서도 여전히 공부를 잘하는 학생이었지만, 내 수업에서는 자신만의 질문을

발굴해야 하는 것에 몹시 고통스러워했다. 그 수업에서 나는 학생들에게 매 수업 후 그날 다룬 내용에 대해 비판적 성찰을 하는 짧은 에세이를 쓰게 하고, 얼마나 통찰적으로 썼는지에 따라 'good!' 혹은 'excellent!' 같은 코멘트를 달아 주었다. 학생들은 에세이 과제를 모두 온라인에 공개적으로 올렸고 나의 평가도 공개적으로 이루어졌기 때문에 모두가 모두의 과제와 평가 결과를 볼 수 있었다. 후에 J는 자신은 그 수업에서 열심히 써도 good이나 excellent를 받을 수 없었고 다른 학생들이 그런 코멘트를 받을 때 그렇게 부러웠다고 했다. 그러면서 나를 개인적으로 좋아했지만 수업은 정말 힘들었다고 뒤늦게 고백했다.

K는 교수가 원하는 것을 잘 파악해 내고 그것에 잘 맞추는 학생이었다. 새로운 수업 방법을 흥미로워했지만 딱 필요한 만큼만 하는 편이었다. 내가 원하는 바에 맞추어 어떻게든 질문을 만들어 왔고 다른 학생들의 평가를 보면서 어떻게 해야 좋은 평가를 받는지를 면밀하게 분석했다. 수업에서 원하는 결과를 보여 주려고 매우 노력하다 보니 매번은 아니더라도 가끔은 good이나 excellent를 받았다. 그러나 나를 감동시키는 질문이나 통찰을 보여 주기보다는 성적을 위해 필요한 만큼만 하는 학생이었다.

L은 내가 제시한 도전을 정말로 즐긴 학생이었다. 내가 대답할 수 없는 감동적인 질문과 통찰을 보여 주면 무조건 A⁺를 주겠다고 하자 어떻게든 교수를 이겨 보겠다는(?) 일념에서인지, 수업 시간에 주어진 자료뿐만 아니라 내가 알려 주지 않은 방대한 자료들을 스스로 찾

아서 엄청나게 공부했고 수많은 질문을 발굴해서 가져왔다. 매번 나를 감동시킬 통찰을 보여 주기 위해 거의 매일 이 과목만 공부하다시피 한다고 투덜댈 정도로 나의 수업을 진심으로 즐겼다.

세 학생 모두 공통적으로 나의 과목이 대학 강의 전체 중에서 제일 힘들었고 가장 많은 시간을 투자한 수업이었다고 했다. 그렇게 깊은 인상이 남아서인지 졸업 후에도 내게 종종 연락을 하곤 했다. 그런데 그들의 현재 모습은 너무나 달랐다.

J는 졸업 후 3년이 지났는데도 원하는 기업에 취업하지 못해 고민 중이었다. 서울대를 나왔으니 과외 아르바이트를 하면 경제적 문제는 어느 정도 해결되지만, 원하던 직장을 갖지 못하게 되니 그다음에는 무엇을 해야 할지 생각이 나지 않는다고 힘들어했다. 서울대 출신이라고 청년실업 문제에서 예외가 아니라는 사실이 다시금 실감나서 안타까웠다. 그러나 더욱 안타까웠던 것은 J가 수용적으로 지식을 습득하는 것은 잘했지만 자신만의 생각, 자신만의 질문을 발굴해 내는 것을 너무나 힘들어했던 모습 그대로 졸업 후에도 기존의 기업이라는 이미 짜인 판에 들어가지 못하게 되자 자신만의 판을 새로이 짜지 못하고 방황하는 것이었다.

K는 졸업 후 한참 지나서 진로 상담을 하고 싶다면서 나를 찾아온 적이 있었다. 대학원을 갈지, 고시를 볼지, 대기업에 취직할지, 의학전문대학원을 갈지, 아니면 다른 무엇을 할지 갈등이라는 K는 고민이 많아 보였다. 그때 나는 K에게 무엇이 가슴을 설레게 하는지, 그리고 30년 후에 어떤 모습이길 바라는지 물었다. K는 가슴을 설레게

하는 무언가는 아직 없는 것 같고 다만 분명한 것은 돈을 안정적으로 많이 버는 직업을 갖고 싶다고 했다. K는 이후 의학전문대학원을 선택했다. 다시 만난 K는 아직 재학 중이지만 졸업 후의 안정적인 미래에 대해 만족해하는 모습이었다.

L의 졸업 후 모습이 나는 무척 궁금했다. 나의 수업을 매우 즐겼던 몇 안 되는 학생 중의 하나였기에 사회에서 어떻게 살아가고 있는지 소식을 듣고 싶었다. 다시 만난 L은 현재 외국계 기업에 다니고 있기는 한데 그것은 거의 부업처럼 생각하고 있었다. 가족을 부양해야 하기 때문에 안정적으로 월급을 받는 직장을 유지하고는 있지만, 근무 외의 시간에 끊임없이 자신이 하고 싶은 분야를 탐색해 왔다고 한다. 그러다 우연히 지인의 부탁으로 가방을 만드는 조그만 업체의 유통을 돕게 되었는데, 유통을 들여다보니 가방을 이렇게 제작하면 좋겠다 하는 생각이 났고, 제작을 하다 보니 원자재는 이런 것을 쓰면 좋겠다 하는 생각이 들었고, 제작과 유통을 하다 보니 마케팅은 이렇게 하면 좋겠다 하는 생각이 떠올랐다. 그래서 처음에는 소규모 업체의 가방 유통에 발을 들였다가 지금은 그것을 아예 인수해서 핸드메이드 명품백의 제작, 유통, 판매를 총괄하는 비즈니스로 키우고 있었다. 드라마나 영화에서 한번 협찬받은 배우들이 이후에도 계속 협찬을 요청하고 들고 다니게 되면서 자연적으로 홍보가 되었고 L도 파워블로거로서 활발하게 온라인 마케팅에 주력했다. 그리하여 자본금이 거의 없던 상태에서 출발했음에도 이제는 건실한 기업을 일궈 내고 있었다. 내가 감탄하며 전공 분야도 아니고 현재 직장 업무와 관

련된 것도 아닌데 어떻게 그렇게 잘하게 되었느냐 물으니, L은 1초의 망설임도 없이 답했다.

"선생님, 그때 수업에서 하도 저만의 생각을 발굴해 내고, 저만의 관점을 만들어 내고, 보이지 않는 질문을 캐내는 훈련을 계속하다 보니, 그 이후로 남이 주는 문제를 해결하는 것보다는 새로운 문제를 발굴해 내는 것이 더 재미있더라고요. 그래서인지 뭐든 들여다보면 그다음에 어떻게 하면 더 좋겠다 싶은 아이디어를 궁리하게 돼요. 다음 주에는 이탈리아 밀라노에서 열리는 가방 패션 컨퍼런스에 가서 세계적인 트렌드를 읽어 보려고 해요."

사회구조적인 청년실업 문제가 아니더라도 급속한 발전으로 인해 기존에 짜여진 판이 계속 없어지고 변형되는 21세기의 오늘날. 이런 시대에 주어진 문제만을 해결할 줄 아는 능력이 언제까지 경쟁력을 가질 수 있을까? 스스로 생각해 내는 능력, 아이디어를 발굴해 내는 능력, 이미 짜인 판에 들어가기보다는 새로운 판을 짜는 능력이 지금 의 시대적 역량이 아닐까? 이를 위해서는 생각해 내는 방법, 문제를 발견해 내는 방법을 가르쳐야 하는 것이 아니겠는가?

대학 정책의 차원

매일매일을 얼마나 수확했는가로 판단하지 마라.
얼마나 씨를 뿌렸는지로 판단하라.

_로버트 스티븐슨

북경대를 위협하는 홍콩중문대의 혁신

앞에서 서술했듯이 대학의 교육과정을 바라보는 패러다임을 바꾸는 것은 중요하다. 그렇다면 그에 상응하는 대학의 정책은 구체적으로 어떻게 바꾸어야 하는가? 단순히 강의법 몇 가지를 바꾸는 것으로 해결할 수 없음은 당연하다.

나의 전공인 교육공학은 '어떻게 하면 잘 가르칠까'를 연구하는 분야이다. '어떻게 하면 잘 가르칠까'라는 문제는 '무슨 내용을 가르칠까', '무엇을 목표로 가르칠까'라는 문제와 필연적으로 이어진다. 그리고 한 발 더 나아가 '왜 잘 가르치지 못할까?'를 같이 고민하게 한다. 잘 가르치지 못하는 요인이 항상 잘 가르치는 요인과 정반대인 것은 아니다. 상황마다 다른 원인들이 있다. 그래서 나는 어떻게 하면 잘 가르치는가를 고민하다가 왜 교수들이 잘 가르치지 못하는가를 연구하게 되었다. 그리고 연구를 하면 할수록 교수 개개인의 수업 방식뿐만 아니라 교수들이 그렇게 할 수밖에 없도록 만드는 대학 당국의 제도와 정부의 정책 구조를 함께 봐야 한다는 것을 깨닫게 되었다.

실제로 세계 여러 대학들은 교수들이 가르치는 방법을 개혁하고 그것이 학생들에게 결과로 나타나도록 하는 것을 대학 차원의 제도적 수준에서 접근하고 있다. 우리에게 많은 시사점을 주는 구체적 사례들을 이제부터 소개하고자 한다.

1월 어느 날, 나는 홍콩 공항에 내렸다. 홍콩의 겨울은 따뜻하다 못해 무덥기까지 했다. 거리에 나서자 쇼핑백을 든 관광객들이 분주히 오가고 있었다. 많은 사람들이 홍콩 하면 쇼핑의 천국을 떠올릴 것이다. 하지만 내가 홍콩에 온 것은 쇼핑과는 거리가 먼, 조금 특별한 임무 때문이었다. 홍콩중문대에서 대학 교육 혁신을 위한 강연을 하러 온 것이었다. 아울러 홍콩중문대의 교육이 학생들의 능력을 향상시키고 있는지 평가하는 임무도 맡고 있었다.

홍콩은 155년 동안의 영국 식민지 역사를 청산하고 1997년 중국에 반환된 이후 많은 변화가 일어나고 있는 곳이다. 경제 부문에선 기존 체제를 그대로 허용함으로써 아시아 금융허브로서의 위상을 유지하겠다고 선언했지만, 교육 부문에서는 중국의 영향을 강하게 받기 시작했다. 원래 홍콩의 대학들은 영국 학제의 영향을 받아 3년제였는데 2012년부터 중국에 맞추어 4년제로 바뀌게 되었고, 이를 준비하면서 동시에 대대적인 개혁이 이루어졌다. 단지 1년의 교육과정을 추가하는 데 그치지 않고 교육과정 전체를 개혁하는 쪽으로 가닥을 잡으면서, 대학의 커리큘럼 전체에 대한 진단과 혁신이 강력하게 추진되었던 것이다. 과거에는 중국의 13억 인구 중에서 뽑히고 뽑힌 그야말로 대륙 최고의 인재들이 우선적으로 베이징대나 칭화대에 진학했는데, 홍콩이 중국으로 반환된 후에는 홍콩으로의 진학을 선호하는 경향이 크다고 한다. 그래서 최근에는 홍콩의 3대 명문대인 홍콩대, 홍콩중문대, 홍콩과기대, 이렇게 세 대학의 정원이 다 채워지고 난 후에 베이징대 정원이 채워지기 시작한다는 말도 있다.

홍콩중문대가 개혁의 일환으로 시작한 정책 중의 하나가 학생들이 대학에 입학한 해, 졸업한 해, 졸업 후 1년이 되는 해, 졸업 후 5년이 되는 해, 이렇게 네 번에 걸쳐 학생들의 역량을 평가하는 것이다. 복잡한 심리측정 도구를 이용하는 것이 아니라, 학생들이 스스로 생각할 때 다양한 분야에서 본인의 역량이 어느 정도라 생각하는지 5점 척도에 체크하는 것이며 평가 문항은 분야별 두 문항 정도로 이루어져 있다. 홍콩대도 이와 유사한 제도를 갖추고 있다.

공정성과 정확성을 기하기 위해 홍콩중문대는 평가 결과를 분석하고 해석하는 일을 내부의 심사위원뿐 아니라 외부의 교육 전문가들에게 의뢰하기도 한다. 나도 그중 한 명이었다.

나에게 주어진 데이터는 몇 개 학과의 학생들이 입학년도와 졸업년도의 역량 발달과 수업/학습 환경에 대해 평가한 결과였는데 학과 평균과 대학 평균이 비교되어 있었다. 공정성을 위해 구체적으로 무슨 학과인지 심사위원들은 알 수 없게 되어 있었다. 역량 발달 항목에는 비판적 사고력, 창의적 사고력, 자기주도적 학습력, 적응력, 문제 해결력, 의사 소통력, 대인관계 및 팀워크, 컴퓨터 활용력 등이 포함되어 있었고, 수업/학습 환경 항목에는 적극적 학습, 이해 학습, 공부에 도움을 주는 피드백, 평가, 교수와 학생과의 관계, 공부량, 친구들과의 관계, 협동학습, 커리큘럼의 일관성 등이 포함되어 있었다. 자신이 속한 학과의 교육에 대한 장점과 단점을 자유롭게 쓰는 개방형 질문들도 있었다. 나는 국내에서 여러 종류의 심사에 참여해 봤지만 이와 같이 몇 해에 걸쳐 폭넓게 작성된 데이터를 바탕으로 한 심사는 처음이었다. 그때의 신선했던 느낌이 아직도 남아 있다.

오른쪽의 그래프는 평가에 이용된 데이터 중 일부이다. 각 그래프에서 우측 부분의 막대 표시는 'z-score'라는 것으로, 표준점수화한 결과를 나타낸다. 입학한 해에는 0을 기점으로 오른쪽으로 치우친 항목이 많다가 졸업한 해에는 왼쪽으로 치우진 항목이 많아진 것을 볼 수 있다. 0보다 오른쪽이라는 것은 학과 평균이 대학 평균보다 높은 것이며, 0보다 왼쪽이라는 것은 학과 평균이 대학 평균보다 낮은 것이다. 따라서 이 학과는 졸업생들의 역량을 기르는 데 있어 다른 학과보다 상대적으로 부족한 성과를 올렸다고 해석할 수 있다.

이 결과는 홍콩중문대의 교육과정 개혁에 큰 영향을 미친다. 만약 졸업한 해의 역량 평가 점수가 입학한 해에 비하여 낮아졌거나 혹은 별반 차이가 없다면 각 단과대학 및 학과에 이 결과를 제공하여 교수들이 스스로 대학 교육이 그동안 무슨 역할을 했는지, 무엇이 문제인

홍콩중문대의 입학년도
학생 능력 발달 평가 및
수업/학습 평가

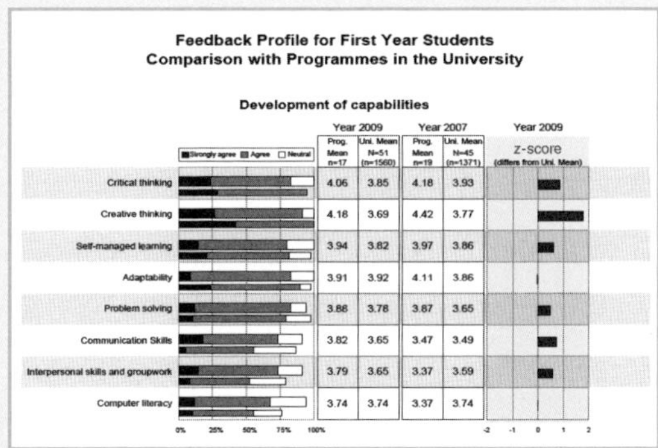
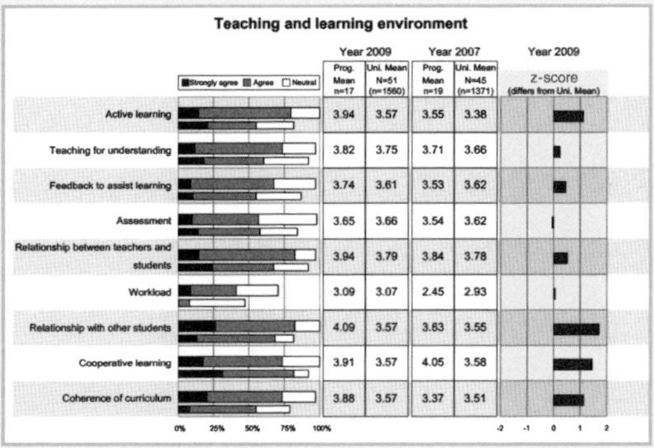

홍콩중문대의 졸업년도
학생 능력 발달 평가 및
수업/학습 평가

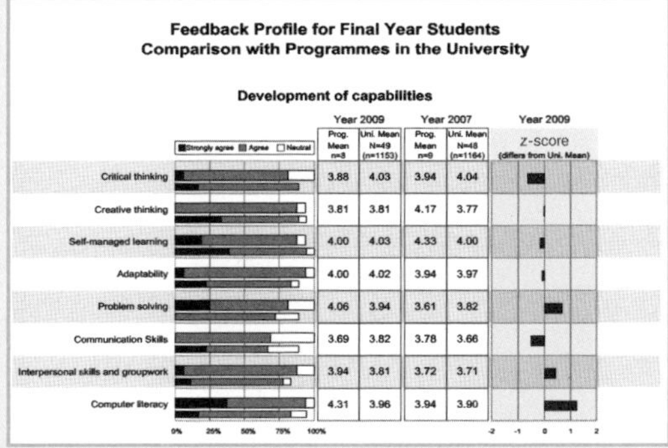
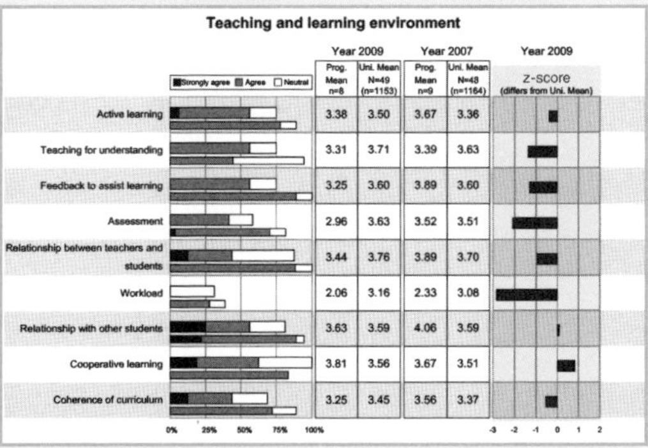

지, 어떻게 교육과정을 개혁해야 하는지 고민하고 자체적으로 개혁안을 제시하도록 하는 것이다. 이는 각 단과대학 및 학과의 연간 예산과 맞물려 시행되기 때문에 교수들은 교육과정 개혁에 사활을 걸지 않을 수가 없다.

"교수들이 개혁에 동참하도록 이끌어 내는 열쇠는 정확한 근거를 먼저 제시하고 문제의식을 공감하게 하는 데 있습니다. 학생들의 입학년도와 졸업년도, 졸업 후의 성장 결과를 기반으로 하는 명확한 데이터를 제시함으로써 교수들이 현실을 직시하게 하고 개혁안을 함께 모색하게 하는 것이죠. 근거가 없는 일방적인 요구는 설득력이 떨어질 수밖에 없으니까요."

홍콩중문대의 학습증진연구센터Center for Learning Enhancement and Research의 카멜 맥노트Carmel McNaught 교수의 말이다.

홍콩중문대를 비롯한 홍콩의 명문대들도 한국의 대학들과 마찬가지로 수업을 지원하는 교수학습센터들을 갖추고 있는데, 실제 활동하는 모습은 매우 대조적이다. 한국 대학들의 교수학습센터는 대부분 그 역할이 제한적이라, 소수의 연구원들과 연구교수들이 자발적으로 원하는 극소수의 교수들을 대상으로 강의 컨설팅을 하거나 신임 교수들을 대상으로 일회적인 강의법 워크숍을 제공하는 수준으로 그치고 있다. 그렇다 보니 교수법 혁신을 위한 연구력은 그렇게 강조되지 않는다. 반면 홍콩 명문대들의 교수학습센터들은 일단 학과교수들 못지않은 막강한 연구력으로 무장한 정년트랙 교수들이 여럿 포진되어 있다. 이들은 대학 전체의 교육과정에 대한 진단과 결과 분석 및 해석, 각 단과대학별 커리큘럼 개혁안에 대한 컨설팅 등 교육개혁의 과정 전반을 전문적으로 수행하고 있었다.

특히 이 모든 과정을 정확한 데이터를 기반으로 하여 수행하기 때문에 고도의 전문성을 가진다. 그리하여 교수들의 무관심이나 심리적 저항 때문에 참여율이 저조한 한국 대학들에 비하여 홍콩 대학들은 교수들이 합리적으로 수긍하고 함께 해결책을 모색할 수 있는 환경을 조성한 것이다.

대륙 최고의 인재들을 흡수하게 된 정치사회적 상황에 이와 같은 자체적 혁신 노력이 맞물려서, 홍콩의 명문대들은 아시아권 대학 순위에서 최고 순위를 놓치지 않고 있는 싱가포르국립대의 굳건한 아성을 위협하고 있다. 이러한 변화를 보면서 우리 대학들은 무슨 생각을 해야 할 것인가?

19 동등한 연구중심 교수와 강의중심 교수 :
영국 맨체스터대

최고를 유지하는 방법과 최고가 되기 위한 방법은 다르다

"네? 얼마라고요?"

나는 내 귀를 의심했다. 이른 아침에 런던 킹스크로스역에서 맨체스터로 가기 위한 기차표를 끊으려는데, 기차표 값이 한화로 대략 왕복 70만 원 정도라니. 아무리 당시에 환율이 비정상적으로 높았다고는 하지만 뭔가 착오가 있을 거라고 생각하고 거듭 확인을 했다. 그렇지만 분명 1인당 왕복 기차표 값이었다. 알고 보니 아침 러시아워에만 해당하는 값이었다.

"다른 시간을 선택하세요. 그러면 반값이나 반의 반값으로 갈 수 있어요."

판매원은 뒤의 사람들이 줄 서 있는 것을 보라고 눈짓하면서 빨리 사든지 말든지 정하라고 어깨를 들썩이며 독촉했다. 울며 겨자 먹기로 내 생애 가장 비싼 기차표를 샀다. 맨체스터대 부총장과의 인터뷰 약속이 잡혀 있기 때문이었다.

서울대 교수학습개발센터는 외국 대학들의 교수법을 벤치마킹하고자 해마다 세계 여러 대학들을 직접 살펴본다. 그래서 나 역시 수시로 짐을 싸서 해외 출장을 다니곤 했다. 그렇게 해서 살펴본 세계적 대학들이 스무 군데가 넘는다. 맨체스터대도 서울대 대표단의 일원으로 방문하게 된 것이었다.

런던에서 맨체스터까지는 우리나라 KTX와 비슷한 초고속열차로 두 시간 반가량 걸렸다. 기차에서 내려 택시로 맨체스터대 안의 약속 장소에 이르자 한 직원이 미팅 장소로 안내해 주었다. 일반적인 회의실이 아닌, 앤티크한 분위기가 물씬 풍기는 오래된 연구실 같았다. 둘러보고 있는데 잠시 후 훤칠한 키와 잘생긴 얼굴의 활기찬 신사가 들어왔다. 맨체스터대의 교수학습 담당 부총장 콜린 스털링Colin Stirling이었다.

"이 방이 바로 어니스트 러더포드Ernest Rutherford가 원자의 구조를 발견한 연구실입니다. 러더포드는 원자의 구조를 세계 최초로 발견한 공로로 노벨상을 탔죠. 저희 학교는 외국에서 손님이 오면 이 역사적인 방으로 먼저 모십니다."

스털링 부총장은 매우 자랑스럽다는 듯이 책장과 장식장에 진열된 당시의 실험 도구들, 실험 노트들, 기자재들을 일일이 짚어 가면서 소개해 주었다. 러더포드가 사용하던 책상과 펜, 직접 쓴 메모도 보여 주었다.

맨체스터대는 영국의 대표적 명문대인 옥스퍼드와 케임브리지의 위상에는 미치지 못하지만 영국 내에서 대략 5위 안에 드는 우수한 대학이다. 빅토리아대와 맨체스터공과대가 2004년 10월 통합됨으로써 탄생했으며, 영국에서 가장 큰 규모의 대학으로 도약하고 있다. 현재 4,000여 명의 교수를 포함한 11,000여 명의 교직원이 있으며, 11,000여 명의 대학원생을 포함한 38,000여 명의 학생이 해마다 등록하고 있다. 이 중 9,000명 이상이 외국 유학생이다. 지금까지 스물다섯 명의 노벨상 수상자를 배출했으며, 2013-2014년 QS 세계 대학 평가에서 33위(서울대 35위)를 기록했다. 특히 교수학습 부문에 대한 노력이 매우 앞선 것으로 평가받고 있다.

맨체스터대에서는 세 명의 부총장 가운데 한 명인 교수학습 담당 부총장Vice President for Teaching and Learning과 교수학습지원국TLSO, Teaching and Learning Support Office이 교수학습 부문의 발전과 관리를 책임지고 있다. 교수학습지원국은 교수학습 담당 부총장과의 긴밀한 협조 속에서 교수학습의 수월성과 학생들의 역량 향상을 위한 대학 차원의 전략을 기획하고 실행하는 조직으로, 단과대학별로 네 개의 실행하위조직을 갖추고 있다. 전체 인원은 50여 명이다.

"최고가 최고의 위치를 유지하는 방식과 최고가 아닌 위치에서 최고가 되기 위한 방식은 달라야 합니다."

에둘러 말하지 않고 분명하게 핵심을 찌르는 스털링 부총장의 화법은 매우 에너지가 넘쳐서 듣는 이마저 활기차게 만들었다. 특히 맨체스터대가 옥스퍼드나 캠브리지와는 위치가 다르다는 현실을 흔쾌히 인정하는 자신감이 인상 깊었다.

"교수들이 가르치는 일에 신경 쓸 시간이 정말로 없다기보다는 스스로 시간이 없다고 생각하는 것이라고 봅니다. 우선순위에서 밀리는 것이죠. 따라서 정책적인 환경 조성이 필요합니다. 맨체스터대는 이런 면에서 최근 혁신적인 진전이 있었습니다. 하나는 전 과목에 의무적으로 이러닝 전략을 적용하도록 한 것입니다. 새로운 테크놀로지를 적용하기 위해서는 교수법에 대한 고민을 해야 하므로, 이것이 자연스럽게 수업의 질 향상으로 이어질 수 있도록 하는 것이지요. 다른 하나는 강의중심교수 제도입니다. 탁월한 강의력을 가진 교수를 채용하는 것이지요. 이 교수들은 연구 의무는 적지만 일반적인 정년트랙 교수와 동일한 고용조건으로 채용됩니다. 연구도 중요하지만 모든 교수들이 노벨상 수상자일 수는 없지 않겠어요. 강의의 측면에서도 노벨상 수상자만큼 강력한 권위와 역량이 인정되어야 한다고 봅니다."

대부분의 대학에서 강의중심교수는 비중 있게 대우받지 못하는 것이 일반적이다. 하지만 맨체스터대는 모든 교수들이 노벨상 수상자만큼의 연구력을 가지기 어려울 뿐 아니라, 연구력이 강한 교수 외에 강의력이 뛰어난 교수들도 매우 중요하다고 판단했다. 강의력이 뛰어난 교수는 연구력이 뛰어난 교수만큼이나 학생들을 유인하는 효과가 크기 때문이다. 맨체스터대는 뛰어난 연구력이 있더라도 자신의 연구에만 매달리고 학생들을 가르치는 데 소홀한 교수들에게는 학생들이 더 이상 만족하지 않는다는 사실을 직시한 것이다. 그리하여 맨체스터대는 진정으로 학생의 능력을 키울 수 있는 강의력을 갖춘 유능한 교수의 비중을 적극 확대하고 있다.

맨체스터대에서 연구중심 교수와 강의중심 교수는 동등하게 대우받는다. 우리나라 대학들에도 강의교수가 있으나 대부분 정년트랙이 아닐뿐더러 급여도 현격한 차이가 나기 때문에 실제로는 임시직 수준이다. 따라서 체계적인 관리가 이루어지기 어려울 수밖에 없다. 맨체스터대 역시 예전에는 연구중심 교수와 연봉에 차등을 두는 방식으로 강의중심 교수를 채용했다. 그러나 그 방식으로는 교수들이 강의의 질 향상에 관심을 두도록 하는 데 실패했다. 그 경험을 토대로 맨체스터대는 몇 년 전부터 강의중심 교수와 연구중심 교수 간의 모든 차별을 없앴다고 한다.

또한 맨체스터대는 교수들이 스스로 강의트랙과 연구트랙 중에서 한쪽을 선택할 수 있는 제도를 마련했다. 이에 따라 교수 승진 심사를 할 때 교수들의 선택에 따라 강의실적을 연구실적의 일부로 대신할 수 있다. 이때 사용되는 강의실적에는 동료 교수들이 참여하는 동료평가와 학생들의 강의평가 그리고 학과 단위에서 시행하는 우수강의 추천평가 등이 모두 포함된다.

이러한 노력의 결과, 맨체스터대는 강의의 질 향상에 대학구성원들의 적극적인 참여를 이끌어 내는 데 성공했을 뿐 아니라, 나아가 영국은 물론 세계적으로도 이 분야에서 선도적인 리더십을 발휘하고 있다는 평가를 받는다. 내 생애 가장 비싼 기차표를 지불해서 방문했지만 그곳을 나오면서는 기차표 값이 전혀 생각나지 않을 정도로 맨체스터대는 내게 깊은 인상을 남겼다. 그렇게 맨체스터대는 최고를 향해 한 걸음 한 걸음 다가가고 있었다.

교수에 대한 '다면' 평가 : 싱가포르국립대

매 학기 전량 삭제하는 강의 동영상

캠퍼스 곳곳에 새로운 건물을 짓는 공사를 많이 하고 있어서인지 싱가포르국립대의 첫인상은 활기차고 열정적인 생기가 느껴진다는 것이었다. 분위기가 자유롭고 캐주얼한 서구의 대학들이나 지나치다 싶을 만큼 절제되어 있고 깍듯한 일본의 대학들과 달리 싱가포르국립대는 절제와 자율이 어우러져 있으면서도 날씨만큼이나 뜨거운 열정을 품고 있었다.

싱가포르국립대는 2013-2014년 타임지 고등교육의 세계 대학 평가에서 26위(서울대 44위)를 기록했으며, 명실공히 아시아 최고 대학의 위치를 차지하고 있다. 그럼에도 현재의 위치에 안주하지 않고 최근 여러 개혁을 시도하면서 교육 부문의 평가를 강화하고 있다.

싱가포르국립대는 아시아권 교육 문화의 특징을 명확하게 보여 주는 대학으로, 명확한 지식의 전달과 공유를 강조한다. 이러닝 시스템의 활용과 문화적 영향간의 관계에 대해 다국적 학생들로 구성된 학습자 집단을 통해 조사한 연구에 의하면, 아시아 학생들은 서구 학생들보다 학습의 '결과'를 중시하는 경향이 있어 교수자에게 정확한 학습 내용과 답, 그리고 명확한 지식을 전달받기를 기대하는 경향이 있다. 싱가포르국립대도 명확한 지식 전달을 위한 강의, 반복적인 학습, 새로운 지식의 즉각적 업데이트와 공유를 강조하고 있는데 이를 위해 사용하고 있는 대표적인 전략이 강의 대부분을 녹화하여 업로드하는 것이다. 서울대를 비롯한 우리나라 대부분의 대학들과 달리 강의 동영상을 수업 후 즉시 온라인에 올려 언제든 다시 볼 수 있게 하고 있기 때문에 학생들은 수업 시간에 교수의 말을 정신없이 받아 적을 필요가 없다. 또한 싱가포르국립대는 교육평가, 교수평가, 강의평가를 매우 엄정하게 실시하고 이러닝 콘텐츠 자체보다는 고품질의 강의와 신속한 내용 업데이트로 강의의 질을 관리한다는 점에서 다른 대학들과 차별화를 하고 있다.

싱가포르국립대 교육공학센터장인 라비 찬드란Ravi Chandran의 말을 들어 보자.

"싱가포르국립대에서는 가급적 최대한의 오프라인 강의를 촬영하여 곧바로 온라인에 업로드합니다. 학생들은 수업 시간에 교수의 강의를 완전히 이해하기 어렵기 때문에 촬영된 비디오 강의 자료를 통해 반복학습을 하게 되지요. 싱가포르국립대의 학생들은 평균 2~5회 반복학습을 하는 것으로 조사되고 있는데, 81퍼센트의 학생들이 두 번 이상 강의동영상을 반복해서 본다고 응답했습니다. 이러한 정책 이후 학생들의 학점도 높아지고 수업 만족도도 눈에 띄게 향상된 것을 확인할 수 있었습니다."

싱가포르국립대에서는 교수학습개발센터CDTL, Center for Development of Teaching and Learning, 교육공학센터CIT, Center for Instructional Technology, 전산원CC, Computer Center 이렇게 세 기관의 긴밀한 협조로 교수학습에 대한 지원이 이루어지고 있다. 그중에서도 교수학습개발센터는 대학 본부의 행정 조직과 연계하여 교육 정책 수립, 교육 실천을 위한 연구 및 평가 작업에 참여하고 있다. 설립 초기에는 교수학습과 개발 업무를 모두 담당하였으나 이중 이러닝 개발 업무는 10여 년 전에 분리하여 교육공학센터로 이관했다.

대부분의 수업에서 자료는 교수가 직접 제작하여 운영한다. 교수학습개발센터의 교육프로그램을 통해 교수의 80퍼센트 이상이 파워포인트를 자유롭게 사용할 수 있는 역량을 보유하고 있기 때문이다. 매 학기 대부분의 강좌들이 녹화가 되는데, 자동 녹화기능이 설치된 강의실이 대부분이고 그렇지 않은 강의실일 경우 교육공학센터 소속의 촬영기사들이 지원된다. 사실 이것은 특히 서구의 대학들에서는 상상도 할 수 없는 일인데, 강의 녹화를 위해 수십 명의 촬영기사들이 대학 안에 상주하고 있다는 점이 매우 놀라웠다. 강의 콘텐츠를 개발할 때 기획 및 프로젝트 관리는 교육공학센터에서 담당하고, 교수법 설계 및 스토리보드 작성은 교수학습개발센터에서 담당한다. 현재 대부분의 교수가 여기에 동참하고 있는데, 주로 학부 과목을 대상으로 하지만 대학원 과목도 종종 포함된다. 학부 과목은 거의 모두 교실 강의와 이러닝을 병행하는 시스템으로 운영된다.

싱가포르국립대에서 콘텐츠 질을 관리하는 전략 중에서 가장 특기할 만한 사항은 매 학기마다 녹화된 강의를 모두 삭제하고 다음 학기에 새로 제작하며, 절대로 재활용하지 않는다는 점이다. 강의를 한번 찍어 놓으면 몇 년간 재활용하며, 설령 새로 찍는다 해도 기존 강의 자료를 데이터의 개념으로 보관하는 우리 대학들과 매우 대비된다. 이는 싱가포르국립대가 이러닝 콘텐츠를 데이터라기보다는 반복학습과 강의의 질 관리를 위한 수단으로 활용하기 때문이다.

교육공학센터장인 라비 찬드란의 설명에서도 이 점을 명확하게 알 수 있다.

"싱가포르국립대의 이러닝 콘텐츠는 주로 실제 강의를 촬영한 동영상 중심인데, 우리는 이를 아카이브 형태로 구축하기보다는 완전학습을 위한 반복학습 자료로 사용하는 것에 중점을 둡니다. 그렇기 때문에 한번 만든 수천 개의 동영상 강의 자료는 한 학기가 지나면 전량 삭제합니다. 자칫 이것으로 인해 오프라인 강의 자체가 소홀해지거나 다음 학기에 강의가 재활용되는 것을 막기 위한 것이죠. 강의는 반드시 매 학기 업데이트되어야 하고 업그레이드되어야 합니다. 더구나 지난 학기 강의 내용이 이미 온라인에 공개된 상태이기 때문에 교수들은 다음 학기에 동일한 강의를 반복할 생각을 못 하게 됩니다. 이것이 싱가포르국립대가 이러닝을 통한 강의의 질을 향상시키는 방법입니다."

싱가포르국립대의 이러한 방침은 엄정한 강의와 내용 업데이트를 위한 질 관리 차원에서 전략적 의미가 크다. 고품질의 강의와 최신의 학습내용을 강조하는 문화, 그리고 교육평가, 교수평가, 강의평가를 매우 엄정히 시행하는 교육 풍토에서 기인한 것이라 볼 수 있다.

동료평가를 포함한 교육다면평가

싱가포르국립대의 또 다른 전략은 승진 및 재계약 심사 때 교수의 강의에 대해 엄정하고 다면적인 평가를 실행하고, 동시에 우수교수상 제도를 통해 뛰어난 교수들의 강의력 향상을 유도하는 것이다.

먼저 승진이나 재계약을 앞둔 교수에 대해 수행되는 다면적 강의 평가부터 살펴보자. 강의평가는 객관성과 타당성을 확보하기 위해 학생의 강의평가 결과를 기본으로, 교육성과를 기록한 강의 포트폴리오, 평가위원회의 평가 결과, 다른 교수들의 동료평가 결과를 동시에 고려한다. 이때 강의 포트폴리오는 강의계획서를 비롯한 강좌 연혁 및 역사, 수행 지표, 각 교수가 운영하는 강좌에 대한 정보가 구체적으로 포함되어야 한다. 다음으로 평가위원회의 평가는 외부 평가자를 반드시 포함하여 3단계로 이루어지는데, 학과별 평가위원회는 3명, 단과대학별 평가위원회는 6~7명, 대학 평가위원회는 8~10명으로 구성된다.

여기서 가장 주목할 만한 방법은 동료평가, 즉 동료 교수들이 수업을 참관하고 평가하는 제도이다. 같은 단과대 소속이지만 같은 학과는 아닌 교수들 중 학장이 무작위로 정한 두세 명이 함께 수업에 들어간다. 이들은 강의실 뒷좌석에 앉아 학생처럼 수업을 들은 후 자신의 소견을 적어 제출하는데, 이 내용은 강의를 담당한 교수에게 전달되는 것이 아니라 승진 심사를 하는 학장에게 직접 전달된다.

동료평가는 국내에는 생소하지만 해외에서는 싱가포르국립대 외에도 영국 맨체스터대 등 여러 대학에서 도입하고 있다. 얼마 전 내가 멤버로 있는 영국 대학교육개발협의회 온라인 포럼에 동료평가에 관한 의제가 올라왔다. 그러자 만 하루도 안 되어 영국, 호주, 뉴질랜드, 캐나다 등 영연방 국가의 여러 대학들에서 수십 개의 답글이 달렸다. 관련 연구들, 데이터 근거들, 실험 자료들 등을 바탕으로 한 다양한 의견들은 하나로 결론으로 모아졌다. 동료 교수의 수업 참관은 참관을 하는 교수나 참관을 받는 교수 모두가 자신의 수업을 돌아보고 개선하는 데 매우 효과적이라는 것이다.

싱가포르국립대나 맨체스터대처럼 동료평가 결과를 승진 심사에 의무적으로 반영하는 대학부터, 평가에 직접적인 반영은 하지 않더라도 교수법 개선을 위해 적극적으로 활용하는 대학에 이르기까지, 적용 방법과 정책은 매우 다양하다. 하지만 워크숍이나 강연보다 동료평가가 압도적으로 효과적이라는 것이 이 대학들의 공통적인 반응이다.

우리나라 대학들에도 대부분 교수학습센터가 있고 교수들의 강의법 개선을 위한 여러 가지 시도를 하고 있는데, 거의 대부분의 프로그램은 교수법 관련 워크숍이나 강연을 중심으로만 이루어지고 있고 그것조차도 자발적인 참여율이 적어 제도나 정책적으로 참여율을 어떻게 높일지를 궁리하고 있다. 이런 상황에서 동료 교수가 수업을 참관하고 평가한다는 것은 대부분 생각도 못 하고 있다. 싱가포르국립대의 혁신을 보면서 우리 대학들의 현실이 더욱 안타까웠다.

우수교수상은 우수강의선정위원회FTEC, Faculty Teaching Excellence Committee와 대학교육수월성위원회UTEC, University Teaching Excellence Committee, 이렇게 두 군데의 위원회가 주관한다. 먼저 공모를 거쳐 추천을 받은 뒤 1차로 FTEC가 검토하고, 2차로 UTEC가 최종 수상자를 선발하는 방식으로 진행된다. 후보자들에게는 강의계획, 교육방법의 설계, 학생과의 상호작용을 위한 노력 등의 항목으로 구성된 학생평가와 동료평가가 이루어진다. 그 외에 교육모듈 개발여부, 수업 활용 자료들의 종류, 교육개혁 활동에 대한 참여, 교육관련 연구물과 출판물 제작, 교수자로서의 전문성을 개발하기 위한 교육 프로그램 참여 등이 심사자료로서 활용된다.

후보자 중 상위 8퍼센트에 해당하는 교수에게 수상의 기회가 주어지며, 이 중 7퍼센트는 우수교수상ETA, Excellent Teacher Award의 후보가 되고 나머지 상위 1퍼센트는 최고교육자상OEA, Outstanding Educator Award의 후보가 된다. 최고교육자상은 싱가포르에 있는 모든 대학들을 통틀어 교육과 연구를 막론하여 가장 월등한 업적을 보인 교수에게 수여된다. 단순히 보상의 차원으로 주는 것이 아니라 선정위원회가 수상의 이유를 구체적으로 제시함으로써 대학이 추구하는 교육 목적과 우수

강의의 기준을 연계하고 있어 더욱 의미가 있다. 수상자에게는 교과 선택과 새로운 교과과정 개발에 대한 권한이 부여되고, 대학 교육과 관련된 연구, 해외 교수학습센터 방문의 기회도 주어진다.

이러한 제도들 외에도 싱가포르국립대에서 또 한 가지 주목할 만한 점이 있다. 당시 서울대 출신으로 미국에서 박사학위를 받은 후 싱가포르국립대에서 교수로 재직하고 있는 한국인 교수와 우연히 대화할 기회가 있었다. 우리 대학들은 신임 교수가 부임하면 강의도 제일 많이 하고 학과에서 궂은 일을 다 도맡아 해야 해서 연구는커녕 강의도 제대로 하기 힘든데, 반대로 싱가포르국립대는 신임 교수에게 어떠한 궂은 일도 맡기지 않고 심지어 강의도 몇 년간 맡기지 않고 오로지 연구에만 집중할 수 있도록 배려한다고 했다. 이 시기야말로 교수의 연구력이 가장 활발할 시기이기 때문이었다. 강의는 젊은 교수들처럼 연구력이 활발하지는 않지만 연륜이 쌓인 원로 교수들이 더 많이 담당하도록 되어 있다고 했다.

동양식 공부라고 일컬어지는 특징들을 여전히 담고 있으면서도 우리 대학들보다 훨씬 혁신적이고 개혁적인 싱가포르국립대의 모습. 같은 아시아권의 대학으로서 우리에게 적잖은 시사점을 주고 있다.

강의에도 닥터와 클리닉이 필요하다 :
캐나다 브리티시콜럼비아대

수업을 리모델링하라

1월인데도 캐나다 밴쿠버는 태평양 연안에 위치한 덕분인지 생각보다 그리 춥지 않았다. 나는 이곳에 위치한 브리티시콜롬비아대UBC, University of British Columbia로 향했다. 1908년에 설립된 UBC는 학부생 48,000여 명, 대학원생 10,000여 명, 150개국 출신의 유학생 10,000여 명, 그리고 교수 5,000여 명, 직원 10,000여 명이 소속되어 있는 연구중심대학이다. 토론토대와 함께 캐나다를 대표하는 양대 명문대로, 2013-2014년도의 타임스 고등교육의 세계 대학 평가에서 31위(서울대 44위)를 기록했으며 지금까지 일곱 명의 노벨상 수상자를 배출했다.

UBC를 방문한 것은 이번이 두 번째였다. 오랜만에 다시 찾은 UBC 캠퍼스는 여전히 낯설었다. 더욱이 학습테크놀로지센터OLT, Office of Learning Technology*는 새로 이전을 한 상태라서 찾기가 쉽지 않았다. 디렉터인 미셸 램버슨Michelle Lamberson 교수는 3년 반 만에 또다시 한국에서 찾아온 방문객을 반갑게 맞아 주었다.

"교수법을 개선시키는 것은 결국 테크놀로지가 아니라 페다고지(교육학, pedagogy)예요."

학습테크놀로지센터의 소장이지만 램버슨 교수는 중요한 것은 테크놀로지가 아니라 교수법에 대한 교수들의 깨달음이이라고 계속해서 강조했다. UBC는 내가 방문했던 수십 개의 세계적인 대학들 중에서도 가장 전문적이고 조직적으로 테크놀로지를 교수법에 녹인 대학이었다.

교수법과 관련된 테크놀로지 하면 아시아의 대학들에서는 대부분 강의를 녹화하여 온라인으로 제공하는 동영상 콘텐츠를 떠올리지만 UBC에서는 그런 것을 전혀 제작하지 않았다. 학습테크놀로지센터의 영상 촬영기사는 한 명뿐이고 그것도 강의 녹화는 한 번도 한 적이 없으며 강의자료용 다큐멘터리 제작 등의 작업을 주로 수행하고 있었다. 이러한 점은 우리나라의 대학들은 물론, 또한 수십 명의 촬영기사가 학내에 상주하고 있는 싱가포르국립대와도 대조적이었다.

왜 강의 동영상을 하나도 제작하지 않느냐고 묻는 나에게 오히려 램버슨 교수는 "강의 동영상을 왜 제작해야 하죠?"라고 되물으며 학생들을 두 번 졸게 할 필요는 없지 않느냐고 웃었다. 교수가 말하는

---

* 2010년부터는 'Center for Teaching, Learning and Technology'로 확장 개편되었다.

내용을 얼마나 잘 암기했는지를 평가하지 않기 때문에 강의 동영상을 만들어 놔도 그것으로 공부할 학생이 없다는 것이 램버슨 교수의 설명이었다. 교수의 강의 동영상을 압도적으로 선호하는 우리나라와 아시아권 나라들의 대학 문화에 비하면 참으로 많은 차이를 보이는 부분이었다.

캐나다, 미국, 영국, 호주 등 영미권의 교육문화는 학생들에게 비판적 사고와 논쟁 및 토론을 촉진하는 특징을 가지고 있다. 이러한 분위기 속에서 전통적으로 UBC도 개별적으로 수행해야 하는 개인적 학습보다는 상호작용과 협동학습의 중요성을 강조해 왔다. 따라서 UBC에서는 수동적인 학습보다는 누군가에게 표현하는 학습, 즉 말하고 작문하며 결과물을 공유하는 활동이 대단히 중요하게 간주된다. 수업 중 토론에서 적극적인 활동을 한 학생들은 보상을 받게 되지만 소극적인 학생들에게는 불이익이 주어진다.

UBC는 교육의 질을 향상시키기 위해 등록금의 일부를 교수학습 개선기금으로 조성해 '수업디자인 닥터'라는 제도를 운영하고 있다. 일반적인 닥터가 사람 몸의 문제점을 진단하고 치료하는 클리닉을 운영한다면, UBC의 수업디자인 닥터는 교수와 학생들을 위한 강의 클리닉 서비스를 운영한다. UBC는 수업디자인 닥터들로 하여금 한 학기 내내 담당 교수와 함께 강의 목적에 부합하는 최적의 교육 방식을 고민하고 개발하며 수년에 걸쳐 꾸준히 개선함으로써 최적의 강의를 만들어 나가도록 하고 있다.

지질학 교수이기도 한 램버슨 교수 역시 수업디자인 닥터에게 강의클리닉 서비스를 받고 있는데 기대 이상으로 효과적이고 자신의 강의 스타일이 새로 태어나는 기분이라고 열정적으로 설명했다.

"수업디자인 닥터 제도는 토니 베이츠Tony Bates에 의해 도입된 것이에요. 지난 몇 년 동안 우리 대학은 수업디자인 닥터의 고용을 계속 늘려 와서 지금은 일곱 명의 수업디자인 닥터들이 있어요. 모두 수십 년의 경력을 가진 박사급 인력이죠. 한 명이 매 학기 신규 다섯 개 강좌, 유지보수 스물다섯 개 강좌를 맡아서 수업의 질을 높이기 위한 고민을 학기 내내 합니다. 강의 전체를 면밀하게 살펴본 후 문제를 진단하고, 보다 효과적이고 효율적이면서 매력적인 수업을 만들기 위해 강의를 전체적으로 다시 설계해 줘요. 담당교수와 지속적으로 토론을 하면서요. 마치 인테리어 디자이너가 집을 다 뜯어고쳐서 새 집처럼 만들어 주는 리모델링 같아요."

특정 강의에 대해 수업디자인 리모델링 프로젝트가 시작되면 첫 학기에는 강의 시작 전에 강의계획서를 준비할 때부터 수업디자인 닥터와 해당 교수가 수시로 만난다. 이때 강의를 통해 학생들이 어떤 능력을 갖게 되기를 바라는지, 강의 내용과 퀴즈 등이 그 능력을 배양하는 데 실질적인 효과가 있는지, 학생들을 생각하게 만드는 활동들을 어떻게 설계할지, 수업 스케줄을 어떻게 운용할지 등등을 논의하며 한 학기 강의 전체를 재구조화한다. 수업디자인 닥터는 교수가 가져온 자신의 강의계획서 및 강의 운용의 모든 것에 대해 세세히 질문을 던지고 교수 스스로 다시 생각해 보게끔 하는 과정을 치밀하게 반복한다. 첫해에 이렇게 밀착 클리닉을 받고 두 번째 해부터 4년 동안 추가로 애프터서비스의 개념으로서 수정 보완한다. 한 강의의 체질을 완전히 개선하는 데 도합 5년씩을 잡는 것이다.

UBC 대학원에서 교육공학 과목을 직접 가르치면서 동시에 학습 테크놀로지센터의 수업디자인 닥터로 근무하고 있는 조선아 박사는 이렇게 설명했다.

"수업디자인 닥터의 주요 역할은 담당 교수와 학생들을 인터뷰하고 수업을 관찰해서 강의 전체의 구조를 재조정하고 강점을 강화하며 또한 미비점을 보완하는 것입니다. 교수와 지속적으로 커뮤니케이션하면서 교수에게 강의를 성찰할 기회를 주어야 하므로 수업디자인 닥터의 가장 중요한 역량 중 하나는 원활한 의사소통 능력이지요. 한 강의에 대한 애프터서비스를 수년 동안 지속하기 때문에 한번 수업디자인 닥터와 연결되면 꾸준히 다각도의 의사소통이 이루어지게 됩니다."

실제로 내가 두 번째로 방문했던 당시 수업디자인 닥터의 강의클리닉을 거친 바이오 분야의 과학 강좌를 살펴보니 변화가 뚜렷했다. 기존에는 교수가 강단에서 두꺼운 교과서의 내용을 훑듯이 지나가며 설명하고 학생들은 그 내용들을 시험 보는 전형적인 강의 구조였는데, 강의클리닉 이후에는 교수가 강의할 내용을 온라인으로 미리 제공하고 퀴즈를 봐서 수업 시간에는 학생들이 모르는 부분부터 진행했다. 과학 과목이었음에도 수업은 주로 토론으로 이루어졌고 학생들은 책의 내용이 아니라 자신만의 생각을 끊임없이 이야기해야 했다. 요즘 화두가 되고 있는 '거꾸로 교실flipped classroom'의 원형이었다.

거꾸로 교실이란 학생들이 수업 전에 미리 교과 내용을 보고, 교실에서는 교과 내용과 관련된 다양한 활동을 하는 것이다.

UBC는 수업디자인 닥터들의 고용을 안정적으로 확보하기 위해 이들에 대한 대우를 전임교수와 동등하거나 그 이상으로 하고 있다. 예컨대 강좌의 리모델링을 위한 예산을 배정할 때 수업디자인 닥터의 인건비가 담당 교수보다 1.2배 높다. 또한 강의클리닉 서비스가 시작되는 해를 포함하여 5년간의 예산이 함께 책정되고 지원된다. 한 번 설계하면 끝나는 형태의 일회성 지원이 아니라 5년간 수업디자인 닥터의 개입으로 코스가 지속적으로 개선되도록 하는 것이다. 이것은 강의의 질뿐 아니라 담당 교수의 역량도 크게 향상시키는 결과를 가져온다.

내가 인터뷰한 UBC의 수업디자인 닥터들은 당시 중국 출장에서 막 돌아온 직후였다. 중국 정부가 국가적 차원에서 교육의 질을 높이기 위해 수업디자인 닥터라는 직업군을 새로 만들려고 이들을 초빙했던 것이다. 중국에서 UBC의 수업디자인 닥터들이 한 일은 '수업디자인 닥터'라는 새로운 직종의 직무와 업무를 구체적으로 개발하기 위한 컨설팅 및 워크숍이었다고 했다.

수업디자인 닥터와 강의클리닉은 원래 영어로는 'Instructional designer'와 'Instructional design'으로, 우리나라 말로 하자면 '교수설계자'와 '교수설계'이다. 우리나라에도 교수설계자라는 이름의 직업이 없는 것은 아니다. 그럼에도 내가 새로운 명칭을 만들어 붙인 것은 현재 국내에서 교수설계자가 영미권과는 다른 역할을 하고 있기 때문이다. 이들은 대부분 학사나 석사 출신으로, 박사급인 교수들과 대등하게 수업 설계에 참여할 수가 없다. 단지 학위가 문제가 아니라 실제로 전문성도 떨어진다. 대학 강의 경험이 충분히 있어야 하고 다양한 교수법의 효과와 문제점에 대해 이론과 실천 양쪽으로 모두 통달해야 하는데, 학사나 석사 출신으로 그러한 전문성을 갖기는 역부족이다. 그래서 수업 전체를 꿰뚫어 보고 질적 설계를 하는 것이 아니라 파워포인트 같은 수업자료를 만드는 단순작업 수준을 벗어나지 못하고 있는 것이 현실이다. 또한 전국 대학들의 교수학습개발센터에서 강의 컨설팅이라는 것도 제공하고 있지만, 교수설계를 전공하고 충분한 대학강의 경력을 가진 박사급 인력은 거의 없다. 강의법 워크숍을 몇 번 이수한 정도의 자격만 갖춘 상태에서 급조하여 컨설팅을 제공하고 있기 때문에 UBC 수업디자인 닥터가 하는 강의클리닉 수준에 미치지 못한다. 서울대의 사정도 크게 다르지 않다. 유사한 이름의 직군이 우리나라 대학들과 UBC에서 질적으로 전혀 다른 수준에서 활용되고 있는 것이다.

우리나라에서는 교수설계자가 제대로 역할을 하지 못하고 있는 사이에 교수설계자라는 개념조차 없던 중국은 새로운 직업군으로 이를 개발하고 있는 모습을 보면서, 우리도 이대로는 안 되겠다 라는 위기감을 느끼는 것은 나만의 생각일까. 우리 대학들도 전문적인 수업디자인 닥터의 도움을 받아 대학의 모든 강좌들이 리모델링될 수 있기를 희망해 본다.

마법 같은 온라인 강의를 경험하다

미셸 램버슨 교수가 언급했던 토니 베이츠는 테크놀로지를 활용한 교수법 혁신의 세계적인 석학이자 이러닝 분야의 대가이다. UBC의 교수였다가 지금은 은퇴했지만 은퇴 후에도 여전히 자신의 블로그를 통해 활발하게 테크놀로지 기반 교육과 관련된 이슈들에 대한 통찰을 주고 있다.

나는 박사과정에 있던 2001년에 토니 베이츠가 설계한 원격 온라인 강의를 직접 수강신청해서 들었던 경험이 있다. 완전히 원격으로만 하는 온라인 강의가 얼마나 질적으로 우수할 수 있는지 너무나 궁금해서 직접 확인해 보고 싶었다. 당시까지만 해도 나는 테크놀로지를 활용한 교육을 전공하고 있음에도 불구하고 온라인 학습이 오프라인 학습만큼 효과적일 수 있을까 다소 회의적인 시각을 가지고 있었다. 그런데 밴쿠버를 한 번도 가지 않은 상태에서 완전 온라인으로만 들은 UBC의 대학원 수업은 그때까지 내가 국내에서 들었던 어떤 강의보다 질적으로 치밀하고 탄탄한 수업설계로 나를 탄복하게 만들었다.

우선 수강 등록이 되자마자 네 명의 튜터가 각 학생에게 배정되었다. 첫째, 어드민 튜터admin tutor는 온갖 종류의 과제 및 시험 등 모든 학사 일정들을 직접 챙겨 주었다. 덕분에 학생이 직접 학사 일정들을 찾아보고 다닐 필요가 없었다. 둘째, 테크놀로지 튜터technology tutor는 당시 컴퓨터에 거의 문외한 수준이었던 나의 컴퓨터에 원격 접속해서 UBC의 학내 도서관과 연결해 주었다. 서울에 있는 내 집에서도 UBC 도서관의 자료를 자유롭게 사용할 수 있는 환경을 마련해 준 것이다. 온라인으로만 수업을 듣다 보니까 기술적으로 문제가 없도록 하는 것이 무엇보다 중요했는데 테크놀로지 튜터는 이러한 문제를 세심하게 살펴 주었다. 셋째, 아카데믹 튜터academic tutor는 담임선생님 격인 튜터로, 전체 수강생이 60명이었는데 수강생 20명당 한 명씩 배정되었다. 매일 학생들이 참여를 잘하고 있는지 확인하고, 토론 게시판에 학생들의 글이 올라오면 즉시 피드백해 주고, 과제도 꼼꼼히 리뷰해 주었다. 한번은 내가 설 연휴 때문에 3일 정도 접속을 못 했는데, 아카데믹 튜터로부터 무슨 일이 있는 건지, 어디가 아픈 건지, 도와줄 일이 있지는 않은지 걱정하며 빨리 수업에 들어오라고 당부하는 장문의 편지가 와 있었다. 미안해서 도저히 수업을 빠지려야 빠질 수가 없게 만드는 밀착 튜터링임을 실감했다.

그중에서도 마지막 넷째 튜터가 가장 환상적이었다. 바로 라이브러리 튜터library tutor였다. 수강 등록을 하자마자 다른 튜터들이 그랬듯 라이브러리 튜터에게서 이메일로 연락이 왔다.

"안녕하세요? 저는 당신의 라이브러리 튜터입니다. 앞으로 한 학기 동안 수업을 들으면서 필요한 논문이나 자료들이 있으면 언제든지 연락 주세요. 필요한 자료들을 즉시 찾아 보내 드리겠습니다."

실제로 내가 과제를 하는 데 필요한 자료들을 키워드만 알려 주면, 라이브러리 튜터는 정말로 24시간 내로 이메일이나 팩스로 모든 자료를 다 찾아서 보내 주었다! 한국과 미국의 시차 때문에 간밤에

요청한 자료들이 다음 날 아침에 일어나 보면 서재에 팩스로 와 있는 것을 보고 나는 마치 우렁이 각시가 왔다 간 듯한 감동을 받았다. UBC 도서관에 소장되어 있지 않은 자료가 필요하다고 하면 라이브러리 튜터는 다른 대학에 요청해서라도 반드시 찾아 주었다. 그야말로 학생은 배우는 데만 집중하면 되도록 모든 편의를 다 봐 주는 알라딘 요술램프의 지니 같았다.

이러한 환상적인 튜터링보다 더 감동적이었던 것이 있었으니, 바로 교재였다. UBC는 예나 지금이나 동영상 강의가 없다. 온라인 원격 강의라 하면 으레 교수의 강의 동영상을 제작하는 우리 대학들과 참 다르다는 것을 느낄 수밖에 없다. 토니 베이츠는 온라인 강좌에서 중요한 요소는 최대한 전문적으로 설계된 교재라고 생각하고 코스팀을 따로 꾸려서 교재 개발에 전력을 다했다고 한다. 내가 들었던 수업에서의 교재는 정말로 놀랍게도 그 흔한 동영상 강의나 화려한 플래시, 만화나 그림 같은 시각적 콘텐츠 하나 없이 완전 텍스트로만 이루어져 있었지만 텍스트 자체가 쉬운 구어체로 되어 있어 마치 이야기를 듣는 것처럼 쉽게 물 흐르듯이 읽어 내려갈 수 있었다. 어려운 이론과 개념들을 재미있게 접할 수 있도록 매우 세심하게 교재를 설계했음을 느낄 수 있었다.

또한 교재 중간중간에 생각해야 할 과제나 이슈, 토론 주제를 던져서 학생들의 도전 의식을 자극하고 토론을 통한 배움을 유도했다. 수업이 진행된 13주 동안 60명의 수강생들이 올린 토론 게시물 개수가 무려 3,700개 정도였으니 얼마나 치열한 토론이 이루어졌는지 짐작이 갈 것이다.

이렇게 환상적인 토론을 가능하게 한 또 다른 요인은 수강 자격을 UBC에 재학 중인 대학원생들로만 한정하지 않고 전 세계의 다른 학생들에게 오픈한 것이었다. 실제로 전체 수강생의 3분의 2는 UBC 대학원생이 아닌 외부 학생들이었다. 당시 서울대에서 박사과정에 있었던 나는 UBC에서 몇 개의 강좌를 이수하면 수료증이 나오는 비학위과정non-degree option을 수강했는데, 비학위과정은 석사 학위, 일정 수준의 토플 점수, 성적증명서 등 몇 가지 지원 자격만 갖추면 외부에서도 누구나 신청할 수 있었다. 더군다나 전 세계에서 참여한 수강생의 3분의 2가 박사학위를 가졌거나 관련 분야에서 십수 년의 경력을 가진 사람들이었기 때문에 다른 학생들과의 토론 자체가 그 어떤 교과서보다도 실제적인 가르침이었다. 팀프로젝트에서 나는 일본의 동경대 교수, 체코슬로바키아의 10여 년 경력의 이러닝 전문가와 한 팀이 되어 과제를 수행했는데, 그때는 지금과 같이 스카이프나 인터넷 전화가 보편적이지도 않았음에도 우리는 이메일과 전화와 팩스를 이용해 그 어떤 친구들보다 밀접하게 소통하며 협동 작업을 했다.

그동안 내가 받아 왔던 오프라인 수업들은 학생이 학사 일정도 직접 알아서 챙겨야 하고, 테크놀로지에 익숙하지 않으면 그냥 발품을 들이거나 알아서 컴퓨터 수리공을 불러야 하고, 도서관 자료를 찾아 여기저기 뛰어 다녀야 하고, 그러면서도 수업 과제에 대한 피드백은 제대로 받지 못하고, 수업 중에 수천 번의 상호작용을 한다는 것은 상상할 수도 없었다. 그런데 토니 베이츠의 수업은 온라인으로만 이루어지면서도 그 어떤 오프라인 수업보다 압도적으로 우수하고 학생들에게 최적의 학습 환경을 제공해 주었다. 이 경험을 통해서 나는 수업의 질은 오프라인이냐 온라인이냐에 좌우되는 것이 아니며, 수업디자인을 어떻게 하느냐에 따라 학생들의 학습 경험이 달라진다는 것을 절실하게 느꼈다.

UBC를 다시 방문했을 때 강의 개설 현황을 살펴보니, 동일한 강의가 온라인, 오프라인(면대면), 하이브리드(혼합), 학위과정, 비학위과정 등으로 동시에 개설되는 경우가 많았다. 정규강좌이든 비학위과정이든 상관없이 대부분의 강좌들이 두 가지 이상의 형태로 제공된다. 비학위과정은 별도로 개설되기도 하지만 상당수가 정규강좌를 몇 강좌 이상 이수하면 수료증이 수여되는 방식으로 운영된다. UBC는 어떤 유형이든지 동일 강의에 대해서는 동일 수준을 적용한다는 원칙에 따라 강의 수준은 정규 학생들에게 맞추고, 강의를 따라오지 못하는 수강생에 대해서는 교수가 수강취소를 권한다. 따라서 강의의 질 저하에 대한 염려는 거의 없으며, 오히려 해당 분야에서 현장 경험이 많은 전문가들이 수업에 참여함으로써 이론과 실제를 융합할 수 있고 정규 학생들도 생생한 도움을 받을 수 있다는 장점이 크다. 학위과정 학생들과 이미 학위를 마치고 사회에 나가 일하고 있는 경력자들이 서로 윈윈하며 자유롭게 수업을 운용하는 구조인 것이다. 정규 학위과정 학생들과 비학위과정 학생들이 한 수업에서 같이 수강함으로써 오히려 질적 수준을 높이는 UBC의 이러한 제도는, 우리 대학들에서 정규 학위과정과 대학부설 평생교육원의 비학위과정을 철저히 구분해 운영하고 있는 현실과 너무나 대비되는 모습이다.

또한 UBC에서는 캠퍼스 기숙사에 사는 정규 학생들도 강의의 형태를 자유롭게 선택하는 것이 가능하다. 같은 강의라도 자신의 편의에 따라 유형을 선택해, 직접 교실에 가서 오프라인으로 수강할 수도 있고, 한 번도 교실에 가지 않아도 되는 완전 온라인으로 수강할 수도 있다. 물론 모든 강의들이 다 이런 식으로 운영되는 것은 아니지만 상당히 많은 강의들이 이렇게 다양하게 제공되기 때문에 학생들의 선택권이 넓다.

이러한 체제를 경험하면서 가장 놀라왔던 것은 실제로 학생들은 강좌 설계자인 토니 베이츠를 온라인상에서 한 번도 만나 본 적이 없었다는 것이었다. 학생들이 경험하는 수많은 과제들과 학습활동, 팀 프로젝트, 흥미로운 교재, 마법 같은 튜터링, 정규 학생과 외부 학생들과의 환상적인 호흡, 이 모든 학습 환경을 토니 베이츠는 본인이 일일이 운영하는 것이 아니라 학교 차원의 시스템으로서 이루어지도록 꼼꼼히 디자인한 것이다. 감탄을 금하지 않을 수 없었다.

토니 베이츠는 자신과 마찬가지로 수업을 디자인할 수 있는 전문가들을 양성해 왔다. 그리고 이들이 오늘날 수업디자인 닥터로서 활동하며 UBC의 교수들이 자신의 강의를 리모델링할 수 있도록 강의 클리닉을 해 주고 있는 것이다. 학생들의 교육만이 백년지대계가 아니라 교수들을 위한 교육 지원도 백년지대계, 아니, 적어도 십년지대계여야 함을 새삼 느끼게 해 준다.

하와이의 동서문화센터에 가다

비행기에서 내린 지 얼마 안 되어 아직도 방향과 지리에 어리둥절한 우리 앞에 후덥지근한 하와이 날씨에 맞게 반바지에 슬리퍼를 신은 편안한 차림의 노인이 나타났다. 가지런히 넘긴 흰 백발과 차분하고 조리 있는 말투를 보니 분명 경력이 오래된 전문 스태프였다. 그는 우리가 앞으로 2주 동안 살게 될 학내 게스트하우스의 구조와 인근 편의 시설 등을 설명해 주고 우리를 마트까지 직접 데려가 주었다. 아시아 각국에서 도착한 연수 팀을 위해 일상생활의 자잘한 부분까지 세심하게 챙겨 준 이 친절한 백발노인은 알고 보니 기숙사 소속 직원이 아니었다. 예일대 출신으로 하와이 대학 부총장을 지냈으며 고등교육 부문의 저명한 석학인 딘 뉴바우어Deane Neubauer였다.

동서양 문화 연구의 산실로 세계적으로 이름이 높은 미국 동서문

화센터East-West Center. 하와이대 안에 위치하지만 정확하게는 대학 부설
이 아니라 미 연방정부 산하 기관이다. 아시아 문화를 이해하기 위한
접점을 찾고자 하는 목적으로 연방정부 지원을 받아 1960년에 설립
된 이후 아시아의 문화 환경, 경제, 국제정치 등 다양한 분야를 연구
하고 있다.

내가 참여한 프로그램은 아시아 태평양 지역 대학 교육 분야에서
떠오르는 차세대 리더들을 선발해 동서문화센터에서 2주 동안 진행
하는 리더십 연수로, 참여자의 소속기관에서 항공료만 지원해 주면
나머지 체제비 및 교육비 일체를 동서문화센터에서 부담했다. 연수
의 목적은 21세기의 경쟁력을 갖춘 대학 교육의 방향을 통찰하고 설
계할 수 있는 전문가를 양성하는 것이었다. 아시아 태평양 지역의 아
홉 개 나라에서 열다섯 명이 참석했는데, 한국인은 나 혼자였다. 참석
자 중에는 나처럼 대학에 몸담고 있는 사람들 외에 교육부 관리도 있
었고 유네스코와 같은 국제기구의 대학 교육 담당자도 있었다. 딘 뉴
바우어는 이 프로그램의 총 책임자였다.

하와이는 미국의 다른 어느 곳보다 동양과 서양이 공존하는 느낌
이 확연히 드는 곳이다. 미국의 여러 대학을 가보았지만 학생식당에
서 한식, 중식, 일식, 베트남식, 태국식 등 다양한 아시아 음식들을 매
일 맛볼 수 있는 곳은 하와이대가 유일했다. 동서문화센터에는 낯익
은 한국식 기와 건물인 한국학연구소도 있고 아시아 각국을 상징하
는 건물과 예술품이 캠퍼스 곳곳에 자리 잡고 있어서 동서 문화 교류
와 연구의 산실임을 체감할 수 있었다. 내가 머무르던 당시에도 마침

동양을 이해하는 키워드로 드라마, 소설, 음악을 분석하는 세미나가 열리는 것을 우연히 알게 되어 참석했는데, 한국의 대중문화를 우리보다 더 자세히 분석하고 연구하고 있다는 사실에 적잖이 놀라기도 했다.

"인종과 문화와 종교적 특징이 뚜렷하게 구분되는 속에서도 점차 더 상호의존적이 되어 가고 있는 현재의 글로벌 시대에, 앞으로 세상에 뛰어드는 21세기 학생들의 변화된 특징은 무엇일까요? 사회적, 경제적, 교육적 분화는 가속화되고 있고, 지구라는 행성의 환경 문제와 자원 문제는 심각해지고 있습니다. 그러한 근본적인 변화가 교육을 향해 말하고 있는 것은 무엇일까요? 그러한 근본적인 변화에 대응하기 위해 우리가 대학 교육에서 해야 할 일은 무엇일까요?"

UCLA 국제비교교육학 교수인 존 호킨스John Hawkins는 이러한 질문을 던지면서 수업을 시작했다. 나는 매일 아침 8시 30분부터 오후 5시까지 그야말로 빡빡하게 수업에 참여해야 했다. 미국에서는 샌드위치로 점심을 때우는 분위기라 점심시간이라고 해 봤자 잠깐의 간식시간 같은 느낌이었고, 조금 여유를 누릴 수 있는 자유시간이라고는 저녁을 먹을 때뿐이었다. 수업 자체도 만만하지 않아서 학창 시절보다도 더 열심히 공부해야 했다. 수업 중간중간에 토론에 참여하는 것은 물론이요, 발표 과제도 해야 했다. 각 참여자가 나라별로 대표성을 띠고 있다는 책임감 때문에 게으름을 피우려야 피울 수가 없었다. 총 책임자인 딘 뉴바우어를 비롯하여 세계 최고의 대학 교육 전문가

열두 명이 하루에 여덟 시간씩의 수업 강행군을 이어 나갔다. 특히 하버드대 교육사회학 박사인 바오얀 쳉Baoyan Cheng은 쉴 새 없이 숙제를 내주었다. 그러면서 우리는 조금씩 우물 안 개구리의 사고를 벗어 가고 있었다.

대학은 동물원인가, 생태계인가

수업에서 다루어진 주제들은 무척이나 다양했다. '21세기 대학 교육의 새로운 패러다임', '최대 다수의 최대 행복이 최선인가?', '교육에 있어서 공공의 선과 사적인 소유의 갈등', '세계 각국 교육의 현황 및 과제', '다양성과 세계화', '수업의 질과 그 질의 관리', '대학 교육의 접근성, 형평성, 그리고 수월성', '중등 교육과의 연계, 관계, 그리고 미래', '21세기 대학 교육에 필요한 리더십', '대학 교육의 패러다임과 질', '교사 교육, 교수 교육의 질'……. 내가 하와이의 동서문화 센터 대학 교육 리더십 연수에서 배운 것들은 일일이 나열할 수 없을 만큼 많지만, 그중에서도 우리 현실에 큰 시사점을 주는 몇 가지 인상 깊었던 점을 언급하고자 한다.

하나는 팀 티칭에 관한 것이었다. 이 프로그램에는 모두 열두 명의 강사가 있었는데, 각 수업마다 한 명의 책임 강사가 정해져 있기는 했지만 그 한 명이 홀로 수업을 진행한 적은 단 한 번도 없었다. 책임 강사가 수업을 리드하기는 했지만 일종의 사회자 역할만 할 뿐, 언제나 3~6명의 강사가 반드시 함께 수업에 참여했다. 누가 책임 강사인지 모두 잊을 정도로 환상적인 팀티칭이었다. 강사들의 전공은 저마다 다 달랐다. 교육학, 사회학, 철학, 인류학, 종교학, 역사, 심리학 등 같은 전공이 하나도 없었다. 이렇게 다른 분야의 전문가들이 21세기 아시아태평양 대학 교육이라는 하나의 관심사 아래 모여 세부 주제들을 가지고 신랄하게 핑퐁 토론을 했다. 나를 비롯한 참여자들은 깊이와 통찰력이 있는 강의 내용에도 감동했지만 강사들이 몇 시간씩 즉석에서 치열하게 반박하고 토론하는 수업 방식에 더욱 감탄했다.

서울대에도 팀티칭 수업이 있기는 하다. 그런데 대개 앞의 몇 주는 A교수가 담당하고 뒤의 몇 주는 B교수가 담당하는 식이거나, 첫째 주는 A교수, 다음 주는 B교수, 그다음 주는 C교수, 또 그다음 주는 D교수가 담당하는 식이다. 다른 대학들에서도 마찬가지다. 한국의 대학들에서는 강의란 전적으로 담당교수의 재량이라는 이유로 동료 교수의 강의에 관여하지 않는 것이 교수들 사이의 불문율이다. 같은 학과 소속 교수들끼리 세미나를 하는 대학원 수업은 간혹 있으나, 동서문화센터처럼 한 교실에 두 명 이상의 교수가 동시에 들어와 서로 주거니 받거니 상호작용 하면서 수업을 하는 경우는, 더구나 전혀 다른 분야의 전문가들끼리 하나의 이슈를 가지고 갑론을박하는 경우는 거의 없다 해도 과언이 아니다. 가끔 학회에서 패널들을 다양하게 구성해 토의를 하기도 하지만, 미리 준비한 내용을 정해진 짧은 시간에 발표하다시피 하는 경우가 대부분이다.

한국 대학에서와 같이 여러 명의 교수가 가르치는 수업이지만 실제로는 수업 시간을 물리적으로 나누어서 한 명의 교수만 교실에 들어오는 수업을 나는 '물리적 팀티칭'이라고 부른다. 사실 이것은 진정한 의미의 '팀' 티칭이라고 부를 수도 없는 것이지만 실제로 국내에서는 그렇게 불리고 있으니 편의상 '물리적'이라는 말을 붙인 것이다. 반면 내가 동서문화센터에서 경험한, 한 교실에 여러 명의 교수가 들어와서 누가 담당교수라고 할 것도 없이 동등하게 참여하며 토론하는 화학적 콜라보레이션를 보여 주는 수업을 나는 '물리적 팀티칭'과 구별해 '화학적 팀티칭'이라고 부른다.

동서문화센터에서 보여 준 화학적 팀 티칭은 가히 예술이었다. 너무나 타당하게 들리던 관점이 다른 측면에서는 이렇게 부족할 수도 있다는 사실에 눈을 뜨게 되었고, 완벽해 보이던 관점이 다른 측면에서는 이렇게 보완될 여지가 많을 수도 있다는 사실에 머리를 망치로 맞는 기분을 느꼈다. 게다가 학생인 우리도 단순한 청중이 아니라 직접 토론에 참여하는 주체이다 보니, 매 시간 수업의 질과 배움의 깊이는 말로 형언할 수 없을 정도였다. 전율이 흐르는 배움이 바로 이런 것이었구나, 눈을 뜬다는 것이 바로 이런 느낌이었구나, 감탄했다. 한국에서 수십 년 배우고 공부하면서 느껴 보지 못한 감동이었다.

한국에 돌아와서 그와 같은 화학적 팀티칭을 실천해 보고자 몇 번 시도해 봤지만 같이 하겠다는 교수를 도저히 찾을 수가 없었다. 뒤늦게 그 이유를 알고 보니 팀티칭을 하면 강의 실적을 절반만 인정해 주는 제도 때문이었다. 그러니 팀티칭 수업을 하게 되면 다른 강의를 추가로 맡아야 하는 부담이 있어 교수들이 선뜻 나서지를 못하는 것이었다. 강사들에게도 팀티칭 수업은 강사료가 절반만 지급되는 터라 젊고 패기 넘치는 강사들이 팀티칭을 하고 싶어도 하기 어려웠다. 제도와 규정이 팀티칭을 막고 있는 것이다.

하와이 동서문화센터 리더십 프로그램이 보여 준 화학적 팀티칭에서의 또 하나의 가르침은 '융합'에 관한 것이었다. 한국에서는 다른 전공에 대해서, 좋게 말하면 대단히 관대하고 인색하게 말하면 대단히 무관심하다. 다른 전공에 관심을 가지려 하지도 않고 관여하려 하지도 않는다. 정부 차원에서 융합 연구를 장려한다고 하니 각기 다른 전공 교수들이 팀을 짜서 융합 프로젝트에 지원을 하긴 하지만, 이것 역시 물리적 팀티칭처럼 교수들이 저마다 담당 부분을 따로따로 작업해서 나중에 합치기만 하는 것이 내가 목격한 모습이었다. 물리적 혼합은 있을지언정 화학적 융합은 찾기 어려웠다. 진정한 융합은 각각의 재료들을 한 접시에 올려놓기만 하는 샐러드가 아니라 모든 재료들을 한 솥에 넣고 끓여서 새로운 맛을 내는 찌개와 같은 것이 아닐까?

융합이 잘 일어나지 않는 이유는 대학의 학과와 전공이라는 것을 어떤 패러다임 속에서 보고 있느냐와 관련이 있다. 동물원과 생태계를 비교해 보자. 동물원은 닫힌 시스템으로, 동물원 우리에 사는 동물들은 옆 우리에 어떤 동물이 있는지 상관없이 독립적이다. 하지만 생태계는 열린 시스템으로, 생태계에 사는 모든 동물들은 상호의존적이다. 동물원은 외부에서 먹이를 넣어 주어야 유지가 된다. 하지만 생태계는 자체적으로 자생한다. 동물원은 외부 사람의 개입이 없으면 동물들이 다 죽는다. 하지만 생태계는 외부 사람의 개입이 없으면 동물들이 더 번성한다. 동물원의 다양성은 생태계의 다양성처럼 자연적인 것이 아니라 인위적으로 선택해서 만들어진 다양성이다. 동물원과 생태계, 분명 둘 다 동물들이 사는 곳인데 그 속성은 명백히 다르다. 과연 누구를 위한 시스템인가? 누구에게 편한 시스템인가? 동물원은 관리자나 관람객에게 편한 시스템이지만 생태계는 동물들을 위한 시스템이다.

우리의 대학은 어떠한가? 각 학과에 소속되어 있는 교수들은 옆 학과에 누가 있든지 상관없이 독립적이다. 옆 우리의 동물과 교류하지 않는 동물원처럼 우리 학과들도 다른 학과와 교류하지 않는다. 외부로부터의 펀드가 없으면 자생할 수 없고 정부의 개입에 의해 유지되는 것처럼 보인다. 현실의 이슈를 기반으로 하기보다 학과 이기주의에 의존하기 때문에 학과 간의 융합과 소통이 지지부진할 수밖에 없다. 지식나눔과 강의공개 움직임이 전 세계적으로 확산되어도 우리 대학들은 정규 수업을 대중에게 공개하기를 꺼린다. 다른 전공과도 섞이지 않으려 들지만 학교 바깥과도 철저하게 담을 쌓는다. 관리자나 관람객에게만 편한 동물원처럼, 우리의 대학은 정부나 대학 당국의 관리자들에게만 편리할 뿐 정작 학생들은 답답해한다. 닫힌 시스템 속에서 안주하는 데 익숙해져서 야생 생태계로 돌아가기 힘든 동물들처럼, 우리 대학의 교수들도 학과 속에서 안주하는 데 익숙해져서 학과의 벽을 허물고 융합하는 것에 힘들어한다. 우리의 대학은 생태계가 될 수 있는가? 아니면 앞으로도 계속 동물원이어야 하는가?

미하이 칙센트미하이는 학문 분과의 융합, 개별 학습의 융합, 지식의 융합을 강조한다. 지금까지의 공부는 혼자서 읽고 쓰는 극기의 과정이었지만, 실제 현실에서 벌어지는 문제들은 혼자 풀 수 있는 것이 거의 없고 대부분 집단이나 팀이 함께 풀어야만 하는 것들이다. 따라서 더 이상 학습을 개별적인 활동으로 인식하면 안 되고 학생들은 반드시 팀을 이뤄 함께 푸는 법을 배워야 한다는 것이 그의 주장이다. 문제를 해결하기 위해 서로에게 귀를 기울이며 의견을 결합하고 조율하는 것을 경험적으로 배워야 한다는 것이다. 혼자서만 잘하는 것이 지금의 세상에서는 더 이상 바람직하지 않다는 것이다.

화학적 팀티칭과 융합. 이 두 가지 시사점을 서울대를 비롯한 우리 대학들은 어떻게 실천할 수 있을까? 학과 간의 융합이 도저히 되지 않아서 별도로 융합대학원을 설립하는 한국의 대학들. 그러한 융합대학원에서조차 전공별로 또 다른 벽이 세워지고 있다는 소리가 들리는 것은 근거 없는 풍문일까? 울타리를 세우는 작업보다 울타리를 깨는 작업이 이렇게나 어려운 환경이, 세계 속에서 그리고 미래 앞에서 얼마나 경쟁력을 가질 수 있을까? 미래를 읽지 못하는 나라와 집단은 반드시 도태되었다는 역사의 가르침을 잊지 말아야 한다.

6부
가르치는 방식의 차원

말해 주면 난 잊을 것이고, 가르쳐 주면 난 기억할 것이고,
참여하게 해주면 난 배울 것이다.

_ 벤저민 프랭클린

에릭 마주르 교수가 건넨 메시지

미시간대에서 열린 특별 공개 강연회. '어느 전향한 교수의 고백'이
라는 주제였다. 300명 정도 들어가는 홀을 꽉 채운 주인공은 하버드
대 물리학과의 에릭 마주르 교수였다. 그는 베이지색 조끼에 감색 세
미 정장 차림으로 여유 있게 강단에 섰다. 하버드대 교수가 어떻게
전향했다는 것일까, 물리학 교수가 왜 교육에 대한 강연을 한다는 것
일까 하는 궁금증 때문이었는지 이른 아침이었는데도 홀 안은 빈자
리를 찾기 힘들었다. 각 의자에는 클리커라는 이름의 낯선 기기와 강
의 주제 초록이 놓여 있었다. 클리커는 버튼을 누르면 청중들 중 몇
명이 몇 번 항목에 응답했는지 스크린에 보여 주는 장치다. 대부분의
청중들은 TV 프로그램에서 클리커를 본 적은 많지만 실제로 본 것
은 처음인지 이리저리 눌러 보며 웅성거렸다. 에릭 마주르 교수는 클

리커의 사용법을 간단히 알려 주고는 흥미로운 질문으로 강연을 시작했다.

"자신이 가장 잘하는 게 무엇인지 생각해 보세요."

막상 질문을 듣고 보니 내가 가장 잘하는 것이 선뜻 떠오르지를 않았다. 다른 사람들도 마찬가지인 듯 웅성웅성했다. 에릭은 이런 반응을 예상했다는 듯이 미소를 지으며 천천히 생각해 보라고 했다. 순간 나는 전공 분야보다도, 평소 좋아하다 보니 잘하게 된 역사 분야가 떠올랐다. 내가 역사 분야를 잘하게 된 것은 평소 역사에 관심이 많아서 사극이 방영되면 그에 관련된 모든 잡다한 자료들을 찾아 읽고 그 시대에 푹 빠지는 습관이 있기 때문이었다.

"자신이 가장 잘하는 게 뭔지 생각하셨으면 그것을 어떻게 잘하게 되었는지 다음 보기에서 골라 보세요."

1. 시행착오trial and error

2. 강의lectures

3. 실제로 해 보기 / 연습practice

4. 도제apprenticeship

5. 기타

청중들은 하나를 선택해서 클리커를 눌렀다. 마주르 교수는 스크린에 결과를 보여 주었다. 압도적으로 많은 답이 3번이었다. 나 역시 3번을 눌렀다. 2번을 클릭한 사람은 단 2퍼센트뿐이었다. 청중들은 고개를 끄덕였다. 마주르 교수는 이어서 다른 질문을 던졌다.

"교육은 정보의 전달입니까? 정보를 내 것으로 만드는 것입니까? 전자에 동의하면 1번, 후자에 동의하면 2번을 눌러 주세요."

스크린에 나타난 결과는 93퍼센트가 2번이었다. 교육은 정보의 전달이 아니라는 것. 아인슈타인은 교육이란 배운 것을 다 잊어버리고 난 후에 남는 그 무엇이라고 하지 않았던가. 문득 나머지 7퍼센트의 사람들은 무슨 생각으로 1번을 클릭한 것일까 궁금해졌다. 마주르 교수도 그 7퍼센트의 강의를 한번 들어 보고 싶다고 웃으며 농담을 던졌다.

이어서 마주르 교수는 사진 한 장을 스크린 가득 보여 주었다. 칠판에 필기하며 가르치는 선생님의 수업을 학생들이 듣고 있는 전형적인 교실 모습이었다.

"이런 교실의 형태는 도대체 누가 언제 왜 만들었을까요?"

청중들은 모두 수군거렸지만 아무도 시원한 답을 하지는 못했다. 마주르 교수는 오늘날과 같은 구조의 교실은 고대 그리스에서 유래되었는데 원래 공연을 위한 것이라 관중석의 청중들은 보기만 할 뿐 참여하지는 않는 것을 전제로 만들어졌다고 설명했다. 또한 교육이 단순히 정보를 전달하는 것이 아니라 정보가 개인의 맥락에 의미 있게 내면화되도록 하는 것이라면, 청중들이 참여할 수 없고 단순이 전달만 받는 교실 구조는 그 자체로 넌센스라고 지적했다.

교실에서는 생각할 시간이 없다. 학생이 "교수님, 생각 좀 하게 잠시만 조용히 해 주실 수 있나요?"라고 묻는 일은 일어나지 않는다. 우리는 책을 읽다가 생각을 하기 위해 잠시 읽기를 멈추기도 하고, 길을 가다가 좋은 생각이 떠오르면 가던 길을 멈추기도 한다. 요리를 하다가 생각에 잠기면 요리에 집중을 못 해서 냄비를 태우기도 하고 뉴턴처럼 냄비에 계란 대신 시계를 넣고 삶기도 한다. 이렇게 생각은 생각을 할 시간이 있어야 가능한 것이다. 그런데 교실에서는 생각할 시간이 없다. 받아 먹기만 할 뿐 소화를 못 시킨다. 생각은 못 하고 오직 듣기만 한다. 진정한 학습이 일어나지 않는다.

그렇다면 수업을 듣는 학생들은 아무것도 배우지 않는가? 그렇지 않다. 그들의 배움은 교실에서 일어나는 것이 아니라 과제를 하면서, 시험공부를 하면서 일어난다. 즉, 교실 안에서는 정보를 전달받기만 하고 교실 밖에서 정보를 자신의 것으로 만든다.

마주르 교수는 한 재미있는 연구 그래프를 보여 주었다. MIT 미디어랩에서 실험한 연구인데 한 대학생에게 검사 장치를 붙이고 일주일 동안 여러 활동을 할 때마다 교감신경계의 전자파동이 어떻게 변하는지를 기록한 결과였다. 교감신경계가 활성화된다는 것은 집중, 각성, 흥분, 깨어 있음, 긴장 등이 증가된다는 것을 의미한다. 오른쪽의 그래프를 보면 교감신경계가 가장 활발하게 활동할 때는 숙제하고 공부하고 시험 볼 때이다. 흥미로운 것은 잘 때도 우리의 신경계는 쉬지 않고 활동을 한다는 것이다. 그런데 그래프를 보면 TV를 볼 때(왼쪽 원)와 강의를 들을 때(오른쪽 원) 우리 교감신경계는 거의 활동을 안 한다. 거의 불활성의 상태, 즉 뇌가 적극적으로 집중하지 않고 있는 상태인 것이다. 그래서 TV를 바보상자라 부르는구나 싶었다.

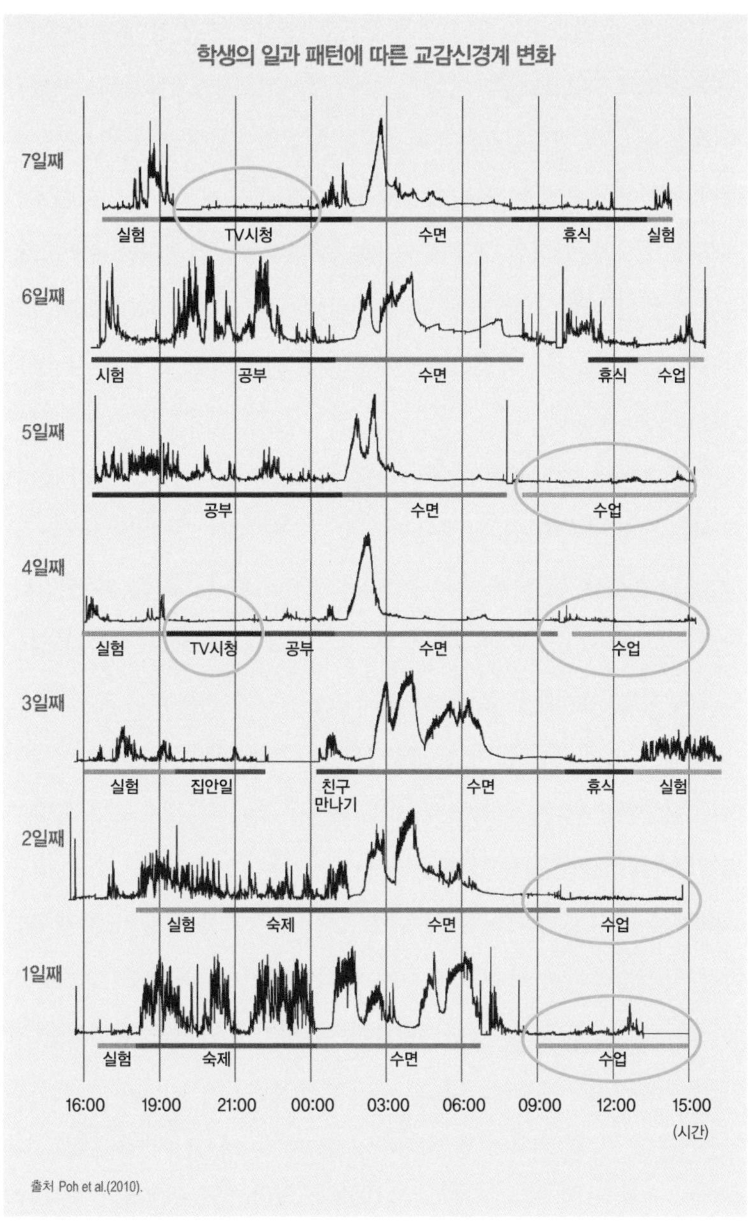

출처 Poh et al.(2010).

그런데 TV가 바보상자라면 대체 강의는 무엇이란 말인가?

마주르 교수의 요지는 이렇게 잠잘 때보다도 자극이 없고 각성되지 않는 우리의 강의를 바꿔 보자는 것이었다. 그는 기본적인 정보를 숙지해야 하는 활동은 교실에 들어오기 전에 숙제로 하고, 교실에서는 질문하고 생각하고 토론하고 설명하고 다시 질문하는 사이클로 수업을 해야 한다고 주장했다. 교실 안에서의 활동과 교실 밖에서의 활동을 바꿔 보자는 개념으로, 최근 한창 화두가 되고 있는 '거꾸로 교실'의 맥락이다.

사실 교사나 부모라면 누구나 이런 경험이 있을 것이다. 학생들에게 아무리 열강을 해도, 그래서 학생들이 다 이해했다고 생각해도, 방금 배운 것을 한번 말해 보라고 하면 학생들은 잘 대답하지 못한다. 어린 자녀들에게도 무언가를 한참 설명하고 나서 직접 다시 설명해 보라고 하면 아이들은 말을 못 한다. 스스로 복습을 하기 전에는 말로 표현하지 못하는 것이다. 교감신경계 그래프에서 보듯이 적극적으로 집중하면서 뇌가 각성되어 그 내용을 자신의 것으로 소화하기 전에는 안다고 할 수 없기 때문이다.

마주르 교수는 우리가 흔히 가진 착각이 강의를 유창하게 잘하면 학생들의 성적이 높아질 것이라는 생각이라면서 한 연구 결과를 소개했다. 대학생들을 두 집단으로 나누어 과학의 개념을 설명하는 강의 비디오를 보여 주었는데, 한 집단에게 보여 준 비디오는 교수가 청산유수로 말도 잘하고 학생들과 눈도 잘 맞추는 강의였고, 반면 다른 집단에게 보여 준 비디오는 강사가 말도 더듬고 줄곧 노트를 보느라 학생들과 눈도 제대로 맞추지 못하는 강의였다. 그리고 두 집단의 학생들에게 어느 강의가 더 효과적이었는지, 어느 강의에서 더 많이 배웠는지 응답하게 한 다음, 학생들의 공부 시간을 측정하고 시험을 보게 했다. 연구 결과, 학생들은 유창한 강의에서 더 많이 배웠다고 응답했고 강의평가 점수도 유창한 강의가 압도적으로 높았지만, 실제 공부 시간도 시험 결과도 두 집단 사이에 차이가 없었다. 즉, 교수가 말을 잘하면 학생들이 주의를 집중해서 많은 것을 배우는 듯이 보이지만, 그것은 환상이요 착각이라는 것이다.

그렇다면 잘 가르치는 교사라는 것이 의미가 없는 것인가? 우리는 잘 가르치는 교사를 얼마나 염원해 왔던가? 교사들은 잘 가르치기를 얼마나 바라 왔던가? 그런데 잘 가르치나 못 가르치나 학생들의 시험 결과는 별 차이가 없다니, 이런 황당한 사실이 있나 싶을 것이다. 그러나 여기서 주목해야 할 점은 같은 내용을 '강의'라는 동일한 방법으로 가르치는 한, 잘 가르치나 잘 못 가르치나 별 차이가 없다는 것이다. 학생들을 진정으로 잘 가르치는 교사는 교실에서 '강의'만 하지 않고 학생들의 뇌가 활발하게 움직이게 만드는 각종 학습활동을 이용한다. 실제로 강의라는 행위가 학생들의 주의집중과 뇌의 각성을 이끌어 내는 정도는 혼자 시험공부를 할 때 혹은 다른 사람과 토론을 할 때의 수준에도 미치지 못한다. 그렇다면 유창한 강의가 오히려 더 해로운 것인지도 모른다. 학생들이 전부 다 안다고 착각하게 만들어 잘못 이해하고 있는 개념을 발견하는 것이 거의 불가능하게 하니 말이다.

마주르 교수가 '전향한 교수'임을 자처하는 것은 가르치는 방법에 대해 이렇게 개종 수준으로 완전히 바뀌었음을 뜻한다. 하버드대에서 마주르 교수의 강의평가 점수는 5.0 만점에 평균 4.5점 정도로 상당히 괜찮은 편에 속했다고 한다. 게다가 그가 속한 물리학과에는 잘 가르치는 것에 관심을 갖는 교수가 아무도 없었기 때문에 이에 대한 이야기를 나눌 사람도 거의 없었다. 그런데 자신이 가르치는 학생들이 다 안다고 생각했던 내용을 실제로는 정확히 알지 못한다는 사실을 발견하고(그것도 하버드대 학생들인데도!) 마주르 교수는 자신의 수업이 가진 문제에 대해 고민하기 시작했다고 한다.

"배움이라는 것, 앎이라는 것, 깨달음이라는 것, 이것들은 모두 교실에 앉아서 교수가 말하는 한마디 한마디를 받아 적는 데서 오는 게 아니라 적극적으로 학습 내용에 뛰어들어 파고드는 데서 나오는 것이 아니겠습니까?"

그래서 마주르 교수가 고안한 방법 중의 하나가 학생들이 서로에게 토론하며 가르치게 하는 '동료티칭'이다. 동료티칭에서는 수업 전에 학생들이 온라인으로 강의 내용을 먼저 숙지하게 한다. 꼭 동영상 강의일 필요는 없고 그냥 교과서나 강의안이어도 된다. 그런 다음 개념을 묻는 두 개의 질문과 모르는 부분이 어디인지를 묻는 한 개의 질문으로 이루어진 온라인 과제를 내준다. 만약 모르는 부분이 없었다면 가장 재미있었던 부분을 답하게 한다. 교수는 학생들이 제출한 답안을 미리 검토해 수업 시간에는 다수의 학생들이 모르는 부분에서부터 설명을 시작한다. 간단한 설명을 한 후 짧은 개념테스트를 하고, 학생들에게 클리커로 답하게 한다. 이때 70퍼센트 이상의 학생들이 답을 맞히면 넘어가고,* 30~70퍼센트가 맞으면 학생들끼리 동료 토론을 시킨다. 이 토론은 반드시 서로 다르게 답한 학생끼리만 해야 한다. 같은 답을 한 학생끼리는 토론할 필요가 없다. '학습촉매Learning Catalytics'라는 이름의 프로그램이 클리커와 연동되어 자동으로 정답자와 오답자를 조합해 준다.

이 토론은 제시된 문제에 대해 학생들이 자신의 답이나 입장을 가지고 있거나 미리 준비해 와야만 가능하다. 따라서 교수는 학생들이 이러한 상태로 토론에 임할 수 있도록 수업을 설계해야 한다. 토론을 하며 학생들은 '아하' 하는 깨달음의 순간을 갖게 된다. 자신이 어디가 틀렸고 어디를 오해했는지 깨우치면 그때서야 비로소 그 지식은 온전히 자신의 것이 된다. 토론이 끝나면 2차로 개념테스트를 다시 해서 이때 역시 답을 맞힌 학생들이 70퍼센트를 넘으면 통과하고 넘지 못하면 또다시 토론을 한다. 만약 30퍼센트 미만이면 그때는 아예 처음부터 개념 설명을 다시 해야 한다.

이때 유의할 점은 중간중간의 개념테스트에서 답을 맞힌 학생에게 가산점을 주지 않는 것이다. 가산점을 주면 수업은 과정 중심이 아니라 결과 중심이 되어 버린다. 동료티칭의 핵심은 결과가 아니라 과정에 맞추어서 내재적 동기를 끌어내는 것이다. 마주르 교수는 클리커

---

* 몇 퍼센트의 학생이 답을 맞혔을 때 통과해야 하느냐에 대해서는 이견이 있을 수 있지만, 대체로 70퍼센트의 학생이 이해하면 통과하는 것이 공리주의라는 측면에서 상당히 보편적이고 상식적으로 받아들여지고 있다.

라는 테크놀로지를 활용한다고 말했지만 사실 동료티칭은 굳이 클리커가 없어도 가능한 방법이다. 어떻게 가르치느냐가 중요하지 테크놀로지가 중요한 것이 아니다.

마주르 교수는 최근에 하버드대와 스탠포드대를 시작으로 불기 시작한 개방형 온라인 강좌MOOCs, Massive Open Online Courses 열풍에 대해서도 의견을 덧붙였다. 이 열풍이 아무리 지구촌을 장악한다고 하더라도 오프라인 캠퍼스는 없어지지 않을 것이라는 의견이었다. 수준 높은 진정한 학습은 인간 간의 상호작용을 통해서만 가능하지 혼자서는 결코 불가능하기 때문이라는 것이다. 다른 사람들과 상호작용하고 협력할 줄 모르면 어느 분야에서도 성공할 수 없다. 마주르 교수는 하버드대 학생들의 가장 큰 혜택은 하버드대 교수들에게서 배울 수 있다는 것이 아니라 다른 하버드대 학생들과의 상호작용을 할 수 있다는 것이라면서, 학생들이 서로 토론하고 서로 가르치는 장을 만들어 주는 것이 교수의 임무라고 강조했다.

변화를 두려워하는 사람들에게 보내는 조언

사실 하버드대 물리학 교수가 학생 스스로 생각하게 하는 수업을 하자고 주장하는 것이 다소 의외였다. 세계 최고의 명문대라는 하버드대라면 당연히 이미 그러한 수업을 하고 있을 것이라고 기대했는데 마주르 교수는 하버드대의 수업에서도 지금껏 고작 지식의 흡수만 이루어져 왔음을 스스로 고백하는 셈이기 때문이다. 이를 알리러 강연을 다니는 마주르 교수의 모습이 신선하게 다가왔다.

동료티칭 수업에서는 교수의 역할이 더욱 중요하다. 학생들이 더 준비해 오도록 하는 것도 교수의 몫이고, 학생들에게 무슨 질문을 할지, 어떤 문제를 제시할지, 어떻게 토론을 활성화시킬지, 수업 시간을 어떻게 운영할지도 모두 교수의 몫이다. 물론 변화에 저항하는 교수들이 분명 많을 것이다. 수업 시간에 전달해야 할 내용이 얼마나 많은데 질문이니 토론이니 하는 것에 쓸 시간이 어디 있느냐 하는 교수들도 있을 것이다. 잘 가르치는 방법에 대해 관심조차 없는 교수들이 대부분인 연구중심대학에서는 더욱 그러할 것이다. 마주르 교수는 이들을 설득하는 방법은 간단하다고 말했다.

"교실에서 강의하던 기존의 수업 후에 시험을 보고, 교실에서 질문하고 토론하는 새로운 수업 후에 시험을 봐서, 그 결과를 제시하면 됩니다. 물론 시험은 '복습 전에' 봐야 합니다. 수업 시간에 학습이 일어나지 않았어도 복습 중에 학습이 일어날 수 있기 때문에 복습 후에는 수업의 효과를 객관적으로 측정할 수 없으니까요. 또 다른 방법은 새로운 방식으로 바뀐 다른 교수들의 수업을 참관해 보게 하는 것입니다."

마주르 교수는 시험 결과 학생들이 기존의 수업보다 새로운 수업에서 훨씬 더 많이 배운다는 사실을 데이터로 보여 주었다. 수업 시간에 교수가 지식과 정보를 전달하는 시간이 압도적으로 줄었음에도 학생들이 더 많이 배운 이유는 학생들 스스로 더 많이 준비해 오기 때문이었다. 더 많은 분량의 지식을 다루는 기존의 수업에 비해 동료 티칭 수업에서는 부분적인 내용만 다루는 것처럼 보일 수 있지만, 학생들이 혼자 책을 보고 알게 된 부분을 수업 시간에 반복하지 않고 오히려 모르는 부분을 집중적으로 다루기 때문에 시간은 절약되면서도 실제로 배우는 정도는 훨씬 더 크다는 것이다.

혹 학생들이 너무 많은 학습량에 지치지 않을까 우려하는 시선에 대해 마주르 교수는 학생들이 새로운 수업에서는 기존 수업보다 공부 부담이 오히려 훨씬 줄었다고 인식한 연구 결과를 제시했다. 청중들이 갸우뚱하자 마주르 교수는 아마도 자신의 공부에 주도권이 있을 때는 공부를 부담으로 생각지 않기 때문일 것이라는 의견을 덧붙였다.

배움은 누구의 것인가? 문화를 망라하여 알고 싶어 하고 배우고 싶어 하는 것은 인간의 본능이다. 마주르 교수는 학생들의 이러한 욕구와 호기심을 교수들이 막고 있다고 일갈했다. 특히 아시아권 학생들이 질문이나 토론에 적극적이지 않는 것은 교수가 그렇게 가르쳤기 때문이라는 것이 그의 생각이다. 동료티칭이나 토론을 잘 안 하려는 학생들이라도 교수가 직접 동료가 되어서 토론을 하다 보면 자연스레 다른 학생들과 말을 트게 된다는 것이다.

진정으로 학생들이 무엇을 얻기를 바라는지, 무슨 결과를 원하는지, 진지하게 따져 보고 수업을 설계해야 한다. 무조건 많은 지식을 주입해 봤자 나오는 결과는 무엇이겠는가? 먼저 지식을 제시하고 후에 배운다는 접근 자체를 뒤집어야 한다. 교과서의 내용을 전달하지 말고 학생들을 생각하게 만드는 질문을 개발해야 한다. 정보 전달은 교실 밖에서 하고 교실 안에서는 지식을 내면화해야 한다. 거듭 강조하지만, 학생의 행동은 언제나 교수가 유도한다.

교수의 변화가 학생의 변화를 부른다는 것. 모든 교수들이 새겨야 할 사실이다.

'질문이 없는 교육'에서
'질문을 발굴하는 교육'으로

질문이 실종된 교육

EBS 다큐멘터리 「왜 우리는 대학에 가는가」의 한 장면. 2010년 서울에서 열린 G20 폐막 기자회견장에서 버락 오바마 미국 대통령이 갑자기 예정이 없이 개최국에 대한 배려로 한국 기자들에게 자유로이 질문할 기회를 우선적으로 주었다. 그러자 우리에게 익숙한 어색한 정적이 흘렀다. 오바마 대통령이 다시 한 번 한국 기자들에게 질문하라고 했다. 다시 이어지는, 손발이 오그라드는 어색한 침묵. 한 중국 기자가 손을 들더니 질문하겠다고 했지만 오바마 대통령은 지금은 한국 기자의 질문을 받기로 한 시간이니 한국 기자들에게 먼저 기회를 주겠다고 했다. 그러나 끝내 아무도 질문하지 않았다. 이 장면이 녹화된 비디오를 본 다른 기자들은 본인 역시 그 상황에서 질문을 하지 못했을 거라 말한다.

오바마 대통령은 저 순간에 무슨 생각을 했을까? 그 상황이 한국 교육의 문제를 단적으로 보여 준다는 것을 간파했을까? 질문을 하면 자신이 부족하다는 것을 남들 앞에 드러내는 것으로 생각되어, 다른 사람들이 자신을 멍청하다고 생각할까 봐 걱정되어, 몰라도 아는 척 말문을 닫는 한국 사람들. 우리에게는 질문조차도 답인 것 같다는 한 기자의 고백. 어떤 상황에서 어느 질문까지 용인되는 것이고 어떻게 해야 적절한 질문을 할 수 있는 것일까, 그것조차 답이다.

왜 우리는 아무 질문도 못 하는 것일까? 우리 교육이 그렇게 길렀기 때문이다. 질문보다 경청과 침묵이 익숙하다. 질문은 낯설기만 하다. 잠시 정적이 흐르는 그 시간이 불편하고 어색해도 선뜻 질문을 던져 그 정적을 깨는 것이 너무나 힘들다. 자신에게 시선이 집중되는 것을 부담스러워하는 심리가 크다.

초등학교를 한국과 미국에서 다닌 윤선주 EF코리아 한국 지사장의 인터뷰는 이러한 우리 교육 문화를 단적으로 보여 준다.

"미국 초등학교에서는 선생님이 학생들에게 질문을 많이 한다. 동화책을 읽어 주고서도 '어떻게 생각하니?'라는 질문을 한다. 학생이 이해했는지 확인을 꼼꼼하게 하고, 학생의 의견을 물어보면서 스스로 생각하는 힘을 갖게 해 준다. 한국에 오니 진도를 나가기 바쁘더라. 학생이 이해를 하는 것보다 정해진 일정을 맞추는 게 중요했던 것처럼."(「스스로 생각할 때까지 기다려 준 미국, 진도 나가기 급급했던 한국」, 중앙일보, 2013.8.28)

서울대 최우등생들 인터뷰에서도 이와 비슷한 답변이 있었다.

"초등학교 1학년 때 미국에서 살다 온 적이 있는데 그때 문화충격이 굉장히 컸어요. 애들이 수업 시간에 손을 들고 나 이거 잘했어, 어떤 거 시험 몇 점 받았어 이런 것들에 대해 자랑하는 게 굉장히 당연한 분위기였어요. 그런데 한국 학교에 돌아왔을 때 제가 부딪쳤던 문제는 튀지 말아야 된다는 거였죠. 한국에서는 나대지 말라고 해요. 그러니까 한국 초등학교 교실에서는 애들이 튀는 것을 되게 피하는데 저는 눈치를 못 채고 반대로 행동을 했어요. 그게 많이 괴로웠던 것 같아요." _ 인문대 김동주

KBS 다큐멘터리 「공부하는 인간─호모아카데미쿠스」에서 다룬 유태인 교육을 살펴보면 교수의 말을 잘 듣는 교육을 해야 하는지, 교수에게 끊임없는 도전적인 질문을 하는 교육을 해야 하는지에 대한 시사점을 얻을 수 있다. 유태인은 전 세계 인구의 0.2퍼센트, 미국 인구의 2퍼센트뿐이지만 하버드대 등의 아이비리그 대학생들의 15퍼센트, 노벨상 수상자들의 30퍼센트를 차지하고 있다. 게다가 수많은 내로라하는 기업들을 비롯하여 미국의 정치, 언론, 영화, 금융, 산업, 학문 등에 막강한 영향력을 행사하고 있다. 나는 유태인이 그렇게 두각을 나타내는 것이 선천적인 요인 때문인지 아니면 교육 방식 때문인지 무척 궁금했다. 내가 대학교 때 잠시 미국에서 공부를 할 기회가 있었는데, 같은 기숙사에 사는 친구 클레어가 유태인이었다. 그

런데 클레어는 녹색 눈에 금발을 가진 전형적인 백인으로, 내가 생각하는 유태인의 모습과 달라 혼란스러웠다. 알고 보니 유태인을 규정하는 것은 인종이 아니라 종교, 즉 유태교이고, 그 종교에서 요구하는 실천들이 유태인을 유태인답게 만드는 것이었다. 또한 그 종교에서 요구하는 교육법이 오늘날 유태인을 각 분야에서 돋보이게 만드는 주요 요소였다.

유태인들은 2000년 동안 나라를 잃고 떠돌아 다녔다. 한곳에서 정착하고 살더라도 언제 어디서 또다시 쫓겨날지 모르기 때문에 농장, 저택, 성 같은 부동산으로 자산을 축적하는 것이 의미가 없었다. 대신 빈손으로 쫓겨나도 가지고 갈 수 있는 '머릿속의 지식'을 자산으로 쌓기 시작했다. 그런데 한곳에서 유용했던 지식이 다른 곳에서는 쓸모없어지는 경우를 자주 경험하게 되면서, 어느 환경에서도 쓸 수 있는 종류의 지식은 무엇일까 고민하게 되었다. 그것은 '어떤 것에 대한 지식'이 아니라 '생각해 내는 방법'이었다. 무엇을 생각하느냐what to think가 중요한 것이 아니고 어떻게 생각하느냐how to think가 중요하다는 것이다. 유태인들은 생각해 내는 방법, 즉 생각하는 힘을 기르기 위해 끊임없이 질문을 하도록 요구받았다. 혼자서 스승의 지식을 비판 없이 수용하는 대신, 스승의 관점에 계속 도전하는 질문을 하도록 교육받고 훈련되어 왔다.

우리나라에서는 아침에 학교에 갈 때 엄마가 아이에게 오늘도 선생님 말씀 잘 '들어라'라고 하고, 착한 어린이는 엄마 말씀을 잘 '듣고' 학교에서 수업을 잘 '듣는다'고 한다. 그러나 유태인들은 아이가 학교에서 집에 오면 "오늘 학교에서 선생님 말씀 잘 들었니?"가 아니라, "오늘 학교에서 뭘 질문했니?"라고 묻는다. 선생님 말씀을 얼마나 잘 듣고 이해하는지를 평가하는 것이 아니라 선생님에게 허를 찌르는 질문을 할 수 있는지 질문의 수준을 평가하는 교육 체제야말로 유태인들이 수천 년간 나라를 잃고 쫓겨 다니고서도 오늘날 눈부신 성과를 이룰 수 있었던 원천이 아닐까?

어린아이들은 질문이 많다. 세상은 신기하고 궁금한 것투성이다. 끝없이 이어지는 질문으로 부모의 인내심을 시험하는 경우가 한두 번이 아니다. 그러다가 학교에 가면서 선생님 말씀을 '잘 들어야' 한다고 길러진다. 우리는 질문을 해서 배우기는커녕 질문을 하면 배움(수업)에 방해되지 않을까 눈치부터 본다. 어릴 때 그토록 질문을 하던 아이들이 커서는 왜 질문을 하지 않는가? 궁금한 것이 안 생기기 때문이다. 그리고 그 이유는 궁금한 것이 안 생기도록 가르치기 때문이다. 수업 시간에 가장 많이 듣는 말은 "조용히 해라"이다. 튀는 사람이나 나대는 사람으로 보일까 봐, 답이 틀릴까 봐, 아예 말을 안 하는 한국 학생들. 질문은 반복적으로 지속적으로 억눌린다. 주어진 조건 속에서 정답만을 확인하는 시험 문제에만 익숙하다 보니, 주어진 조건 자체가 무엇인지 찾아야 하는 현실에서의 문제 앞에서는 머리가 하얘질 수 밖에 없다. 질문을 하려 해도 뭘 질문해야 할지 생각이 나지 않는 것이다.

대학에서도 마찬가지다. 교수가 학생을 평가하는 방식이 학생들로 하여금 질문을 하지 않게 만든다. 서울대 최우등생들도 이구동성으로 수업에서 질문을 하지 못한다고 고백했다.

"공부의 양이 많다 보니까 그냥 그걸 암기하는 데에도 급급해서 제 스스로도 질문을 잘 안 던지게 되더라고요."_자연과학대 김종혁

"제가 별로 나서는 성격이 아니에요. 수업 시간에도 앞에 앉기는 하지만 수업 중에 리액션이 많지는 않아요. 교수님이 말씀하시면 질문을 한다든가 의견을 말한다든가 이런 리액션은 거의 하지 않고 그냥 조용히 교수님 쳐다보면서 필기하는 타입이에요."_인문대 송소라

"뭐라고 해야 될까요? 수업 중에 질문이 없다는 것은 수업을 듣기 급급한 거겠죠? 그리고 뭔가 좀 교실에서 발표를 하기도 좀 부끄럽고 그래서."_자연과학대 임현선

"수업 시간 중에 제가 개인적으로 하는 질문은 수업 흐름에 방해가 될 수 있다고 생각해요. 필요하면 수업 마치고 교수님한테 가서 여쭤볼 수 있겠지만 수업 시간에는 질문을 못 해요."_사회과학대 최미나

"모르는 부분이 생기면 저는 그 자리에서 질문하지는 못해요. 숫기가 없어 가지고. 나중에 책을 보고 찾아보거나 아니면 교수님께 이메일로 질문을 한다든가 하는 식으로 사후적으로 해결을 하는 편이에요."_사회과학대 양지훈

"고등학교 때보다 질문을 더 안 하는 것 같아요. 학생 수도 많고 교수님도 바쁘신 것 같고 좀 더 어려운 느낌도 있고요."_인문대 주미현

교수에게 질문을 해도 시원한 답을 듣지 못하기 때문에 혼자 해결

한다는 학생들도 있었다.

"수업을 듣다 보면 의문점들이 생길 때가 있잖아요. 교수님들이 설명을 제대로 안 하고 넘어가시는 부분이나 교과서나 참고자료로도 충분히 이해할 수 없는 부분이 정말로 있거든요. 그래서 의문이 들면 교수님께 질문을 하는데 교수님이 보통은 대답을 잘 안 해 주세요. 설명해 주시는 분들도 있지만 대개는 다른 수업도 있고 연구로 바쁘시기 때문에 그냥 돌아가시거나, 혹은 그래도 친절하신 분들은 어딜 좀 찾아봐라 이 정도까지는 언급을 해 주세요. 그러면 강의계획서에 있는 레퍼런스를 찾아봐요. 요즘은 세상이 정말 좋아진 게 구글 같은 곳에 논문을 치면 거의 다 뜨거든요. 그래서 그거 검색해서 노트에다 정리를 해 둬요. 모르는 부분은 교수님께 질문 안 하고 그런 식으로 해결하죠." _ 공과대 유현승

질문을 못 하는 서울대 최우등생들. 질문을 못 하는 한국의 엘리트 기자들. 질문을 못 하는 우리나라 학생들. 왜 이렇게 되었는가? 누가 이렇게 만들었는가? 대학은 무엇을 가르치고 평가하고 있는가? 과연 우리의 생각은 길러지고 있는가? 대학은 우리의 생각을 자라지 못하게 하는 체제인가? 듣고 외우고 시험 보고 잊어버리는 공부를 반복하며 우리는 여기까지 왔다. 이런 방식으로 앞으로 어디까지 갈 수 있을까?

학생들의 질문을 발굴하다

2000년대 초반 내가 고려대에서 강의를 할 때였다. 수업 방식을 뭔가 획기적으로 바꿔 봐야겠다는 고민 끝에 나는 학생들에게 한 가지 제안을 했다. '교수가 대답하지 못하는 허를 찌르는 질문을 할 경우 A⁺를 주겠다'라는 것이었다. 일종의 질문 배틀이었다. 물론 책을 찾으면 나오는 정보를 묻는 것은 질문으로 간주하지 않는다고 했다. 그런 내용은 그냥 책을 찾아보라고 했다. 책을 찾아서는 나올 수 없는 종류의 질문을 하라고 했다. 한마디로 창의적인 질문을 발굴해 보라는 것이었다.

이것은 나에게 상당히 위험한 베팅이기도 했다. 사실 교수들도 질문을 받는 것이 긴장되기는 마찬가지다. 특히 강단에 처음 서는 신임 교수나 강사들은 자신이 답할 수 없는 질문이 나오면 어떡하나 걱정하기도 한다. 그러다 보니 학생들의 질문을 유도하는 학습활동을 설계하기보다는 교과내용을 유창하게 잘 전달할 수 있는 프레젠테이션을 준비하는 데 더 많이 신경을 쓰게 된다. 결국 수업 시간에 본인만 많은 말을 하고 학생들에게는 말할 기회를 주지 않는다. 수업이 다 끝나기 직전에야 "질문 없어요?"라는 형식적인 한마디로 면피할 뿐이다.

나 역시 생애 첫 강의를 하던 학기에 마치 무대에 처음 서는 배우처럼 긴장했었다. 그리고 프레젠테이션이 잘 끝나면 무사히 강의를 잘했다고 스스로를 위로하곤 했다. 그런데 해가 지날수록 내가 말을 잘하는 것이 곧 학생들이 잘 배우는 것은 아니라는 자각이 들기 시작했고, 급기야 학생들에게 나를 이길 수 있는 질문을 해 보라는 황당한 도전장을 내밀게 된 것이다. 이렇게 가슴을 열어젖히고 질문을 받겠다고 한 것은 내가 세상의 모든 것을 다 알고 있다는 자신감 때문이 아니었다. 교수가 그 교과의 모든 것을 다 아는 사람으로 비추어지지 않아도 된다는 깨달음에서 비롯된 것이다.

수업 분위기는 완전히 바뀌었다. 수업 시간마다 학생들은 수업 전에 미리 온라인 게시판에 올린 질문들을 중심으로 토론을 했다. 수업 후에는 학생들끼리 팀을 짜서 질문을 개발하기 위해 열을 올렸다. 선생님을 이겨 보겠다는 치기에 학생들은 정말 많은 준비를 했고 수업 시간에는 준비한 보따리를 풀어놓으며 치열한 갑론을박을 벌였다. 단순히 나와 학생들 간의 토론만이 아니라 학생들 간의 토론도 만만치 않았다. 나는 내가 즉시 반응하기 어려운 질문들은 학생들 간의 토론으로 돌렸는데, 그러면 학생들 사이에서 나보다 더욱 현명한 답변과 반론이 나오기도 했다. 학생들 모두가 준비를 많이 하다 보니까 한쪽에서 모자란 부분이 있어도 다른 쪽에서 동료 학생들에 의해 보완되는 것을 확인할 수 있었다. 내가 반론을 제기했다면 학생들은 그게 정답인가 보다 하고 반격하기를 주저했을 텐데, 동료 학생들이 반론을 제기하니 자신의 주장을 방어하기 위해 더욱 열을 올렸다. 형태로 보면 최근 화두가 되고 있는 '거꾸로 교실'을 그때 이미 실시한 것이다.

결과는 매우 성공적이었다. 나는 수업 시간에 이전처럼 말을 많이 하지 않았지만 학생들은 그 어느 학기보다 많이 배웠다. 그 사실은 최고의 강의평가 결과로 나타났다. 학생들은 잊을 수 없는 수업이라고 하며 정말 많이 배웠음을 고마워했다. 그리고 감히 선생님을 뛰어넘어 보자는 생각을 품게 해 주었다는 사실에 감사해했다.

"대학 와서 처음으로 대학 강의라는 것이 이런 거구나 느끼게 해 준 수업이었습니다."

"교수님을 이겨 보라는 과제, 정말 신선하고 도전적이었습니다. 그런데 결과적으로 이렇게 공부가 많이 될 줄은 정말 몰랐습니다. 최고로 빡세고 힘들었지만 많이 배운 수업이었습니다."

"답을 찾는 것보다 질문을 찾는 것이 이렇게 어려운 일이라는 것을 처음 느꼈습니다."

말을 하게 하는 교육, 책의 내용과 교수의 생각을 흡수하는 것이 아니라 그것을 넘어서는 나의 생각을 하게 하는 교육. 그렇게 대학 교육이 바뀌어야 한다. 학생의 행동은 교수가 유도한다. 학생들이 말을 안 하는 것은 교수가 그렇게 만들었기 때문이다. 학생들은 답을 외우는 것이 아니라 질문을 발굴할 줄 알아야 한다. 교수는 자신의 말을 전달하는 데만 몰입할 것이 아니라 학생의 생각을 끌어내기 위해 사력을 다해야 한다.

25

닥터 하우스가 보여 주는
'말하는 교육'

드라마에서 교육을 배우다

내가 교수법에 대한 강의를 할 때 종종 학생들에게 내주는 과제가 있다. 바로 미국드라마 「닥터 하우스」를 몇 회만이라도 보라는 것이다. 「닥터 하우스」는 괴팍하지만 천재적인 의사 그레고리 하우스와 그의 팀원들이 다른 병원에서 진단하지 못한 정체불명의 병을 밝히고 치료해 나가는 의학 추리 드라마이다. 영국 배우 휴 로리가 진단의학과 과장인 주인공을 맡아 열연을 펼치는데, 캐릭터와 연기가 매우 매력적이라 국내에서도 인기리에 방영되었다. 각각의 에피소드마다 원인을 알 수 없는 환자의 병을 진단해 내는 과정과 그 속에서의 좌충우돌이 지극히 현실감 있게 그려지고 있다.

　내가 특히 인상 깊게 본 부분은 닥터 하우스가 문제들을 해결해 나가는 과정이었다. 닥터 하우스는 천재임에도 결코 혼자 문제를 해결하지 않는다. 무슨 병인지 진단하지 못하는 환자가 생기면 그는 우선 팀원들에게 끊임없이 '말'을 해 보라고 한다. 천재인 데다 경력도 많은 닥터 하우스도 모르는 판국인데 레지던트인 팀원들이 뭘 알겠냐 싶지만 그는 틀리든 맞든 상관없으니 뭐든 '말'을 하라고 강요한다. 팀원들이 돌아가면서 병의 원인이 될 법한 요인에 대해 한마디씩 던지면 매번 닥터 하우스는 그들의 말을 반박하면서 원인이 아닌 요인들을 하나씩 제거해 나간다.

한번은 하우스가 다른 도시로 출장을 가 있는 동안에 응급환자가 발생했는데 병명을 몰라 치료를 못 하고 있다는 보고를 전화로 들었다. 공항에 묶여 있던 하우스는 혼자서 빈 벽에 공을 던지며 아이디어를 꺼내 보려고 무던히 애를 썼다. 그러나 아무리 해도 도저히 생각이 떠오르지 않자 한밤중에 팀원들을 전화기 앞에 모이라고 지시한 다음 스피커폰을 켜게 한다. 그리고 팀원들에게 그 환자의 증상과 관련해서 추측이든 상상이든 아무 말이든 뭐라도 '말'을 하라고 독촉한다. 팀원들은 계속 뭔가를 말해야만 했고 하우스는 그것들을 하나씩 반박하면서 한참 동안 이 과정을 반복한 후 마침내 문제를 해결할 아이디어를 찾게 된다.

이것이 바로 문제를 해결해 나가는 과정 자체인 것이다. 팀원들도, 닥터 하우스 자신도, 말을 해야만 더 좋은 생각을 꺼낼 수 있는 것이다. 닥터 하우스는 팀원들뿐만 아니라 가장 친한 동료 의사인 윌슨에게도 뭐든 의견을 달라고 하고, 병원장인 커디에게도 말을 하게 한다. 어떨 때는 평소 못마땅하게 여기는 다른 의사들에게도 말을 하게 하고, 환자들에게도 말을 하게 한다. 스스로 더 좋은 생각을 꺼내기 위해 다른 사람들의 생각을 꺼내는 작업을 계속하는 것이다. 정답을 듣기 위해서가 아니라 내 속에서 생각을 꺼내기 위해서다. 그러니 자신보다 수준이 떨어져도, 자신과 전혀 다른 생각을 해도, 모두 자신의 생각을 꺼내는 도구가 된다.

그래서 닥터 하우스는 자신의 말을 순종적으로 따르기만 하는 사람은 해고하고, 자신의 말에 토를 달고 반론을 제기하는 사람을 선호한다. 불쾌하더라도 그 길만이 해법을 꺼낼 수 있는 길임을 알기 때문이다. 한 에피소드에서 닥터 하우스는 비행기에서 응급환자를 진단하게 되는데 승객들 중 무작위로 세 명을 골라서 다음과 같은 지시한다.

"당신은 내 의견에 무조건 반대하고, 당신은 무조건 윤리를 외치고, 당신은 무조건 찬성하시오."

「닥터 하우스」의 매 에피소드는 문제기반학습의 전형을 보여 준다. 의과대학 교과서만을 달달 외운 학생들은 결국 난해한 증상을 정확히 진단해 낼 수 없음을 보여 주고, 천재라 하더라도 결코 혼자서는 답을 찾을 수 없음을 보여 주며, 문제를 해결하는 것은 누군가와의 상호작용, 즉 '말'을 통해서임을 보여 준다. 그래서 닥터 하우스가 불가피하게 자리를 비웠을 때는 팀원들 역시 모여서 무엇이든 생각을 모조리 꺼내 놓으며 적절한 해결책을 모색한다. 그들은 닥터 하우스에게 생각하는 방법을 그렇게 배운 것이다. 자신의 의견에 찬성을 하는 입장에 대해서는 반론을 제기하고, 자신의 의견에 반대를 하는 입장에 대해서는 변호를 하는 과정에서 닥터 하우스는 자신의 생각을 다듬어 나간다.

또한 「닥터 하우스」는 문제해결력은 결국 문제발견력이어야 한다는 사실을 보여 준다. 의사는 환자의 몇 가지 증상만 살펴보지 않고 아직 발견되지 않은 증상이나 환자가 숨기려고 하는 증상까지 찾아내야 한다. 보이는 증상으로부터 알려진 진단까지의 몇 가지 길 이외에 아직 발견되지 않은 증상으로부터 확인되지 않은 진단까지 수많은 가능성을 모두 열어 놓고 포착해야 한다. 주어진 조건에서 해결할 문제가 주어지는 것이 아니라, 무엇이 이 문제와 관련해서 고려해야 할 조건인지부터 판단해야 하는, 즉 문제가 주어지는 것이 아니라 문제를 발견해야 하는 것이 우리가 실생활에서 마주치게 되는 진짜 과제들인 것이다.

생각하는 방법, 문제해결 방법을 넘어 문제발견력까지 보여 주는 닥터 하우스. 드라마에서 그의 문제해결 과정은 '꺼내는 교육', '말'하는 교육'의 진수를 보여 준다. 그래서 잘 가르치는 법을 배우는 학생들에게, 그리고 수업 방식을 개혁하고 싶은 대학 교수들에게 「닥터 하우스」는 꼭 봐야 하는 필수 교재이다.

한국과 미국의 '말'하는 교육

서울대가 우리나라 최고 대학이라는 것은 어떤 점에서 최고라는 것일까? 교수의 수준이 최고일까? 그렇지 않다. 물론 훌륭한 교수가 많은 것도 사실이지만 교수 임용은 운이 많이 작용하기 때문에 당대 최고의 석학이 서울대에 임용되지 못할 수도 있고, 다른 대학의 교수가 최고의 석학일 수도 있다.

서울대가 최고일 수 있는 가장 큰 이유는 바로 서울대 학생들이다. 대학입시 방법이 어찌되었든 서울대는 전국에서 가장 우수하다는 인재들이 모인 곳이다. 서울대에 입학해서 가장 좋은 점은 훌륭한 지성들이 모여 있는 집합체의 일원으로 있다는 것이다. 그렇다면 그 자산을 십분 활용하는 것이 서울대 교육에서 가장 수혜를 받는 길이 아닐까? 최고 수준의 학생들을 서로의 배움을 위해 활용해야 한다는 것이다. 에릭 마주르 교수도 하버드대 교육의 가장 큰 이점은 하버드대 교수들에게 배울 수 있다는 것이 아니라 하버드대 학생들 속에서 서로 토론할 수 있다는 것이라고 말했다.

서울대 최우등생들 중에서도 동료 학생들로부터의 배움이 서울대 교육의 가장 큰 이점임을 인지하고 있는 학생들이 있었다.

"과제 주제를 잡는 방법은 일단 그 주제에 대해서 아무거나 말을 시작해 보는 거예요. 수업 시간에 다룬 내용을 다른 친구한테 말해 주면서 이런 거 재미있지 않을까 하고 얘기하다 보면 그 친구와 상호작용을 하면서 나오는 게 되게 많아요. 아, 이거 괜찮네, 이거 가지고 좀 더 생각을 해 볼까 하면서 과제 주제를 잡아 가는 거죠. 저 혼자서 고민하는 것보다 이렇게 다른 친구랑 하는 방법이 가장 효과적인 것

같아요.”_인문대 이호정

　“주변에 물어볼 때 저와 다른 관점을 가진 사람들한테 하는 게 중
요해요. 제가 주로 물어보는 친구들이 서너 명 정도 있는데 저와 성
향이 완전 달라요. 전혀 관점도 다르고. 하나는 언어에 되게 민감한
친구고, 하나는 마르크시즘이라든지 그런 쪽에 민감한 친구고, 그다
음에 다른 하나는 아예 수학 이런 거에 빠져 있고, 이렇게 다 달라요.
그게 저한테는 정말 큰 도움이 돼요. 저랑 다른 생각을 가진 사람들
과 소통을 해야 제 생각이 커지는 것 같아요.”_사회과학대 이정현

　미국의 교실에서는 한국 기준으로 봤을 때 저런 쓸데없는 이야기
를 왜 하나 싶을 만큼 별것 아닌 말도 주절주절 늘어놓는다. 교수도
학생도 누구 하나 별 내용 없는 이야기라고 무시하지 않는다. 그와
대조적으로 한국 유학생들은 뭔가 근사하지 않은 이야기는 안 하느
니만 못하다는 생각을 하기 때문에 입을 열지 않는다. 그러다 보니
수업에 집중을 안 하고 있다고 오해를 받거나 의견이 없는 바보인 것
처럼 바라보는 시선을 느끼게 된다.

　교수에게 자유롭게 자신의 의견을 말하거나 질문을 하지 못하는
경향은 서울대와 미시간대의 비교에서도 극명하게 드러난다. 다음의
그래프는 모르는 문제가 생겼을 경우 어떻게 행동하는지를 묻는 질
문에 대해 두 학교 학생들의 응답을 보여 준다. 서울대 학생들은 모
르는 문제가 생기면 일단 친구에게 물어보고, 그다음에 자기가 혼자
해결해 보려고 하고, 가장 마지막 대안으로 교수에게 도움을 구한다

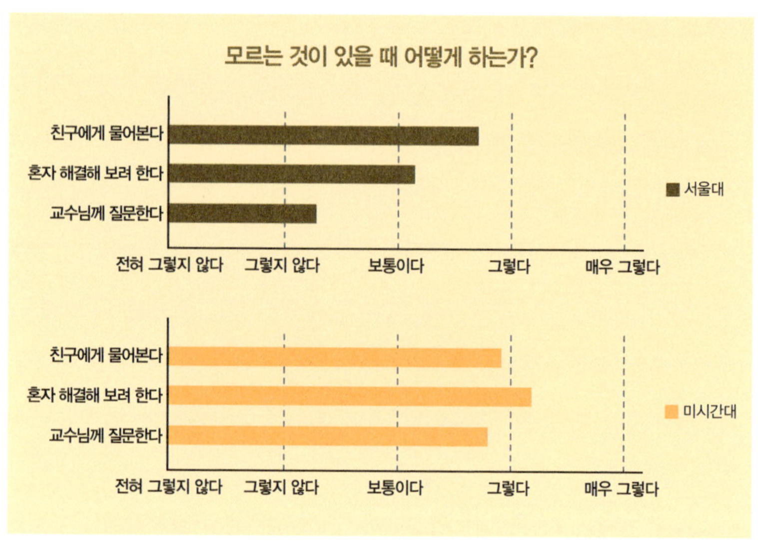

고 답했다. 반면 미시간대 학생들은 모르는 문제가 생기면 일단 스스로 해결해 보고, 스스로 해결이 안 되면 그다음에 친구에게 물어보거나 교수에게 도움을 구한다고 답했는데, 친구에게 가는 정도와 교수에게 가는 정도는 서로 거의 차이가 없었다. 즉, 교수에게 질문하는 것을 친구한테 물어보는 정도만큼 빈번하게 하는 것이다.

서울대 학생들은 대부분 교수에게 질문을 거의 하지 않는다. 교수에게 물어보느니 그냥 모르고 넘어가는 것이다. 그렇게 교수에게 거의 물어보지 않는 경향 속에서도 그나마 조금이라도 질문하는 경향은 역시 학점에 비례하는 모습을 보였다. 즉, 학점 높은 학생일수록 교수에게 더 많이 질문한다는 것이다. 그러나 미시간대생들은 성적에 상관없이 전반적으로 교수에게 질문한다는 응답이 많았고 오히려

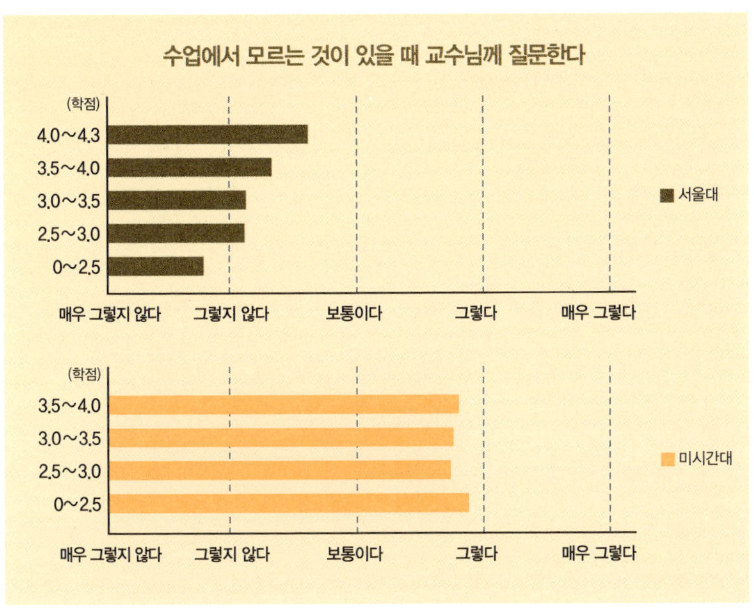

성적이 아주 낮은 집단은 더 많이 질문하는 경향을 보였다.

이렇게 우리 학생들이 수업에서 말을 하지 못하는 경향은 미국 교수들도 지적하고 있는 사실이다. 앞에서도 언급했듯이 대체적으로 미국 교수들은 아시아 유학생들이 더 똑똑하다고 인식하고 있다. 각종 입학 시험 점수가 두드러지게 높기 때문이다. 그런데 특히 문과 쪽에서는 전설과도 같은 성적으로 입학한 아시아 유학생이 그저 그런 평범한 상태로 졸업하는 경우가 드물지 않다고 한다. 커뮤니케이션 스킬이 부족한 것이 결정적인 이유다. 이는 단순히 영어 자체의 문제라고 보기 어렵다. 영어를 충분히 잘하는 학생도 정작 수업 시간에는 다른 학생들의 발언에 대해 치고 빠지고 반박하고 덧붙이고 확장시키고 발전시키는 것을 영 잘하지 못한다는 것이다. 혼자 말하거나 교수와의 간단한 질의응답은 잘해도 동료 학생들과의 토론은 잘 못한다는 것이다. 그래서인지 아시아 유학생들은 다른 친구들과 의견을 주고받기보다 교수의 의견을 흡수하는 것에만 더 집중하는 모습을 보인다.

남들 앞에서 자유롭게 말하는 문화는 우리에게 편안하지 않은 것이 사실이다. 어른들의 말씀에 자신의 의견을 제시하려 하면 어디서 어른 말씀에 토를 다느냐고 훈계를 들어야 했고, 반론이라도 제기할라치면 말대꾸한다고 야단을 들어야 했다. 하고 싶은 말이 있어도 참는 것이 미덕인 사회적 규범을 익히며 자랐다. 어릴 때는 끝없이 질문을 하던 아이도 학교에 들어가고 학년이 올라갈수록 선생님과 어른의 말씀을 무조건 잘 들어야 하는 문화 속에서 그 훈련이 반복되다 보면 더 이상 질문거리 자체가 머릿속에 떠오르지조차 않게 되는 것이다.

우리가 원래 말을 잘 안 하려는 것은 또 아니다. 편한 사람끼리 일대일로 대화를 하면 오히려 잘만 말한다. 그런데 다른 여러 사람들 앞에 나서는 것은 내켜 하지 않는다. 예컨대 토크쇼만 해도 우리에게는 익숙하지 않은 문화가 아니었던가? 내가 20여 년 전 처음 미국에 갔을 때 TV 채널이 100개가 넘는 것도 놀라웠지만 그중에서 온종일 토크쇼만 하는 채널이 수도 없이 많은 것에 더욱 놀랐다. 그것도 유명인만 출연하는 것이 아니라 일반인도 출연해서 별것도 아닌 시시콜콜한 일상에 대해 계속 말을 시키고 말을 하고 또 거기에 누군가가 반론을 하고 그러면 재반박을 하면서 계속 이어지는 말, 말, 말에 황당했던 기억이 있다.

이들은 남들 앞에 나서서 말을 하는 것을 어떻게 이토록 편하게 여기게 되었을까? 미국에서는 자연스럽게 말을 꺼내는 문화가 어릴 때부터 체계적으로 길러진다. 나는 10여 년 전에 미국 동부의 부촌 지역인 웨스트체스터에서 한 이름난 유치원을 탐방한 적이 있다. 그곳의 교육 시스템을 분석하기 위해 커리큘럼과 교육 방식에 대해 원장 및 교사들을 인터뷰하다가 한 가지 특이한 점을 발견했다. 바로 '서클타임Circle Time'이라는 것이었다. 영어, 수학, 사회, 과학 등의 다른 주요 과목들은 일주일에 몇 회씩 들어 있던 반면, 서클타임은 아침에 오자마자 30분, 점심 먹기 전에 30분, 집에 가기 전에 30분, 이렇게 날마다 무려 3회나 들어 있어, 다른 어떤 과목들보다 시간 배분 비중이 컸다. 알고 보니 서클타임은 바로 말을 하는 시간이었다.

유치원 입구의 칠판에는 서클타임을 위한 월별 주제, 주별 주제, 일별 주제가 적혀 있었다. 내가 방문했을 당시의 월별 주제는 '내가 되기Being Me'였다. 이 월별 주제는 주별 주제에서 좀 더 세분화되었다. 첫째 주는 '가족 속에서의 나', 둘째 주는 '친구들 속에서의 나', 셋째 주는 '이웃들 속에서의 나', 넷째 주는 '친척들 속에서의 나'였다. 또한 주별 주제는 일별 주제에서 보다 구체화되어, '가족 속에서의 나'를 다루는 첫째 주에 월요일은 '엄마가 바라보는 나', 화요일은 '아빠가 생각하는 나', 수요일은 '동생이 생각하는 나' 등 다른 사람들의 입장에서 생각하고 나 자신에 대해서 말을 하게 했다. 이 과정을 통해 자신을 다른 관점으로 바라보면서 '내가 되기'라는 성찰을 유도하는 것이다. 나는 저 주제들을 보고 깜짝 놀랐다. 대학생뿐 아니라 성인들조차도 선뜻 말이 나오지 않을 매우 철학적인 주제라고 생각되었기 때문이다.

나는 제대로 발표하지 못하는 아이들의 경우에는 어떻게 지도하는지 궁금했다. 내 질문에 대한 유치원 교사의 대답이 인상적이었다.

"물론 수줍어하거나 내성적이어서 말을 하지 않으려 하는 아이들도 있지요. 하지만 말을 더 잘하는 아이들도 꼭 있거든요. 예컨대 수잔이 말을 잘하지 않는 아이고 에밀리가 말을 잘하는 아이라면, 저희는 에밀리에게 수잔의 이야기를 물어봅니다. 그러면 에밀리는 어떻게든 말을 자꾸만 더 하려는 아이이기 때문에 무엇이든 수잔이 답할 것으로 예상되는 이야기를 적극적으로 합니다. 그렇게 에밀리가 수잔의 답을 대신해서 말하고 있다 보면 듣다 못해 수잔이 '그게 아닌데……' 하고 에밀리의 이야기를 바로잡으면서 자신의 이야기를 시작하게 됩니다."

즉, 발표를 잘하는 친구의 힘을 빌려 발표를 잘하지 못하는 아이의 입을 여는 것이다. 이런 시간을 하루에 세 번이나 갖다니, 어릴 때부터 말을 하는 것이 자연스러워질 수밖에 없겠다는 생각이 들었다. 인터뷰에서 이 유치원 교사는 미국의 9.11 테러가 벌어졌을 때 미국 전역의 학교들 상당수가 진도를 중단하고 2주일 내내 서클타임을 가지면서 왜 미국이 테러를 당했는가에 대해 각기 다른 관점에서 토론을 했다고 말했다.

단순한 말하기가 아니라 '생각하는 방법'으로서의 말하기 교육, 문제를 해결하는 방법으로서의 말하기 교육, 최고의 아이디어와 최상의 창의력을 끌어내기 위한 방법으로서 닥터 하우스와 서클타임이 시사하는 말하기 교육. 이제는 우리의 대학에서도 이러한 말하기 교육을 적극적으로 도입해야 하지 않겠는가?

26

'집어넣는 교육'에서
'꺼내는 교육'으로

교수들의 흔한 착각

"제가 몇 년째 하고 있는 과목인데요, 아무리 열심히 가르쳐도 실습보다 이론 위주인 수업이라 재미없어 보이는지 학생들이 수강신청도 많이 하지 않고 또 수강한 학생들의 강의평가 점수도 좀처럼 올라가지를 않아요. 어떻게 해야 좋을 지 모르겠어요."

"어떤 식으로 가르치시는데요? 구체적으로 처음 몇 주의 수업 장면을 묘사해 주세요."

"그냥 일반적인 강의죠. 일단 처음 몇 주 동안은 이 분야에서 기본적으로 알아야 할 몇 가지 이론들을 먼저 가르쳐 주죠. 예를 들어 가면서 쉽게 가르치려고 해요. 그런데 학생들한테 그 기본적인 이론들을 자신의 프로젝트에서 적용해 보라는 과제를 주면 다들 잘 못해요. 제일 힘들어하는 것 같아요. 그래서 이 과제를 아예 뺄까 고민 중이에요.”

“교수님께서 학생들에게 그 이론을 가르치시는 이유는 뭔가요? 학생들이 이론을 공부하고 나면 그걸로 뭘 했으면 좋겠다고 생각하시나요?”

“그야 당연히 이론을 잘 이해해서 실제 현장 상황을 그 이론에 비추어 볼 수 있는 안목을 갖는 거죠. 그런데 제가 아무리 열심히 이론들을 설명해 줘도 학생들은 이 과제를 싫어해요. 수업 시간에 재미있게 하지 않아서 그런 건지, 다양한 교수법을 동원하지 않아서 그런 건지…….”

“이론을 설명하는 처음 몇 주가 지난 후에는 어떻게 하시는데요?”

“그다음에는 학생들에게 최근의 현대 이론들을 골라서 발표하게 해요. 사실 현대 이론들은 아직 찬반 논란이 많아서 제가 설명하기 애매한 부분도 있으니까 학생들이 발표하게 하는 거예요. 3학점짜리 수업이라 세 시간이니까 한 발표당 30분씩 해서 한 주에 여섯 개의 조를 발표시켜요.”

아무리 열심히 가르쳐도 강의평가 결과가 별로 좋지 않다는 P교수와의 대화이다. P교수는 답답한 마음에 교수법을 전공한 내게 개인적으로 자문을 구한 것이었다. P교수는 전형적으로 ‘집어넣는 교육’을 하고 있으면서 학생들이 스스로의 해석을 꺼내는 과제를 못 한다고 불평을 했다. 학생들에게 발표를 시킨다고는 하지만 그것 역시 ‘꺼내는 교육’이라고 보기는 어려웠다. 피드백이 거의 없이 30분씩 이어지는 릴레이 발표, 해 본 사람은 알 것이다. 본인도 무슨 말인지 정확히 모르는 상태로 발표한다는 것을. 또한 P교수는 본인이 열심히 설명하면 학생들이 잘 이해할 것이라고 생각하면서, 재미있는 말을 많이 하지 못해 학생들이 수업을 좋아하지 않는 것이라 걱정하고 있었다.

P교수는 바쁘기만 할 뿐 제대로 배움이 일어날 시간은 없는 수업을 하고 있었던 것이다. 어떤 이론이 존재한다는 것만 알게 할 목적이라면 그저 이런 이론들이 있다는 정보만 듣고 넘어가면 된다. 하지만 이론들을 깊이 이해하고 이를 다른 상황에 적용시켜 현상을 해석할 수 있는 안목을 기르고자 하는 목적이라면 학생들 속에서 제대로 된 배움이 일어나야 한다.

사람들 중에는 말에 강한 사람이 있고 글에 강한 사람이 있다. 말에 강한 사람은 말을 해야 생각이 더 잘 정리되고, 말을 하면서 아이디어가 더 잘 떠오르고, 말로써 전달을 더 잘하는 반면, 글에 강한 사람은 글을 써야 생각이 더 잘 정리되고, 글을 쓰면서 아이디어가 더 잘 떠오르고, 글로써 전달을 더 잘한다. 교수들도 마찬가지다. 논문에 강한 교수가 있고 강의에 강한 교수가 있다. 논문을 잘 쓰는 교수가 꼭 강의를 잘하는 것은 아니다. 논문뿐 아니라 대중적인 칼럼도 기가 막히게 잘 쓰는데 만나 보면 의외로 말이 어눌하고 산만한 교수도 있다. 반면 말이 청산유수라서 청중을 빨려들게 하는데 글은 의외로 심심한 교수도 있다. 고대 그리스의 철학자 소크라테스는 아예 글을 몰라서 말로만 강의했다고 한다. 그의 글이 오늘날 우리에게 전해지고 있는 것은 제자였던 플라톤이 스승의 강의 내용을 글로 남겼기 때문이다. 그 당시 그리스는 문자가 막 상용화되기 시작하고 있던 터라 글은 전혀 신뢰 있는 소통 수단이 아니었다. 아무리 글로 남겼어도 말로 확인을 해야만 법적 효력을 지닐 만큼 말이 글보다 더 권위를 지니고 있었다. 구두로 아무리 확약을 했어도 계약서를 작성하지 않는 한 법적 효력을 지니지 못하는 오늘날 말과 글의 권위를 생각해 보면 너무나 뚜렷한 차이가 흥미롭다.

발신outgoing뿐만 아니라 수신incoming에 있어서도 마찬가지다. 말로 듣는 것이 글로 읽는 것보다 이해가 더 잘되는 사람이 있는 반면, 글로 읽는 것이 더 정리가 잘되는 사람도 있다. 한 실험에 의하면, 동양인은 말을 할 때 집중력이 떨어지고 사고력이 저하되는 데 반해, 서양인은 말을 할 때 사고력이 촉진되고 문제해결이 더 잘된다고 한다. 동양인이 말에 약한 것은 아마도 말하고 쓰는 '꺼내는outgoing 공부'가 아닌, 듣고 읽는 '집어넣는incoming 공부'에만 익숙해서일 것이다.

분명한 것은 말은 말처럼 하고 글은 글처럼 해야 가장 효과가 좋다는 사실이다. 말을 글처럼 하는 것은 곧 교수가 책을 읽는 것 같은 강의를 하는 것으로, 서울대에서 학생들이 가장 싫어하는 강의로 보고된 바 있다. 저자 직강이 아닌 저자 직독 같은 강의를 가장 싫어한다는 것이다. 교수는 자신이 다 가르쳤다고 믿지만 학생들은 결코 교수가 전달한 말을 다 듣지 못한다. 대부분의 경우 교수의 말은 학생들의 머릿속에 그대로 다 전달되지 않는다. 교수가 한 말과 학생들이 들은 말이 결코 같을 수 없다는 것, 교수가 한 말이 교수가 의도한 바와 똑같이 전달되지 않는다는 것, 여기에서부터 교육의 불완전성이 시작된다.

많은 열정적인 교수들이 흔히 범하기 쉬운 오류가 수업 시간에 말을 너무 많이 한다는 것이다. 자신이 아는 것을 하나라도 더 많이 가르쳐 주고 싶은 열정에 너무나 많은 정보를 속사포처럼 쏟아놓는다. 그런데 그렇다고 학생들이 교수의 열정에 감화받아 강의평가를 좋게 하지는 않는다. 강의평가가 좋은 강의는 단순히 재미있는 강의가 아니다. 재미는 있었지만 남는 것이 별로 없는 강의에 학생들은 좋은 평가를 주지 않는다. 또한 교수가 열심히 설명한다고 해서 학생들이 열심히 배우는 것이 아니다. 연구들에 의하면, 학생들은 특정 교수법에 의한 수업을 선호하지는 않는다. 학생들이 강의에 만족하느냐는 어떤 교수법을 썼는지가 아니라 진정으로 '배움'이 일어났는지에 달려 있다. 학생들에게 배움이 일어나면, 그리고 그 정도가 커서 많이 배웠다 생각되면 강의 만족도가 높아지는 것이다. 즉, 중요한 것은 교수가 얼마나 잘 가르쳤느냐가 아니라 학생이 얼마나 잘 배웠느냐이다. 그런데 많은 교수들이 이 부분을 잘 생각하지 못한다.

배움이 일어난 강의는 교수가 말을 많이 한 강의, 많은 것을 전달한 강의가 아니라 학생들이 생각을 많이 한 강의다. 수업 준비를 할 때 우리는 학생들의 생각을 끌어내는 활동을 얼마나 설계하는가? 학생들을 생각하게 하는 교육. 이것은 교수의 말을 줄이는 것에서부터 시작된다.

학생 속에서 일어나는 배움

하버드대 경영대학원의 테레사 에머빌Teresa Amabile 석좌교수는 기업 임직원들의 일기 1만 2000건을 분석했다. 그리고 자신의 저서 『전진의 법칙』에서 기업 조직의 창의성을 높이는 데는 두둑한 연말 보너스, 사내 수영장, 고급 레스토랑 같은 인센티브나 복리후생보다 직원들이 일 자체에서 작은 성공을 거둘 수 있게 돕는 것이 가장 중요하다고 주장했다. 자신의 업무 환경에 대해 긍정적으로 인식하고 자신의 업무에 강력한 동기 부여를 받을 때 직원들은 가장 창의적으로 일하는데, 그러려면 매일 사소한 업무라도 의미 있는 작은 성공을 맛보게 해 주어야 한다는 것이다.

대학에서도 마찬가지다. 교수들은 학생들의 성취 동기를 높이고 학생들의 학습을 독려하기 위한 전략으로 장학금(명시적인 인센티브), 고학점(공로에 대한 인정), 학습 목표 제시(명확한 업무 목표), 칭찬(감정적 지원)이 중요하다고 생각하지만, 실제로는 수업에서 각각의 학생들이 스스로 성장하고 발전하고 있다는 순간순간의 성공(배움의 전진)을 느끼도록 지원하는 것이 중요하다는 점은 쉽게 간과한다. 특히 서울대와 같이 명문대의 교수들일수록 "대학생 정도 수준에서의 성적은 결국 학생들의 몫이고 굳이 학교가 따로 노력할 필요는 없는 것 아닌가요? 어차피 어떻게 가르치든 간에, 될 놈은 잘 따라오고 안 될 놈은 무슨 짓을 해도 결국 못 따라오게 되어 있잖아요?"라고 말한다. 게다가 정말 많은 교수들이 학점 잘 주고 휴강 쉽게 하고 널널하게 강의를 해야만 학생들이 좋아한다고 믿고, 빡세게 가르치면 학생들이 싫어해서 강의평가 점수가 잘 안 나온다고 불평한다.

그런데 과연 그럴까? 여기에는 두 가지 사실을 이해할 필요가 있다. 첫째, 여러 연구들에 의하면, 학생들은 학점을 잘 준다고 알려진 강의를 수강하려는 경향이 높기는 하지만 그렇다고 해서 그러한 강의를 최고의 강의로 평가하지는 않는다. 자신이 노래를 잘 못해도 다른 사람이 노래를 잘 부르는지 못 부르는지를 구분할 수 있듯이, 학생들도 본인이 가르치는 것은 아니더라도 교수가 잘 가르치는지 못 가르치는지는 쉽게 구분할 수 있다. 즉, 학생들은 잘 가르치는 강의에 대해 상당히 정확히 평가할 수 있다는 것이다.

"수강신청에서 재미있을 것 같은 과목을 찾으려면 제일 중요한 게 선생님에 대한 평판인데요, 평판을 알아볼 때 특히 저는 수업이 빡세냐 안 빡세냐를 많이 따져요. 제가 찾는 건 빡센 수업이거든요. 그런 수업이 진짜 공부가 되더라고요. 저는 널널한 수업들은 별로 안 좋아해요." _ 인문대 이호정

"피하고 싶은 수업은 수업 내용이 너무 많고 그냥 슉슉 지나가서 알아듣기 힘든 수업이에요. 그런 수업은 교실에 앉아 있는 그 자체가 고역이거든요. 다른 걸 할 수도 없고 그렇다고 집중도 안 되고 재미가 없으니깐 그 과목에 대해서 흥미를 잃게 돼요. 그래서 그런 수업은 잘 안 들어요, 아무리 학점을 잘 주셔도." _ 자연과학대 이도준

"저랑 주로 잘 맞는다고 생각되는 교수님은 소위 말하는 빡센 교수

님들이에요. 설명을 자세하게 안 하고 PPT로 그냥 넘어가시는 교수
님들도 많거든요. 가르칠 분량이 너무 많으니까 포인트들만 집어 주
시고 죽 진도를 나가는 그런 스타일들 있잖아요. 근데 저는 꼼꼼하게
설명해 주시는 빡센 교수님이 좋아요. 그런 교수님 위주로 수강신청
을 하죠."_공과대 채성수

둘째, 학생들의 강의평가와 만족도는 자신이 그 수업에서 열심히
했느냐, 열심히 하지 않았느냐에 의해 달라진다. 내가 했던 연구에 의
하면, 공부 잘하는 학생이 어떤 수업에 대해 만족스러워한 요소가 공
부 못하는 학생에게는 불만족스러운 요소가 되기도 한다. 예컨대, 같
은 수준, 같은 내용을 같은 교수가 가르치는데, A강좌는 세밀하게 설
계된 온라인 교재를 통해 혼자 학습하도록 운영했고, B강좌는 별도
의 교재 없이 온라인에서 활발하게 토론하고 피드백을 주고받는 상
호작용이 중심이 되도록 운영했다. 이때 A강좌의 상위 30퍼센트 성
적의 학생들은 대부분 수업에 만족한다고 평가했으며, 그 이유로 세
밀한 온라인 교재 때문이라고 응답했다. 반면 A강좌의 하위 30퍼센
트 성적의 학생들은 강의에 대해 그리 만족하지 않았으며, 그 이유로
상호작용이 없었다는 점을 지적했다. 한편 B강좌에서는 완전히 반
대였다. 상위 30퍼센트 성적의 학생들은 수업 만족도가 높았는데, 그
이유로 활발한 상호작용을 들었다. 반면 하위 30퍼센트 성적의 학생
들은 수업 만족도가 낮았는데, 그 이유로 혼자서 차분히 공부할 수
있는 체계적 교재가 없음을 들었다. 즉, 하위 성적의 학생들은 상위

성적의 학생들이 느끼는 수업의 장점은 깨닫지 못하고(아마도 열심히 안해서 제대로 경험하지 못했을 테니), 수업에서 없는 것만 불평한다. 그러나 배움이 제대로 일어나기만 하면 자신의 배움이 일어나게 만든 요소만 인식할 뿐 그 수업에서 없는 부분은 보이지 않는다. 그래서 학생들의 강의평가 결과에서 상위 30퍼센트 정도의 데이터만 신뢰할 수 있다고 보는 인식들도 있다.

'결과'를 가르치는 교육은 결국 '집어넣는 교육'이고 '과정'을 배우게 하는 교육은 '꺼내는 교육'이다. '집어넣는 교육'은 교육의 내용이 학생 밖에 따로 존재하고 학생은 빈 도화지와 같다는 인식론을 기반으로 한다. 따라서 교수는 집어넣을 내용을 가진 사람이고 그 내용을 가지고 있다는 점에서 권위를 갖는다. 반면 '꺼내는 교육'은 학생 속에 들어 있는 생각으로부터 나와야 하기 때문에 교수가 정답을 가지고 있을 수 없다. 학생마다 다른 생각이 꺼내질 수 있으므로 교수는 각 학생들의 생각을 독려하여 문제해결로 귀결될 수 있도록 지도하는 역할을 한다. '집어넣는 교육'의 문제는 '꺼내는 교육'으로 해결할 수 있는 것이다.

이론이라는 '결과'를 먼저 집어넣는 교육을 계속하는 한, 교수가 본래 의도한 배움이 학생들에게서 일어나기는 어렵다. 이를 완전히 거꾸로 생각해서 그 이론이 생성된 '과정'을 학생들 스스로 꺼내 발표하도록 해 보자. 이때 청중들의 수준을 중학교 1학년 혹은 초등학교 3학년 등으로 구체적으로 정해 주는 것이 중요하다. 광고회사에서는 시청자를 중학교 수준으로 상정하고 광고를 제작한다고 한다. 그 분야의 전문가가 아니라면 청중들은 발표 내용을 듣자마자 바로 이해하지 못한다. 책에 나오는 어려운 단어와 문장을 그대로 읽는 것은 발표자 본인도 스스로 이해하지 못했다는 것을 방증한다. 그러므로 청중의 수준을 낮게 상정하고 발표하게 하면 반드시 보다 쉬운 말, 청중의 눈높이에 맞는 말로 할 수밖에 없다. 이렇게 말을 바꿔서 본인의 말로 하는 과정이 '꺼내는 교육'의 과정이다. 책에 있는 문장을 '다시 말하면', '무슨 말이냐 하면', '예를 들자면', '쉽게 말하면' 등으로 자신만의 언어로 다시 표현해 보라는 주문을 학생들에게 반드시 지속적으로 해야 한다.

하버드대의 제롬 브루너 교수는 "초등학교 학생들에게도 물리학자가 물리학 실험실에서 하는 것과 같은 사고방식을 가르치자. 단, 그들의 눈높이에 맞도록"이라고 말했다. 이 말에는 무엇을 가르쳐야 하는가와 어떻게 가르쳐야 하는가가 모두 포함되어 있다. 예컨대 물리학 과목이라면, 물리학자가 물리학 실험실에서 하는 물리학적 사고방식을 가르쳐야 한다. 물리학자는 물리학 실험실에서 공식이나 이론을 외우지 않을 것이다. 필요하면 책을 찾아보면 될 일이다. 물리학자가 물리학 실험실에서 하는 것은 세상을 물리학적인 관점으로 이해하고 설명하려고 물리학적으로 생각하면서 현상을 바라보는 것이다. 물리학 실험실에서 평가되는 것은 얼마나 현상을 물리학적으로 잘 이해하고 분석해 내느냐이지 얼마나 교과서의 이론을 잘 외우느냐가 아니다. 학생들에게 가르쳐야 할 내용은 그 분야의 최고 전문가가 현장에서 하는 종류의 일, 현장에서 생각하는 방식과 동일한 것이어야 한다. 가르치는 방법에 있어서도 물리학 실험실에서의 물리학적 논리 과정을 초등학생의 눈높이에 맞게 설명할 수 있어야 한다는 것이 브루너의 주장이다. 아무리 어려운 내용이라도 쉬운 말로 설명할 수 있어야 진정으로 이해한 것이다.

위대한 철학자 소크라테스는 그의 위대한 철학을 시장 상인들에게 강의했다. 소크라테스가 시장 상인들이 알아듣지 못할 어려운 말을 사용했을까? 어려운 내용을 어려운 말로 설명할 수밖에 없다면 그것은 제대로 이해하지 못했기 때문이라는 것을, 학생들을 지도해 본 교수들은 경험한 적이 있을 것이다. 교수도 마찬가지다. 교수들이 쉽게 설명하지 못하는 부분은 본인 자신이 정말로 완벽하게 소화하지 못했기 때문인 경우가 많다. 그렇기 때문에 자신이 정확히 잘 모르는 분야는 깊이 있게 다루지 않고 슬쩍 넘어가거나 아니면 학생들의 발표로 돌리는 경우도 종종 있다. 같은 과목이 여러 강좌로 개설되는 경우 담당교수에 따라 강의 내용이 다 달라지는 것도 이처럼 교수들이 자신있는 부분 위주로 수업을 진행하기 때문이다.

가장 좋은 학습 방법은 남을 가르치는 것이라는 말이 있지 않은가? 그것이 바로 '꺼내는 공부'이다. 그러니 교실에서 가장 많이 배우는 사람은 누구일까? 학생이 아니라 바로 교수이다. 미리 예습(강의 준비)을 하고 수업에 들어와서는 자신이 아는 것을 최선을 다해 말로 다시 토해 내는(강의를 하는) 것이 가장 좋은 공부법이 아니고 무엇이랴. 아는 것을 말하면서 자신의 생각을 다시 되짚고 정리하고 조직하는 교수야말로 교실에서는 가장 많이 배우는 사람이다. 그렇기 때문에 강

의를 처음 시작하는 많은 신임 강사들이 첫 학기 강의를 마치고 나서
는 지금껏 알던 것들을 명쾌하게 정리할 수 있어서 좋았다는 말을 많
이 한다. 나 역시 강의를 할 때마다 내 자신이 제일 많이 배운다는 사
실을 절실하게 느낀다. 신임 강사 시절에는 그간의 배운 내용들이 잘
정리됨을 느꼈고, 지금은 학생들의 질문들에 답변을 하면서 새로운
아이디어들이 더 진화하고 발전된다는 것을 매번 느낀다. 정작 교수
는 강의하면서 '꺼내는 공부'를 하고 있는데 학생들에게는 '집어넣는
교육'을 시키고 있는 것이 아이러니하지 않은가? 우리의 강의는 누구
의 무엇을 기르고 있는 것인가?

결론적으로 가장 중요한 사실은 학생들 속에서 '배움'이 일어나도
록 수업의 방식이 혁신적으로 바뀌어야 한다는 것이다. 집어넣는 교
육에서 꺼내는 교육으로, 듣는 교육에서 말하는 교육으로, 질문이 없
는 교육에서 질문을 발굴하는 교육으로, 우리의 교육은 바뀌어야 한
다. 그리고 그렇게 교육이 바뀔 수 있도록 대학의 제도적인 정책이
뒷받침되어야 한다. 또한 이러한 제도와 정책의 변화는 우리가 인식
하고 있는 교육 패러다임 자체가 바뀌어야만 가능하다.

그렇다면 누가 이 변화를 가져올 것인가? 그 변화의 주체는 우리
사회 전체가 되어야 한다.

나는 어떻게 하면 잘 가르치는가에 대한 분야를 연구하는 사람이다. 이 분야를 연구하면서 처음에는 교수법을 들여다보았고 수업을 분석했다. 그런데 연구를 하면 할수록 잘 가르치는 것에 대한 문제는 단순히 한 교수자의 교수법 문제가 아님을 깨달았다. 그렇게 가르칠 수밖에 없도록 만드는 제도와 정책이 있었고, 그러한 제도와 정책을 만드는 인식 패러다임이 있었다. 이 책은 작게는 수업에서의 교수법 문제에서부터 제도와 정책, 나아가 인식론적 교육 패러다임 전체의 이슈를 아우르고 있다.

모든 분야에서 잘 견디고 자신의 나태를 극복하는 사람이 성공하게 되는 것은 동서고금을 망라하고 공통점일 것이다. 그러나 어느 분야에서 잘 견디는 것이 우수한 능력으로 인정되고 사회적인 인재로 인정되느냐는 시대와 장소에 따라 다르다. 역사를 거슬러 올라가 보면 무술을 잘 연마한 사람을 추앙하는 시대와 나라가 있었고, 시를 잘 짓고 글을 잘 쓰는 것이 최고의 능력으로 인정받는 시대와 나라가 있었다. 현대의 우리나라는 어떤 능력을 가져야 성공적인 인재로 인정하고 있는가?

세상에는 배우면 좋은 것, 익히면 좋은 내용이 너무나 많다. 그래서 우리는 제한된 시간 동안 무슨 내용을 배워야 할지를 선택할 수 밖에 없다. 시대와 상황에 따라 인재들이 갖추기를 바라는 역량을 정하고, 가르쳐야 할 내용을 정하고, 학습 목표에 따른 방법을 정해야 한다. 또한 제한된 시간에 무엇을 가르칠지를 정해야 하기 때문에 강의 시간 배분 역시 무엇을 어떻게 가르칠지에 대한 철학과 밀접하게 관련될 수 밖에 없다. 같은 시간에 얕지만 많이 가르칠 것이냐, 적지만 깊게 가르칠 것이냐 또한 어떠한 역량을 기르고자 하는지 그 목적에 따라 달라진다.

분명 현재 서울대의 교육은 우리의 선조들이 길렀던 역량과도 다른, 서양에서 기르고 있는 역량과도 다른, 그리고 서울대가 본래 기르고자 목적하고 있는 역량과도 매우 다른, 역사상 전례가 없는 독특한 역량을 기르고 있다. 이미 알려진 지식을 무비판적으로 수용하는 역량, 가르치는 내용을 최대한 동일하게 흡수하고 기억해 내는 역량, 예습보다 복습이 필요한 종류의 역량, 그리고 자신의 고유한 생각보다 선생과 책의 가르침만이 세상의 진리라 믿고 순응하는 역량, 그러한 역량을 기르고 있는 것이다.

프로젝트 진행 도중 누군가가 이런 질문을 했다. 우리 자식들이라면 서울대 최우등생들과 같은 사람으로 키우고 싶은가? 만약 내가 사장이라면 서울대 최우등생들과 같은 사람을 직원으로 뽑겠는가? 예전에는 당연히 그러겠다고 했겠지만 이 프로젝트 이후 우리는 선뜻 답을 하지 못했다. 이러한 모습이 나는 너무나 안타까웠다. 소중한 원석들을 찬란히 빛나는 보석으로 다듬어야 한다는 책임감과 그러지 못하고 있다는 미안함에 어깨가 무거웠다.

인류의 역사는 제한시간 내에 정해진 100미터를 가장 빨리 뛰는 사람보다는, 아무것도 정해지지 않은 상황에서 무엇을, 어디를, 얼만큼, 어떻게 뛸지를 찾아내는 사람에 의해 발달해 왔다. 이미 알려진 문제를 푸는 사람보다는 발견되지 않은 문제를 찾아내는 사람에 의해 인류 문명이 진화되어 왔다. 하지만 오늘날 우리나라 교육은 정해진 100미터를 가장 정확하게 빨리 뛰는 사람을 길러 내고 있는 것으로 보인다. 하지만 한반도 반만년 역사상 처음 찾아온, 세계 속에서 발돋움할 수 있는 이 시점에, 우리에게 필요한 교육은 주어진 거리를 빨리 뛰는 사람보다는 주어지지 않은 길을 찾아서 그곳에서 뛸지, 걸을지, 차를 탈지, 혹은 다른 무엇을 할지 찾아내는 사람을 길러 내는 교육이어야 하지 않을까?

지난 50년간 우리나라는 선진국을 보며 열심히 달렸다. 앞선 자를 보고 달린다고 모두 다 잘 달릴 수 있는 것은 아니기에 지금까지 대한민국의 성취는 자랑스러워할 만하다. 그런데 우리가 선진국의 대열에 들어선 지금, 이제는 누구를 보고 달릴 것인가? 어디로 갈 것인가? 우리가 어떻게 하느냐, 세계의 변화에 어떻게 대처하느냐, 어떠한 리더십으로 사회를 이끌어 가느냐, 어떻게 경쟁력을 키우느냐에 따라 우리나라의 미래가 걸려 있다. 빠르게 변화하는 정보사회에서는 누가 먼저 혜안을 가지고 앞날을 예측하고 선점하느냐에 따라 나라의 미래가 좌우될 것임이 분명하기 때문이다. 지난 수십 년간의 기적 같은 성장에 안주해서는 안 되며, 앞으로 우리 자손들에게 어떤 사회를 물려줄 것인가 심각하고 진지하게 고민해야 한다. 우리나라의 미래, 아이들에게 물려줄 사회, 이 모든 것은 우리가 어떤 인재들을 길러내는지에 밀접하게 관련되어 있다. 교육은 백년지대계라 하지 않는가?

이 책은 저자 한 사람의 노력으로 완성된 것이 아니라 너무나 많은 분들의 도움으로 이루어진 것입니다. 이 책이 사회의 공감을 얻고 우리 교육의 변화에 작은 기여라도 한다면 그것은 모두 이 책에 도움을 주신 분들의 공입니다.

먼저 프로젝트에 참여한 서울대학교 학생들과 미시간대학교 학생들에게 감사를 표하고 싶습니다. 그리고 프로젝트의 수행을 지원해 준 서울대학교 교수학습개발센터와 미시간대학교 측에도 감사드립니다. 서울대학교에서 먼저 수행된 연구에 관심을 가지고 기꺼이 미시간대학교 학생들과의 비교연구를 지원해 준 피시맨Barry Fishman 교수와 스테파니 티슬리Stephanie Teasley 교수에게도 감사 드립니다. 한국과 미국의 관점을 한쪽에만 치우쳐 해석하지 않도록 지속적으로 아이디어 회의와 피드백에 참여해 준 미시간대학교 USE랩의 멤버들에게도 지면을 빌어 감사를 표하고 싶습니다.

이 책의 기반이 된 연구논문들은 여러 연구진들의 도움으로 이루

어졌습니다. 한국에서뿐 아니라 미국에서 프로젝트가 진행되는 동
안에도 스카이프와 전화를 통해 꾸준히 연구에 참여해 준 연구진들
의 노력이 없었다면 논문들은 완성되지 못했을 것입니다. 최경애 교
수님, 이지현 박사, 홍영일 박사, 성은모 박사, 변현정 박사, 김혜경 박
사, 최효선 박사에게 진심으로 고마움을 전하고 싶습니다. 연구진들
과의 무수한 회의들 속에서 「닥터 하우스」에서와 같이 상호작용을
통한 배움을 정말 많이 얻었습니다.

프로젝트를 학술논문으로만이 아닌 일반인을 위한 책으로 출간하
여 널리 공유할 수 있도록 격려해 준 미시간대학교의 이수영 교수님
께도 가슴 깊이 고마움을 전합니다. 연구 결과를 풀어놓을 때마다 너
무나 재미있어한 이수영 교수님과 시간 가는 줄 모르고 토론했던 순
간들을 잊지 못합니다. 또한 의미 있는 연구라고 격려해 주시고 공감
해 주신 서울대학교 교육학과의 나일주 교수님과 진동섭 교수님께도
머리 숙여 감사드리고 싶습니다. 특히 진동섭 교수님께서는 이 프로
젝트와 관련한 이야기를 들으시고는 서울대 본부와 교수들도 이 연
구 결과를 알아야 한다고 강조하셨고, 서울대 사범대 교수들을 대상
으로 한 포럼에서 발표를 하도록 추천해 주셨고, 또 수업 시간에 이
연구논문을 학생들에게 소개하고 공부하도록 하셨습니다. 연구의 의
미를 진정 공감해 주시고 격려해 주시는 교수님께 가슴깊은 감사와
존경을 전하고 싶습니다.

저의 논문스러운 문체를 독자들이 쉽게 읽을 수 있도록 매직처럼 아름답게 편집해 준 다산북스 김서윤 편집팀장님께도 감동과 고마운 마음을 전합니다. 꼼꼼한 편집 덕분에 책이 한결 업그레이드되었습니다. 그리고 책의 기획의도를 가장 먼저 정확히 공감해 주고 출간을 지원해준 다산북스 김선식 대표님께 감사드립니다. 다만 이 책에서 혹여 발견될 수 있는 오류가 있다면 전적으로 저자의 책임임을 밝힙니다.

끝으로 힘들 때마다 곁에서 가장 의지가 되어 주고 용기를 충전해 준 남편과 아이들에게 무한한 고마움과 믿음을 보냅니다.

저자 이혜정 드림

Amabile, T. (1996). Creativity in context. Boulder, CO: Westview Press.

Amabile, T., & Kramer, S. (2011). The progress principle: Using small wins to ignite joy, engagement, and creativity at work. Harvard Business Press.

Blumenfeld, P. C., Soloway, E., Marx, R. W., Krajcik, J. S., Guzdial, M., & Palincsar, A. (1991). Motivating project-based learning: Sustaining the doing, supporting the learning. Educational Psychologist, 26(3-4), 369-398.

Bok, D. (2006). Our Underachieving Colleges: A Candid Look at How Much Students Learn and Why They Should Be Learning More. Princeton University Press.

Boondao, R., Hurst, J., Sheard, J.I. (2009). Understanding cultural influences: Principles for personalized e-learning systems. International Journal of Behavioral, Cognitive, Education, 1(1), 66-70.

Bruner, J. S. (1976). The process of education. Harvard University Press.

Chen, C., Lee, S.-Y., & Stevenson, H. (1995). Response Style and Cross-Cultural Comparisons of Rating Scales among East Asian and North American Students. Psychological Science, 6(3), 170-175.

Chen, C. C., Chen, X. P., & Meindl, J. R. (1998). How can cooperation be fostered? The cultural effects of individualism-collectivism. The Academy of Management Review, 23(2), 285-304.

Choi, S., & Nieminen, T. (2013). Factors influencing the higher education of international students from Confucian East Asia. Higher Education Research & Development, 32(2), 161-173.

Cox, T. H., Lobel, S. A., & McLeod, P. L. (1991). Effects of ethnic group cultural differences on cooperative and competitive behavior on a group task. The Academy of Management Journal, 34(4), 827-847.

Earley, P. C. (1993). East meets West meets Mideast: Further explorations of collectivistic and individualistic work groups. The Academy of Management Journal, 36(2), 319-348.

Goncalo, J. A., & Staw, B. M. (2006). Individualism-collectivism and group creativity. Organizational Behavior and Human Decision Processes, 100(1), 96-109.

Harzing, A., Brown, M., Köster, K., & Zhao, S. (2012). Response style differences in cross-national research. Dispositional and situational determinants. Management International Review, 52, 341-363.

Hofer, B. (2008). Personal epistemology and culture. In M.S. Khine (Ed.), Knowing, knowledge, and beliefs: Epistemological studies across diverse cultures (pp. 3-22). Netherland: Springer.

Järvelä, S., & Järvenoja, H. (2011). Socially constructed self-regulated learning and motivation regulation in collaborative learning groups. Teachers College Record, 113(2), 350-374.

Karantzas, G. C., Avery, M. R., Macfarlane, S., Mussap, A., Tooley, G., Hazelwood, Z., & Fitness, J. (2013). Enhancing critical analysis and problem-solving skills in undergraduate psychology: An evaluation of a collaborative learning and problem-based learning approach. Australian Journal of Psychology, 65(1), 38-45.

Kember, D. (2000). Misconceptions about the learning approaches, motivation and study practices of Asian students. Higher Education, 40, 99-121.

Khosa, D. K., & Volet, S. E. (2013). Promoting effective collaborative case-based learning at university: A metacognitive intervention. Studies in Higher Education, 38(6), 870-889.

Laurillard, D. (2002). Rethinking university teaching (2nd ed). London, UK: Routledge Falmer.

Lee, K. & Carrasquillo, A. (2006). Korean college students in United States: perceptions of professors and students. College Student Journal, 40(2), 442-457.

Li, J. (2003). US and Chinese cultural beliefs about learning. Journal of Educational Psychology, 95(2), 258-267.

Lun, V., Fischer, R., & Ward, C. (2010). Exploring cultural differences in critical thinking: Is it about my thinking style or the language I speak? Learning and Individual differences, 20(6), 604-616.

McNaught, C. (2009). More than a paper trail: Developing quality assurance processes that enhance teaching and support student learning. Proceedings of the International Symposium on Development of Teachers' Potentialities, Capital University of Economics and Business, Beijing

McNaught, C. & Young, K. (2011). Ensuring quality in undergraduate curriculum reform: Experience in Hong Kong. Proceedings of the Australian Quality Forum 2011, 105-112.

Nisbett, R.(2003). The geography of thought: How Asians and Westerners think differently… and why. New York, NY: Free Press.

Niu, W. & Sternberg, R. (2003). Societal and school influences on student creativity: The case of China. Psychology in the Schools, Vol. 40(1), 103-114.

Palfreyman, D., & McBride, D. (ed.) (2007). Learning and teaching across cultures in higher educaiton. New York, NY: Palgrave Mcmillan.

Phuong-Mai, N., Terlouw, C., & Pilot, A. (2005). Cooperative learning vs. Confucian heritage culture's collectivism: confrontation to reveal some cultural conflicts and mismatch. Asia Europe Journal, 3(3), 403-419.

Poh, M.Z., Swenson, N.C., Picard, R.W. (2010). "A Wearable Sensor for Unobtrusive, Long-term Assessment of Electrodermal Activity", IEEE Transactions on Biomedical Engineering, 57(5), 1243-1252.

Ramamoorthy, N., & Flood, P. C. (2004). Individualism/collectivism, perceived task interdependence and teamwork attitudes among Irish blue-collar employees: a test of the main and moderating effects? Human Relations, 57(3), 347-366.

Robbins, S. B., Lauver, K., Le, H., Davis, D., Langley, R., & Carlstrom, A. (2004). Do psychosocial and study skill factors predict college outcomes? A meta-analysis.

Psychological Bulletin, 130(2), 261 –288.

Runco, M. (2004). Personal creativity and culture. In S. Lau, , A. A.Hui, , G. Y. Ng, (Ed) Creativity: When east meets west (pp. 9-21). River Edge, NJ: World Scientific Publishing.

Shin, J., Jung, J., & Shin, T. (2008). Causal relations between college student academic achievement and its factors. The Journal of Educational Administration, 26(1), 287-313.

Singh, P. & Doherty, C. (2004). Global cultural flows and pedagogic dilemmas: Teaching in the global university 'Contact Zone'. TESOL Quarterly, 38 (1), 9-42.

Stassen, M., Herrington, A., & Henderson, L. (2011). Defining critical thinking in higher education: Determining assessment fit. To Improve the Academy, 30.126-141.

Sternberg, R. (1999). Handbook of creativity. New York, NY: Cambridge University Press.

Trans, T. T. (2013). Is the learning approach of students from the Confucian heritage culture problematic? Educational Research for Policy and Practice, 12(1), 57-65.

Tsai, C. (2008). The use of Internet-based instruction for the development of epistemological beliefs: A case study in Taiwan. In M.S. Khine (Ed.), Knowing, knowledge, and beliefs: Epistemological studies across diverse cultures (pp. 273-286). Australia: Springer.

Vogel, D., Lou, D., van Genuchten, M., Verveen, S., & Adams, T. (2000). Distributed experimental learning: the Hong Kong-Netherlands project. In Proceedings of the 33rd Annual Hawaii International Conference on IEEE.1-9. System Sciences, 2000.

Von Kotze, A., & Cooper, L. (2000). Exploring the transformative potential of project-based learning in university adult education. Studies in the Education of Adults, 32(2), 212-228.

Wagner, J. A. (1995). Studies of individualism –collectivism: Effects on cooperation in groups. The Academy of Management Journal, 38(1), 152 –173.

Wong, J. (2004). Are the learning styles of Asian international students culturally or contextually based? International Education Journal, 4(4), 154-166.

다니엘 핑크 (2012). 『새로운 미래가 온다 A whole new mind: why right-brainers will rule the future』. 김명철 (역). 한국경제신문사.

미하이 칙센트미하이 (2003). 『창의성의 즐거움 Creativity: flow and the psychology of discovery and invention』. 노혜숙(역). 더난출판사.

서남표, 서울대 기초교육원 (2008). 『한국 대학의 개혁을 말한다: 서울대학교 관악초청 강연 2』. 생각의 나무.

아만다 리플리 (2014). 『무엇이 이 나라 학생들을 똑똑하게 만드는가 The Smartest Kids in the World』. 김희정(역). 부키.

안희경 (2013). 『하나의 생각이 세상을 바꾼다: 세계의 지성들이 말하는 한국 그리고 희망의 연대』. 오마이북.

장미정 (2005). 『하버드 VS 서울대』. 도서출판 답게.

장하준 (2007). 『나쁜 사마리아인들 Bad Samaritans: the myths of free trade and the secret history of capitalism』. 이순희(역). 부키.

황농문 (2007). 『몰입: 인생을 바꾸는 자기 혁명』. 랜덤하우스코리아.

EBS 다큐프라임 「왜 우리는 대학에 가는가」 (2014).

KBS 다큐멘타리 「공부하는 인간: 호모 아카데미쿠스」 (2013).

MBC 피디수첩 「조기영어교육 열풍, 신음하는 아이들」 (2013).

「대기업 입사하려면 학점 3.74, 토익 847점 넘어야」 세계일보, 2012.9.19.

「로봇의 습격…20년내 현재 직업 47% 사라진다」 한국경제, 2014.2.6.

「스스로 생각할 때까지 기다려 준 미국, 진도 나가기 급급했던 한국」 중앙일보, 2013.8.28.

「취임 6개월 강성모 카이스트 총장」 세계일보, 2013.9.13.

「Kids may be ready for math eariler than you think, new research suggests」 The Washington Post, 2013.12.17.

Lee, Hye-Jung, Lee, J., Makara, K., Fishman, B., & Hong, Y. (2014). Does Higher Education Foster Critical and Creative Learners? An Exploration of Two Universities in South Korea and the United States. Higher Education Research and Development. DOI: 10.1080/07294360.2014.892477

Lee, Hye-Jung, Makara, K., Choi, K., Hong, Y. (2014). An Explorative Comparison of South Korea and US College Students' Approaches to Team Project-Based Learning. Proceedings in AERA (American Educational Research Association) 2014 (Philadelphia, USA).

Lee, Hye-Jung (2013). A Practice-Based Conceptual Framework for e-Learning in Higher Education: From the Perspective of 'Structure' and 'Interaction'. Keynote Speech of 3rd Annual International Conference on Education and e-Learning 2013 (EeL 2013), Global Science and Technology Forum (GSTF) (Singapore).

Lee, Hye-Jung (2012). A Theoretical Discussion for e-Text Communication in Learning. Interactive Learning Environments. DOI: 10.1080/10494820.2012.745438

Lee, Hye-Jung, Lim, Cheolil (2012). Peer Evaluation in Blended Team Project-Based Learning: What Do Students Find Important? Educational Technology and Society, 15(4), 214-224.

Lee, Hye-Jung, Lee, Jihyun (2012). Who Gets the Best Grades at Top Universities? An Exploratory Analysis of Institution-wide Interviews with the Highest Achievers at a Top Korean University. Asia-Pacific Education Review, 13(4), 665-676.

Lee, Hye-Jung (2012). Who Gets the Best Grade at SNU? What Do Professors Assess? Invited speech at USE LAB SEMINAR, School of Education & School of Information, University of Michigan (Ann Arbor, USA)

Lee, Hye-Jung, Kim, Hyekyoung, & Byun, Hyunjung (2011). What Do High-Achieving College Students Do in Team Project-Based Learning? Proceedings in 2011 KSET International Conference (Seoul, Korea).

Lee, Hye-Jung & Choi, Hyoseon (2010). Differences of Using Learning Strategies in Higher Education: By SAT, GPA, and On/Off line Environments. International Journal for Educational Media and Technology, 4(1), 57-66.

Lee, Hye-Jung (2010). Analysis of High-Achievers Learning Experiences in Team Project-Based Learning. Invited Speech at 2010 Hokkaido University - Seoul National University Joint Symposium. (Sapporo, Japan)

Lee, Hye-Jung (2010). Where to go for Curriculum Innovation in a Top Research University: Should we teach Product or Process? Invited Speech at Center for Research and Development in Higher Education, Hokkaido University (Sapporo, Japan)

Lee, Hye-Jung (2010). Curriculum Innovation in a Top Research University: Should we teach product or process? Invited Speech at CLEAR (Center for Learning Enhancement and Research) at Chinese University of Hong Kong (Hong Kong, China)

Lee, Hye-Jung & Ilju Rha (2009). Influence of Structure and Interaction on Student Achievement and Satisfaction in Web-Based Distance Learning. Educational Technology and Society, 12(4), 372-382.

Lee, Hye-Jung (2009). Faculty Development and Quality of Teaching: Seoul National University Case. Invited Speech at International Symposium on Professional Development in Higher Education 2009. Hokkaido University (Sapporo, Japan)

Lee, Hye-Jung (2008). Strategies to Build a Blended e-Learning Environment for Quality University Education. Invited speech at International Symposium 2008 on Long-Term Strategic Vision of e-Learning Implementation in Higher Education. National Institute of Multimedia Education (Tokyo, Japan)

Lee, Hye-Jung (2008). A Learning Process Mechanism in CSCL(Computer Supported Collaborative Learning). Proceedings of ICCE(International Conference of

Computers in Education) 2008 (Taipei, Taiwan).

Lee, Sunghye & Lee, Hye-Jung (2008). Professors' Perceptions and Needs on Blended e-learning. In C. Bonk et al. (Eds.), Proceedings of World Conference on E-Learning in Corporate, Government, Healthcare, and Higher Education 2008 (pp. 984-993). Chesapeake, VA: AACE.

이혜정, 홍영일 (2011). 말성(Orality)과 글성(Literacy)의 교수-학습적 함의:성적 우수자의 노트필기 전략의 해석 사례. 교육공학연구. 27(4), 670-700.

이혜정, 성은모 (2011). 대학교육에서 대학생 중심의 교수설계를 위한 최우수 학습자의 학습특성 및 학습전략 탐색. 교육공학연구, 27(1), 1-35.

이혜정, 최경애, 김세리, 홍성연, 홍영일 (2010). 대학 이러닝 운영을 위한 개념체제: 구조와 상호작용의 관점에서. 아시아교육연구, 11(2), 297-326.

이혜정, 김세리, 최경애 (2010). 외국 대학 이러닝 핵심 전략 연구. 교육정보미디어연구, 12(1), 167-188.

이혜정, 홍영일 (2010). 대학수업의 질 제고를 위한 이러닝 교수법 온라인 콘텐츠 개발 연구. 아시아교육연구, 11(1), 67-90.

이혜정 , 홍영일 (2010). 서울대 공신 (工神), 그들은 누구인가? 가르침과 배움, 21호, 31-37.

이혜정, 최경애, 김세리 (2009). 연구중심대학의 강의 질 향상 정책 및 전략 연구. 교육학연구, 47(4), 145-174.

이혜정, 최경애, 김세리, 홍영일 (2009). 대학부설 평생교육 프로그램의 질 확보를 위한 운영체제 전략. 평생교육학연구, 15(4), 1-33.

이혜정 (2009). 동상이몽? 교수, 학생, 튜터가 생각하는 온라인 튜터링. 가르침과 배움, 20호, 16-22.

이혜정 (2009). 대학 강의의 질 제고를 위한 '이러닝 교수법' 온라인 콘텐츠 개발. 가르침과 배움, 19호, 26-32.

이혜정 (2009). HK SPACE (School of Professional and Continuing Education, University of Hong Kong). 가르침과 배움, 19호, 57-61.

이혜정, 이지현 (2008). 대학 '교수(teaching)'의 질 제고를 위한 대학교육평가지표 개선 방안 연구. 아시아교육연구, 9(3), 173-204.

이혜정 (2008). 내 강의를 업그레이드해주는 Blended e-Learning 교수전략. 서울: 교육과학사.

이혜정 (2008). 학습전략의 의미. 가르침과 배움, 18호, 22-27.

이혜정 (2008). 세계대학의 교수학습센터: 영국 맨체스터 대학교. 가르침과 배움, 18호, 53-60.

이혜정 (2008). 사회적 학습의 효과와 필요성. 가르침과 배움, 17호, 19-23.

이혜정 (2008). 매체 활용 교육 및 이러닝의 효과성. 가르침과 배움, 17호, 37-40.

이혜정, 이성혜 (2007). 대학교육의 질 제고를 위한 블렌디드 이러닝 활성화 방안: 교수들의 인식 및 요구 조사 분석으로부터. 교육정보미디어연구, 13(4), 77-102.

서울대에서는
누가 A⁺를 받는가

초판 1쇄 발행 2014년 10월 17일
초판 17쇄 발행 2024년 7월 1일

지은이 이혜정
펴낸이 김선식

부사장 김은영
콘텐츠사업2본부장 박현미
책임마케터 문서희
콘텐츠사업5팀장 김현아 **콘텐츠사업5팀** 마가림, 남궁은, 최현지, 여소연
마케팅본부장 권장규 **마케팅1팀** 최혜령, 오서영, 문서희 **채널1팀** 박태준
미디어홍보본부장 정명찬 **브랜드관리팀** 안지혜, 오수미, 김은지, 이소영
뉴미디어팀 김민정, 이지은, 홍수경, 서가을
크리에이티브팀 임유나, 박지수, 변승주, 김화정, 장세진, 박장미, 박주현
지식교양팀 이수인, 염아라, 석찬미, 김혜원, 백지은
편집관리팀 조세현, 김호주, 백설희 **저작권팀** 한승빈, 이슬, 윤제희
재무관리팀 하미선, 윤이경, 김재경, 이보람, 임혜정
인사총무팀 강미숙, 지석배, 김혜진, 황종원
제작관리팀 이소현, 김소영, 김진경, 최완규, 이지우, 박예찬
물류관리팀 김형기, 김선민, 주정훈, 김선진, 한유현, 전태연, 양문현, 이민운

펴낸곳 다산북스 **출판등록** 2005년 12월 23일 제313-2005-00277호
주소 경기도 파주시 회동길 490 다산북스 파주사옥
전화 02-704-1724 **팩스** 02-703-2219 **이메일** dasanbooks@dasanbooks.com
홈페이지 www.dasan.group **블로그** blog.naver.com/dasan_books

ISBN 979-11-306-0411-4 (03370)

다산북스(DASANBOOKS)는 독자 여러분의 책에 관한 아이디어와 원고 투고를 기쁜 마음으로 기다리고 있습니다. 책 출간을 원하는 아이디어가 있으신 분은 다산북스 홈페이지 '투고원고'란으로 간단한 개요와 취지, 연락처 등을 보내주세요. 머뭇거리지 말고 문을 두드리세요.